吉林大学哲学社会科学银龄著述资助计划

潘石文集 第五卷
其他经济问题研究及名家评介

潘 石◎著

中国社会科学出版社

潘 石，1944年4月出生于黑龙江省五常市，1964年8月考入吉林大学经济系政治经济学专业，1969年8月毕业后留校任教。1987年、1990年因教学科研成果优异分别破格晋升副教授、教授；1992年起享受国务院政府特殊津贴，并获宝钢优秀教师奖；1993年被国务院学位委员会审批为博士生导师；1998年被评为吉林省有突出贡献中青年专家。曾长期担任吉林大学经济研究所所长、教授、博士生导师，兼任中国民营经济研究会理事、吉林省工商业联合会执委、吉林省政治经济学会副理事长、长春市社会科学界联合会副主席。

主要从事政治经济学、社会主义经济理论与实践研究、《资本论》研究、制度经济学研究等课程教学工作，培养硕士研究生70余名、博士研究生59名。

科研方向为社会主义经济理论与实践研究。主持国家社科基金项目2项、教育部哲学社会科学研究重大课题2项、教育部博士点基金项目2项、省级课题十余项。在《经济研究》《中国社会科学》《管理世界》《世界经济》《财贸经济》等刊物上发表论文300余篇，多篇被《新华文摘》《社会科学文摘》《经济学文摘》及中国人民大学复印报刊资料转载；出版著作（含独著、合著）十余部。获全国高等学校首届人文社会科学研究优秀成果奖二等奖一项，获吉林省人民政府设立的优秀论文一等奖七项、优秀著作二等奖一项。

目 录

(第五卷)

一 农业问题研究

中国农业发展理论的传统和现代形式的评析与反思……………(3)
加入 WTO 与中国农业革命 ……………………………………(15)
全方位地保证和发挥农业的基础地位与作用 …………………(27)
从物质利益的根基上强化和巩固农业的基础地位 ……………(37)

二 关于"高学历失业"问题研究

关于"高学历失业"的理论分析与对策思考 …………………(47)
我国高学历失业的科学统计及范畴界定 ………………………(64)
促进高校毕业生就业的对策思考 ………………………………(70)
信息不对称条件下高校毕业生就业问题与对策 ………………(76)
中国"高学历失业"研究述评 …………………………………(82)
中国"高学历失业":主要特征、产生机制及对策建议 ………(96)

三 东北经济振兴问题研究

东北经济落后原因诸说评析 ……………………………………(113)
东北经济腾飞的"飞机模式"构想 ……………………………(124)

振兴东北经济的战略对策……………………………………（133）
私营资本的集团化与国际化是振兴老工业基地战略选择……（146）
大东北旅游圈框架下资源型城市旅游业发展研究……………（153）
中国东北地区能源生产的发展及投资分析……………………（161）
振兴东北经济四要素：结构·体制·资本·人才………………（173）
长春市上市公司在地方经济发展中的地位与作用……………（186）

四 世界经济问题研究

论资本主义经济政治发展不平衡规律及其在
　　战后作用的新特点……………………………………（199）
英国产业革命起始年代辨析……………………………………（211）
战后日本国有企业私有化的特点、后果评析及启示…………（218）

五 名家学术思想评述、传记与书评

20世纪中国知名科学家学术成就概览之关梦觉……………（231）
关梦觉的经济理论建树…………………………………………（247）
创学派的一部佳著——评介关梦觉主编《社会主义
　　政治经济学研究》……………………………………（259）
卫兴华经济思想述评……………………………………………（263）
《体制货币与通货膨胀》评介…………………………………（289）
粮食，中国最大的问题
　　——序胡岳岷著《21世纪：中国能否养活自己?》……（292）
社会主义市场经济理论研究的一部力作
　　——评杨欢进教授《社会主义市场经济理论
　　专题研究》……………………………………………（294）

可贵的理论探索
　　——薛暮桥新著《中国社会主义经济问题研究》评介……（297）
一本探讨政治经济学疑难问题的佳作
　　——介绍关梦觉主编的《政治经济学疑难
　　问题探讨》 ………………………………………（301）
经济学理论创新集
　　——评《夏兴园选集》 …………………………（305）
有利于国民经济调整的一本好书
　　——评介关梦觉教授《关于社会主义扩大再生产的
　　几个问题》一书 …………………………………（311）
抗战时期的中国经济学家关梦觉
　　——理论研究与革命事业紧密结合………………（321）
现代"经济人"的理性审视
　　——读陈孝兵《现代"经济人"批判》有感…………（324）
做经济理论的创新者………………………………………（330）
着力点，引导学生掌握马克思主义
　　——从事社会主义经济理论教学的几点体会………（342）

附录一　作者独著、主编、合著及参著的著作目录
　　　　（按年代排序） ………………………………（345）
附录二　作者主编及参编的教材目录……………………（347）

一

农业问题研究

中国农业发展理论的传统和现代形式的评析与反思

一 改造传统农业理论："大农业论"抑或"小农业论"

改造小农生产方式是马克思主义理论的重要组成部分。马克思指出："小农人数众多，他们的生活条件相同，但是彼此间并没有发生多种多样的关系。他们的生产方式不是使他们互相交往，而是使他们互相隔离，……他们进行生产的地盘，即小块土地，不容许在耕作时进行任何分工，应用任何科学，因而也就没有任何多种多样的发展，没有任何不同的才能，没有任何丰富的社会关系。"[①]"这种生产方式是以土地及其他生产资料的分散为前提的，它既排斥生产资料的积聚，也排斥协作，排斥同一生产过程内部的分工，排斥社会对自然的统治和支配，排斥社会生产力的自由发展。"[②]因此，马克思指出："它发展到一定的程度，就造成了消灭它自身的物质手段。从这时起，社会内部感到受他束缚的力量和激情，就活动起来。这种生产方式必然被消灭，而且已经在消灭。"[③]马克思预言以雇佣劳动为特征的资本主义大农业将会改造小农经济。但

---

① 《马克思恩格斯选集》第一卷，人民出版社1972年版，第693页。
② 《资本论》第一卷，人民出版社1975年版，第830页。
③ 《资本论》第一卷，人民出版社1975年版，第830页。

是，资本主义发展的不平衡使恩格斯后来认识到小农经济在一段历史时期还会存在，对小农经济的改造存在另外一条道路，即通过合作社将小农经济引导到集体经济的发展道路上。恩格斯指出："我们预见到小农必然灭亡，但是我们无论如何不要以自己的干预去加速其灭亡。当我们掌握了国家权力的时候，我们决不会考虑用暴力去剥夺小农……我们对于小农的任务，首先是把他们的私人生产和私人占有变为合作社的生产和占有，不是采用暴力，而是通过示范和为此提供社会帮助。"① 马克思所处的时代正值英国工业革命迅猛发展，以及推动资本主义大农场迅速发展时期。先进的大型农业机器的应用，极大地提高了农业的生产率，不断地排挤小农生产方式。在这种时代背景下，马克思对小农经济的认识符合当时的实际情况，对小农经济的预言也符合历史发展的一般规律。但是，随着工人运动在欧洲大陆的兴起以及资本主义发展不平衡的显现，使恩格斯逐渐认识到，即使社会主义革命胜利后，小农经济可能仍然存在，这必然使无产阶级政党面临如何改造小农经济的问题。而社会主义国家不应当也不可能采取资本主义的方式，即通过剥夺小农实现既定目标。因此，恩格斯提出通过合作化的方式改造小农经济。

列宁基本同意马克思和恩格斯的观点，发展形成了主导社会主义国家传统农业改造的基本理论——"分化说"。列宁指出："在现代资本主义国家的环境中，小农的自然经济只能混一天算一天，慢慢地被折磨死，绝对不会有什么繁荣。"② 农业经济的商品化使生产者趋于分化，日积月累，会形成规模较大的农业资本主义部门，大批小农成为无产者。因为"机器导致生产集中和资本主义协作在农业中的应用。一方面，采用机器需要大量的资本，因而只有大业主才能办到；另一方面，只有在生产大量农产品时使用机器，

---

① 《马克思恩格斯选集》第四卷，人民出版社1995年版，第498—499页。
② 《列宁全集》第十三卷，人民出版社1959年版，第192页。

才不会亏本；而扩大生产是采用机器的必要条件。"① 要实现农村转型，就要组织农民进入集体农庄或生产合作社。列宁虽然提出了理论，但执行的结果并不理想。1920年年底后，列宁总结经验教训，提出通过商业、通过合作社，"在经济上把千百万小农联合起来，引起他们经营的兴趣，把他们联系起来，把他们引导到更高的阶段；在生产中用各种形式联系和联合起来"②。可见，列宁对社会主义农业发展的认识发生了重大转变，从强调农民直接发展生产领域的合作转向先通过农民在流通领域的合作，然后进一步发展多种形式的联合。这个转变是列宁对实践的总结，符合生产力发展的要求，因而是正确的。遗憾的是，列宁并未将这一理论付诸实践就离世了。斯大林继承并强化了列宁的"分化说"，而放弃了列宁对农业发展理论的修正，强调无论条件如何，特大型农业都比小农优越。斯大林教条化地生搬硬套马克思和恩格斯的理论，超越生产力发展水平，不顾现实，强制推行农业合作化，绝对化地将"大农业论"付诸实践，使苏联走上了"一大二公"的道路，形成了苏联范式的集体所有制，不仅给苏联社会主义建设带来重大损失，也将这种教条传递给了所有的社会主义国家。

中国也不例外，不仅全盘接受了这种"大农业论"，而且进一步发展了这种理论。毛泽东曾明确指出农业也有一个工场手工业发展阶段，中国的农业合作社依靠统一经营可以动摇私有制。毛泽东在《关于农业合作化问题》中指出："在农业方面，在我国的条件下（资本主义国家内是使农业资本主义化），则必须先有合作化，然后才能使用大机器。"③ 薄一波在回忆毛泽东与刘少奇关于是否应当搞农业合作化的争论时指出，毛泽东认为既然西方资本主义在工场手工业阶段，即尚未采用蒸汽动力机械，而依靠工场分工以形成新的生产力阶段，则中国的合作化，依靠统一经营形成新的生产

---

① 《列宁全集》第三卷，人民出版社1959年版，第197—198页。
② 《列宁选集》第四卷，人民出版社1960年版，第572页。
③ 《毛泽东文集》，人民出版社1999年版，第432页。

力，去动摇私有基础，也是可行的。① 在这种理论的指导下，中国农业走上了集体所有制的发展道路。从本质上讲，这种理论也是一种"大农业"发展观。改革开放后，邓小平继承和发展了毛泽东的农业发展理论，他对集体经济的赞同是继承；而在小农经济走向集体经济的道路问题上，强调不能超越生产力发展水平，强调科学种田和发展规模经营，这是对理论的发展。他的"两个飞跃理论"鲜明地证明了这一点。因此，中国农业发展理论是与马克思主义经典作家一脉相承的，中国农业的发展道路是在这些理论的指导下走过来的，它们都有一个鲜明的特点，即"大农业论"。不仅仅是中国，西方发达国家同样赞同"大农业"发展思路，也走了大农业的发展道路。西方经济学的规模经济理论认为："公司农场效率较高，公司的规模能为他们带来市场优势，而可能是家庭农场经营者处于相对不利的地位。"②

与这种"大农业"思想相对的是"小农业论"，代表人物是苏联学者 A. 恰亚诺夫（A. V. Chayanov）和美国学者西奥多·W. 舒尔茨。恰亚诺夫认为，资本主义对农业的渗透更多地经由流通领域发生，不像分化说强调的那样直接进入农业生产过程。一旦农民从属于资本主义生产方式，商人资本就可能直接干预生产过程，它从农民农场中将一部分生产环节分离出来，建立一些原料生产基地，从事原料的粗加工。恰亚诺夫称之为"纵向一体化"。"在这种情况下，农业尽管还是有小商品生产者分散而独立的性质，却被纳入按资本主义生产方式聚集成一系列巨大企业的经济体系之中，并因此而受到金融资本主义最高组织形式的控制。"③"农民农场一体化的最主要形式只能是纵向一体化，并且只能采用

---

① 薄一波：《若干重大决策与事件的回顾》上卷，人民出版社1997年版，第188—189页。
② [美] 盖尔·克拉默、[美] 克拉伦斯·詹森：《农业经济学与农业企业》，吴大炘等译，中国社会科学出版社1994年版，第27页。
③ [俄] A. 恰亚诺夫：《农民经济组织》，萧正洪译，中央编译出版社1996年版，第262—263页。

合作制形式。"① 舒尔茨利用新古典经济学方法分析小农经济。他认为，"在传统农业中，生产要素配置效率低下的情况是比较少见的"②。传统农业的农民能够很好地考虑边际成本与收益，对每一块对生产有用的土地进行有效利用，对每个愿意工作的劳动力给予充分的就业机会。因而，传统农业是"贫穷而有效率的""小农是理性的"。因此，舒尔茨认为，可以在不改变小农的生产组织的前提下，通过从外部提供现代生产要素来改造传统农业。恰亚诺夫和舒尔茨的理论是对传统"大农业"理论思路的有力挑战，具有很强的说服力。但是，他们的理论都没有回答一个问题：为什么工业发展能够走分工协作的工场手工业发展道路，从而形成资本主义的现代企业生产方式，而农业不能？

从实践上看，世界各国在改造传统农业的方式上基本有三种：第一，资本主义资本对传统农业的强行改造；第二，保留农民私有制，发展产前、产中、产后的各种合作社模式；第三，社会主义国家广泛实行的集体农庄。对于后两种合作社模式，存在两种不同的解释，前者被称为资本主义合作社，后者被称为社会主义合作社。其中，对于"社会主义合作社"一般又有两条途径：一是在小农私有制基础上，引导农民走向集体所有制；另一条是在土地国有化的基础上，国家将土地转交给国家领导下独立经营的合作社的集体所有制。中国走的是前一条途径，苏联则走了后一条途径。实践证明，社会主义国家的集体所有制合作经济呈现低效率，平均主义盛行，发展停滞，从而使集体所有制解体，中国走向了产权残缺的家庭联产承包责任制。从一定意义上讲，这是对小农所有制的回归。

我们知道，工场手工业是资本主义生产方式发展的早期阶段，其本身也分为简单协作和分工协作两个发展阶段。简单协作是许

---

① [俄] A. 恰亚诺夫：《农民经济组织》，萧正洪译，中央编译出版社1996年版，第262—263页。

② [美] 西奥多·W. 舒尔茨：《改造传统农业》，梁小民译，商务印书馆1987年版，第29页。

多人同时从事同种工作的共同劳动，彼此间没有分工；分工协作是建立在分工基础之上的共同劳动。简单协作没有改变个人的劳动方式，而分工协作却使工场手工业发生了质的变革。建立在分工基础之上的分工协作，由于实现分工专业化，改革了劳动工具，从而显著地提高了劳动生产率，为向机器大工业过渡创造了条件。现代工业的发展大都经历了工场手工业这样一个发展阶段，从16世纪中叶至18世纪末，工场手工业在欧洲工业中占统治地位。那么，农业是否也应当经历这样一个阶段呢？这是关系如何提高农业劳动生产率的核心问题。工场手工业是工业发展的历史阶段，农业不同于工业，农业的劳动对象是具有生命的生物体，农产品是不可间断的生命连续过程的结果，其生产过程存在严格的继起性，不能将许多农民集中到一起分工协作，工场手工业式的农业是不存在的。[①]

传统小农经济的致命伤是劳动生产率低下，低下的劳动生产率导致小农生产成本高昂，在市场中处于竞争劣势。提高劳动生产率的方式包括协作、分工和机器及科学技术的应用。由于农业发展中没有工场手工业式的发展阶段，导致农业不能通过分工协作来提高劳动生产率。那么，农业就只能利用机器及科学技术实现劳动生产率的提高，而机器及科学技术的应用是以现代大农业为基础的。因此，根本改造小农经济必须使小农业向现代大农业跨越。但是，从小农经济跨越到现代大农业是一个自然历史的发展过程，其间必须经过一个过渡阶段，而这个过渡阶段就是列宁与恰亚诺夫所提出的在农业流通领域发展的合作经济模式。从一定意义上讲，这种合作经济模式是一种区别于专业化分工的多样化分工。因此，改造小农经济是"大农业论"，抑或是"小农业论"，都要动态考察，关键是看生产力的发展水平；超越生产力发展水平，无论是"大农业论"或"小农业论"，都是错误的。

[①] 林善浪：《中国土地制度与效率研究》，经济科学出版社1999年版，第200页。

二 构建现代农业理论:"小规模经营论"抑或"大规模经营论"

改革开放后,中国改变了集体所有制的农业生产方式,形成了家庭联产承包责任制的经营方式。邓小平对这次由下而上的制度变迁给予了充分的肯定。邓小平指出:"中国社会主义农业的改革和发展,从长远的观点看,要有两个飞跃。第一个飞跃,是废除人民公社,实行家庭联产承包为主的责任制。这是一个很大的前进,要长期坚持不变。第二个飞跃,是适应科学种田和生产社会化的需要,发展适度规模经营,发展集体经济。这是又一个很大的前进,当然这是很长的过程。"① 邓小平指出了中国农业的发展道路和最终目标,即农业发展的道路是规模经营,最终目标是集体经济。这凸显了一个理论问题是,如何评价现在的农村土地制度——家庭联产承包责任制。家庭联产承包责任制所引发的农业劳动生产率低下是导致这个理论反思的原因,解决途径是农业的规模经营,最终走向集体经济。这又回到了理论界长期争论的问题——如何改造传统农业。过去探讨的是如何改造小农经济,即"合作化"何以可能;现在研究如何构建现代农业,即"规模经营"何以可能。论题发生了转换。

农业规模经营是中国20世纪80年代中期以来讨论得非常热烈的一个理论,理论界对此有两种截然不同的观点。主张实行农业规模经营的观点认为,规模经营是生产力发展的基本要求,规模不经济,规模经营就不能发展,而且还会破坏生产力。中国农户经济普遍不景气,这是农户收入低的关键。要逐步缩小工农收入差异,只有靠农业剩余劳动力的逐步转移和土地集中,靠减少农户数量,扩大农户土地经营规模,改造农业生产方式。② 农户具有的严重超小

---

① 《邓小平文选》第三卷,人民出版社1993年版,第355页。
② 刘福垣:《规模经营是生产力发展的基本要求》,《光明日报》1989年5月6日。

型、高度分散的土地经营规模越来越成为农业经济发展的障碍，小规模分散经营能使农民维持温饱，但在现有的技术条件下，无法使农民收入显著增长。无论是经济发达地区，抑或是欠发达地区，农地规模过小使经营农业效益低下，农民弃农经商或进城务工现象普遍，造成农业粗放经营，甚至大片土地抛荒。因此，我国农地经营规模必须逐步扩大，并在此过程中实现适度规模经营，农地适度规模经营是实现农村工业化、农业现代化的必然趋势。[①]

反对农业规模经营的观点认为，规模经济的根源是要素的不可分割性。在农业生产中，除了动力机械外，并非一定要大型或超大型机械。在人多地少、劳动力便宜、资金昂贵的社会中，以稀缺的资本去替代廉价劳动力的经济可行性值得怀疑。[②] 农业活动是一种以生产活动适应生命运动规律的复杂过程，并且这一不容间断的生命连续过程所发出的信息不但流量极大，而且极不规则，从而导致对农业的人工调节活动无法程序化，决定了农业生产的不确定性，与之相对应的经济组织不可能是大规模的。农业的小规模经营是与家庭经营相匹配的，而农业的规模经营与集体经营组织和农场组织是相对应的。农业在本质上并不是一个有显著规模效率的产业，农地家庭经营的规模是有效的。[③]

联系规模经营与单产的关系，有学者在对法国农场的规模与产值进行对比后发现，单位产品成本随农场规模的扩大而下降，而单位面积产量却随农场经营规模的扩大而降低。由此指出，规模经营与我国增产目标相悖，我国农业增产的主要途径是提高单位面积产量，一旦实行规模经营，用资本取代劳动，固然可以降低农产品成本，增加农民收入，但同时会导致在一定程度上的粗放经营，降低土地生产率。因此，在近期内，农业规模经营或农业适度经营作为

---

① 梅建明：《再论农地适度规模经营——兼评当前流行的"土地规模经营危害论"》，《中国农村经济》2002年第9期。

② 林毅夫：《90年代中国农村改革的主要问题与展望》，《管理世界》1994年第3期。

③ 罗必良：《农地经营规模的效率决定》，《中国农村观察》2000年第5期。

一项全国性政策是不适宜的。① 另有学者对这个观点进行了反驳，认为农业规模经营与提高单产并行不悖。随着农业经营规模的扩大，农产品的单位面积也随之增加，这是世界各国农业发展的共同趋向。农业规模化经营有利于促进单产提高，主要是因为农业规模经营与专业化生产是分不开的，规模化、专业化生产形成的优势，其最本质的意义是为引进先进技术和工具创造了有利条件，新品种的采用、化肥的施用、机械化的使用等都对提高单产有重要作用。提高单产对于专业化生产的大农场增加收入的作用要比小农场大得多。②

从中国农业发展的现实来看，家庭联产承包责任制适应了生产力的发展水平，极大地提高了农业的土地生产率，使农业上了一个台阶，基本解决了困扰中国人多年的吃饭问题。随着经济发展，生产力水平不断提高，家庭联产承包责任制的潜力基本释放完毕，农业如果要继续发展，就必须进行制度创新。中国当前农村问题的核心是农民收入过低，其原因在于农业劳动生产率过低。而劳动生产率提高的根本方式是对活劳动的节约，而节约活劳动必须增加过去劳动。增加过去劳动的基本方式则是增加农业的资本投入，而必要的资本投入是建立在一定规模的经营基础之上的。因此，中国农业必须进行规模革命，实现农地的规模经营。但这不是说农地要"一大二公"，农地规模过大，反而不经济。上述反对大规模经营论者的观点针对大规模经营是成立的，而中国农地规模经营指的是适应中国当前生产力发展水平的适度规模经营。至于规模经营与农业单产的矛盾，我们认为，土地生产率主要取决于农作物的品种、土地肥力和农民的劳动投入。前两者随着科学技术的发展，必然得到提高，与农地规模经营的大小无关。而农民的劳动投入可以分解农民对土地的投入和对机器设备的投入，二者存

---

① 任治君：《中国农业规模经营的制约》，《经济研究》1995年第6期。
② 张光辉：《农业规模经营与提高单产并行不悖——与任治君同志商榷》，《经济研究》1996年第1期。

在替代与互补的关系。如果农民的劳动是投入建立在个人基础之上的，则二者表现为替代关系；如果农民的劳动是投入建立在分工基础之上的，则二者表现为互补关系。换言之，农民用于对机器设备的劳动投入完全可以由其他人或合作企业承担，机器为主、个人为辅，即使机器耕种容易产生粗放型经营，通过个人的辅助性精耕细作，完全能够实现较高的土地生产率。因此，规模经营与土地生产率并不相悖。

三 对传统和现代两种理论形式的反思

从马克思主义经典作家、西方经济学家到中国经济学者对传统农业的改造问题上，形成了传统与现代的论题转换。在传统理论中，问题的关键是，农业发展是否应当经历一个工场手工业式的发展阶段。如果答案是肯定的，则农业发展将通过集体所有制或合作化的方式实现从小农经济向现代农业的跨越；如果答案是否定的，那么农业的发展道路将是另一个景象。这取决于农业生产力的属性。集体所有制或合作化的农业发展道路是建立在对农业发展客观规律的错误认识基础之上的理论。作为实践对错误理论的纠正，中国农业重新回到了小农经济，走上了家庭联产承包责任制的发展道路。但是，家庭联产承包责任制所引发的理论问题仍然是小农经济的问题，使中国理论界再一次重新探索如何改造传统农业这一个仍旧摆在中国人面前的历史问题。反思家庭联产承包责任制，人们发现小农经济的根本缺陷是劳动生产率低下，提高农业劳动生产率是中国农业实现长期可持续发展的根本之路。按照既有理论，农业劳动生产率的提高必须使中国农业实现规模经营。因此，改造传统农业这个老问题开始取得它的现代形式，即如何通过农村土地的适度规模经营实现从小农经济向现代农业的跨越。以马克思主义政治经济学的分析方法构成了这个问题的传统形式，而这个问题的现代形式则是以西方经济学作为主要分析方法展开的。无论何种分析方法，都命中了中国农业发展的核心难点。通过反思中国农业发展理论，我们能够发现解决中国农业问题的一些有意义的理论总结。

首先，必须坚持发展中国农村土地的适度规模经营。家庭联产承包责任制的潜力基本释放完毕，农业如果要继续发展，就必须解决家庭联产承包责任制导致的劳动生产率过低的问题，而提高劳动生产率是建立在一定规模的经营基础之上的。因此，中国农业必须进行规模革命，实现农地的规模经营。从中国的实际出发，农地规模经营既不能过大，又不能过小，而是要适应中国生产力发展水平的适度规模经营。

其次，解决中国农地规模经营与单产矛盾的金钥匙是理论创新。中国农地规模经营所产生的矛盾是如何平衡农地规模经营所出现的劳动生产率与土地生产率的矛盾。解决矛盾的突破点在于如何正确认识规模经济范畴。按照新古典经济学的理论，规模经济产生了报酬递增，从而提高了生产率；而报酬递增是分工演进的结果，规模经济不过是分工的结果；无论是内部还是外部规模经济，都是对分工经济的现象描述。平衡中国农地劳动生产率和土地生产率的效率标准应当建立在分工经济的基础之上，由分工效率所决定的效率标准才是真正标准。

再次，破除传统的农业基础论，树立开放型的现代农业观念。农业不同于工业，农业不存在一个像工业那样的工场手工业发展阶段，即农业直接的内部工序分工不可能自行产生，只能通过引进机械设备、优质良种等间接分工，以实现农业现代化。因此，农业劳动生产率的提高不是由农业内部自发产生的，而是通过外部技术的引进产生的，农业规模经营应建立在工业对农业的支持上。通过工业资本对农业的渗透，大力发展农业的社会化服务体系，走工农互补，互为基础的现代开放型发展道路，构建开放型的现代大农业。

最后，兼收并蓄所有的理论，构建具有中国特色的农业发展理论框架。由于中国理论界对马克思主义政治经济学存在不公正的态度，致使本已经解决的部分理论问题不仅没有得到深化，反而被弃置角落，被逐渐遗忘。这使中国理论界至今仍然探讨的部分理论问题完全是一种重复建设，这不能不说是一种遗憾。无论是马克思主义政治经济学，还是西方经济学，都是人类思想的结晶。中国经济发展必须双重借鉴这两种理论，既要认真反思苏联范式，又要理论联系实际，只有如此，才能真正解决中国的问题。

（本文与于洋合写，发表于《江汉论坛》2003年第9期）

加入 WTO 与中国农业革命

中国加入世界贸易组织（WTO），使中国经济与世界经济融为一体，也使中国农业与世界农业一体化。中国农业若想适应 WTO 的要求，与 WTO 规则接轨，必须进行一场深刻的革命。必须彻底摆脱传统计划经济体制的束缚，摒弃传统计划经济观念，真正以市场经济理论为导向，使中国农业快速步入市场经济轨道；否则，就将在世界贸易及国际交往中遭受一系列制裁和惩罚，造成种种巨大损失，甚至被激烈的国际竞争所淘汰。因此，中国农业只有主动出击，积极应对 WTO 的挑战，自觉地有组织地有计划地开展一场新的农业革命。这是唯一的出路，也是具有光明前景的正确抉择。

一 中国农业规模革命：从小生产跃进到现代大农业

新中国成立 50 多年来，我国农村经济经历了一条曲折的发展道路，农业生产规模也伴随着农村经济关系的不断变革，经历了一个曲折复杂的变化演进过程。分析研究这个过程，探寻其中规律，对于当今中国农业发展水平的大提升，实现中国农业从小生产到现代化大生产的规模革命，具有重要的历史意义和现实意义。

（一）农村土地革命使土地从集中到分散，形成农民一家一户为一个生产单位的农业规模

新中国成立后即开展的农村土地革命（解放区在新中国前就已进行），废除了封建主义土地制度，使土地从少数地主手里转到广大农民手中，这是一个巨大的历史进步，也是农业规模从极不合理的集中到适度分散合理演进的过程。

封建主义土地所有制是一种极不合理的土地占有制，它使土地集中在少数地主、皇室和贵族手里，而农民作为农业生产的主体，却很少有土地，不得不租种地主、皇室和贵族的土地，缴纳高额的地租。正如毛泽东同志所说："封建的统治阶级——地主、贵族和皇帝，拥有最大部分的土地，而农民则很少有土地，或者完全没有土地。农民用自己的工具去耕种地主、贵族和皇室的土地，并将收获的四成、五成、六成、七成甚至八成以上，奉献给地主、贵族和皇室享用。这种农民，实际上还是农奴。"① 正是由于这种极不合理的土地占有关系，决定并形成了旧中国农业极不合理的组织规模——集中的封建庄园主农业经济组织。它是一种寄生腐朽的生产方式和经济组织，是一种违背农业生产力发展要求，以畸形土地集中，扼杀了农民的生产积极性，严重地阻碍了农业生产的发展。因此，共产党领导的新民主主义革命必须进行农村土地革命。

中国共产党领导的农村土地革命，实行"斗地主，分田地"，把少数地主、贵族和皇室占有的土地分给广大农民，做到"耕者有其田"，实现了农民土地个人占有制。由此封建地主经济变成了农民个体经济，农业生产规模由不合理的集中转为合理的分散。因为这种革命性的转变，适应了当时我国农业生产力发展水平，充分调动了广大农民的生产积极性。农民拥有了属于自己的土地，从此再不用租种地主的土地，并向地主缴纳高额地租，可以自主地决定生产什么及怎样生产，获取的收益也完全由自己来支配。可以说，中国的土地革命不仅解决了几千年不合理的土地所有制问题，同时也

---

① 《毛泽东选集》第二卷，人民出版社1991年版，第624页。

矫正了几千年中国农业极不合理的规模问题。

(二) 农业合作化：一场过早的超越当时生产力水平的农业规模革命

中国农村土地革命后，由于新型的农民土地占有关系和分散的一家一户的农业生产规模都适应当时农村生产力的发展水平，因而有效地促进了农业生产的发展。尽管一些地区出现个体小农分化现象，即一部分分得土地的农民由于不善经营或由于天灾人祸等原因又出卖了土地，但这完全是一种正常的小生产分化现象，是农村小商品经济发展的必然趋势与结果，本不应大惊小怪，理应加以正确引导与合理调控。然而，由于过早地提出农业合作化的主张。这里问题的关键在于"过早"。因为，中国共产党领导下的新中国，总有一天是要走社会主义道路的，而社会主义是不可能建立在小农经济这个脆弱的经济基础之上的。农村合作化作为中国农业走上社会主义的必由之路，在农村土地革命刚刚完成5—6年就进行农业合作化，显然是生产关系变革的步伐太快了。新中国成立后需要用较长一段时间来巩固"新民主主义革命"成果，建设"新民主主义秩序"。由于旧中国长期战乱，新中国刚刚成立，百废待兴，许多事业尤其是农业生产带有很大的恢复性质，土地革命带给农业生产力发展开拓的余地还远远没有发挥和展现出来。从根本上说，此时中国农村的生产力发展状况还没有提出进行农业合作化的本质要求。不仅如此，"过早"的农业合作化又进行得太快，几乎近于"神速"。原计划用三个五年计划搞完的农业合作化，仅仅用了三年多一点的时间就完成了。这样过早、过快地变革农村生产关系，生产资料和劳动过程过分集中，进而形成不合理的农业生产规模，从根本上违背了生产关系一定要适合生产力性质与状况规模的要求。

(三) 人民公社化运动：一场过"左"的农业规模革命

1958年，我国开展的人民公社化运动，是继农业合作化之后的一场更"左"的农业规模革命。它不仅使农村的生产关系更加脱离当时的生产力状况,而且追求"一大二公"使农业生产规模更加不适当地集中,形成了农业生产的"大帮轰""大呼隆"。在规模越大越好、规模越大才是"社会主义"的思想指导下,许多地方出现了一乡一社,以公社为基本核算单位。这种"一大二公"的人民公社,严重模糊了农民对生产资料的产权关系,并且农民劳动的不适当集中也否定了农业生产的特点,束缚了农民劳动积极性的发挥,尤其是平均主义的分配方式,妨碍了按劳分配原则的贯彻与施行;因此,不可避免地对我国农业经济发展造成严重的危害与损失。1959—1961年,我国发生的严重经济困难,虽然是由许多因素造成的,但不可否认,1958年过"左"的农业规模革命是一个十分重要的原因。

(四) 家庭联产承包责任制:一场迟到的农业规模革命

家庭联产承包责任制虽然发端于安徽省凤阳县小岗村,却可以说是中国农民自发抵制农村"倾左"路线的产物,也可以说是广大农民自觉维护自身权益,尊重农业生产发展规模,探寻农业生产发展适度规模的一个革命性创造。承包制的萌芽及雏形早在20世纪60年代初三年经济困难时期就已在很多农村出现,刘少奇、邓小平等老一辈革命家都主张过农村要搞"三自一包",其中的"包产到户",就是一种承包制。只是没有后来实行的家庭联产承包责任制更完善、更具理性色彩罢了。

家庭联产承包责任制,不仅是中国农村的一场生产关系变革,更是一场深刻的农业规模革命。它对于中国,对于广大农民来说尽管是来迟了一些,但仍是一场"及时雨",使中国农村"久旱逢甘霖"。家庭联产承包责任制把土地的经营使用权归还给农民,并且法定30—50年不变,使农民有了农业生产自主权。家庭联产承包责任制实行"交够国家的,留足集体的,剩下全是自己的"的分配原则,打破了人民公社"大锅饭"的平均主义分配方式,保证了农民自身利益的实现。同时,改变了人民公社集中运用生产资料和集中劳动方式,实现了以农户为单位的分散生产经营。这种农业规模革命的最大优越性在于，适应当时比较低下的农业生产力状况及水平。因为，这时的中国农业基本上仍是以简单机械与手工劳动为主，与这种生产力状况相适应的农业组织规模不宜过大，生产过程不能集中。农户组织是当时中国农村较理想的适合生产力发展的经营规模形式。

（五）租地农场制：从小农业到现代大农业的农业规模革命

租地农场主制度是西方资本主义农业的主导生产经营制度，它是世界农业发展的一个必经阶段。当代资本主义国家的农业已由古典的租地农场主制度发展演变为现代租地农场主制度。由农业资本家通过契约形式，向大土地所有者租种土地，将所获取的剩余价值的一部分以地租的形式交给土地所有者，这样形成了以租地农场主—农业资本家为主轴的土地所有者—租地农场主—农业工人的农村基本阶级关系。第二次世界大战后，许多资本主义国家为限制土地所有者的寄生性，防止滋生寄生阶级；同时也是为了缓解农村阶级对立关系，纷纷进行土地国有化。这样，单纯依靠地租为生的地主阶级就逐渐消灭了。因此，随着广大农村工业化的加速或基本实现，农村和农业也如城市和工业一样步入现代化生产与经营。租地农场主以契约形式租种国有土地，雇用农业工人进行产业化生产与经营。租地农场主与农业工人也是一种劳动契约关系，并且许多农业工人也可以参股到农场，与农场主联合经营，分享农场的利润。这样，租地农场主与农业工人的雇佣关系也发生了新的变化。

借鉴西方租地农场制发展的经验，我认为，目前我国农村应及时改革家庭联产承包责任制，逐步推行家庭农场制及合作农场制，以适应农村生产的发展要求。

我国农村的家庭联产承包责任制已实行20多年，对中国农村经济乃至整个中国经济的发展起到了无比巨大的作用，使中国农村经济较改革开放前发生了质的飞跃。不仅摆脱了传统计划经济的束缚，步入了市场经济与产业化发展的轨道，而且使农业生产力跃上了一个新台阶，一举改变了我国长期农产品供应短缺的状况，产生了农业过剩经济。因此，对家庭联产承包责任制的历史功绩不可低估与否定。但是，我们必须清醒地认识到，家庭联产承包责任制也如其他任何一种经济制度一样并非完美无缺，它也存在着一定的历史局限性。随着农村生产力的发展和水平的提升，其局限性日益暴露出来。这主要表现在以下五个方面：第一，以家庭为单位的家庭联产承包责任制不适应农业规模化生产与经营。农业生产经营也如工业一样，必须达到一定的规模才能产生可观的经济效益，即规模效益。在现行的家庭联产承包责任制条件下，一家一户为一个生产经营单位，不仅规模较小，土地也被分割得十分零散，"张家十条垄，李家二分地"，十分不利于机械化耕作。农业机械化要求土地连片，而土地连片则必须进行土地集中，这就要求突破家庭联产承包责任制，实行农场制。第二，家庭联产承包责任制难以实现产业化经营。农业产业化经营的一个显著特征是直接面向市场，发展大农业，搞大商品经济。自给自足的家庭经济、半自然经济或小商品经济是不可能实现产业化经营的，而现行的家庭联产承包责任制不仅带有家庭经济的色彩，而且更具小商品经济特征，可以说它与现代大农业、大商品经济是格格不入的。第三，家庭联产承包责任制难以使农户积累更多的资本，实现扩大再生产。积累是扩大再生产的源泉。现行的家庭联产承包责任制，使农户的收入增长受到生产经营规模与水平的限制，今后也不会有更大的提高。农户要搞产业化经营，以市场为导向，搞大商品经济，没有足够的资本积累是万万行不通的。所以，中国农业若要再跃上一个新台阶，必须突破家庭联产承包责任制，探寻能够为农业产业化经营和实行大商品经济积累足够资本的新体制。第四，家庭联产承包责任制已经对农业科技进步形成约束或阻碍。家庭联产承包责任制最大的优越性在于调动农村劳动者的积极性，而对农业科技进步的推动作用则是十分有限的。它只是在家庭范围内使用新农具、新机械，对大型农机具的使用则缺乏需求，并且也无力购置与管理。尤其是家庭联产承包责任制条件下的土地使用制度，更是束缚先进机械设备及科学技术的运用。第五，现行家庭联产承包责任制不利于农业劳动者素质的提高。家庭联产承包责任制解放了一批农业劳动力，这是其进步的一面，但由于它又无法为这些剩余劳动力找到新出路，所以大批剩余劳动力要流向非农产业。应该承认，流向非农产业的剩余劳动力绝大部分为青壮劳力，尤其是农村有文化、有知识的青年。以上此种弊端已充分表明，在中国农村商品经济较发达地区，家庭承包已经开始同较先进的生产力发生矛盾，必须适时加以变革与完善。否则，便会阻碍和束缚农村生产力的发展。

如何变革与完善农村的家庭联产承包责任制呢？我认为，首先，在农村商品经济较发达地区，应大力促进土地向种田能手和种植大户集中，创办家庭农场，培养和形成中国式的租地农场主。先是组织家庭小农场，然后再逐步扩大为大农场，再往后可以由农户合伙投资联合创办农业生产经营综合体，实行农工商一体化经营。其次，考虑到我国农村经济发展不平衡，目前尚不能完全废止家庭联产承包责任制，尤其是那些经济欠发达地区，为了适应生产力水平较低的状况，不仅要保留家庭联产承包责任制，还要进一步完善家庭联产承包责任制。最主要的措施是稳定土地承包期，完善乡、村二级农业生产服务体系，引导农民调整产业结构，面向市场进行生产经营，克服小生产意识，发展大农业、现代农业，发展农村大商品经济；尤其是加入WTO后，敢于加入世界农产品市场竞争，以促进农业生产力水平的大幅度提高。当然，在完善农村家庭联产承包责任制过程中，各级政府也要因势利导，促进农村土地的合理集中，适时兴办家庭农场及合作大农场，走农业规模化生产经营之路。因为这是中国农业振兴的必由之路，也是中国农业光明前途之所在。

二 中国农产品性质革命：从"政治品"到"商品"

在商品经济和市场经济条件下，农产品具有商品属性，是商品，这本是天经地义的。然而，在改革开放前的中国，在计划经济体制下，农产品的商品属性却被消除，代之以非商品属性，甚至被强加上政治属性。在很长一段时间里，农产品成了"政治品"。

在如今面临 WTO 规则对我国农业的严峻挑战和冲击的情况下，在农业经济由计划经济向市场经济转变的关键时刻，我们在中国农产品性质问题上也必须进行一场革命，即把农产品从"政治品"的禁锢中解放出来，真正恢复其"商品"性质和地位。

我国之所以长时期将农产品视为"政治品"，根本原因在于将"商品农业"误作为"政治农业"。所谓"政治农业"是指国家把农业当作实现政治目标和政治利益的一种工具或手段，强加给农业的一种政治属性。它是由国家对农业的特殊地位尤其是由其提供的特殊产品——粮食的特殊效用所引起的。粮食是人类的基本食物，是一种维持人的生命的消费品。粮食对于中国社会的稳定与发展确实起决定性的基础作用。粮食安全不仅仅是一个经济问题，还是一个关系国计民生的重大的政治问题。长期以来，我国正是基于此把粮食赋予了浓浓的政治属性，一直把它当作政治产品来看待，把发展粮食生产当作政治任务来完成。全国从上到下靠政治命令、政治口号指挥粮食生产，甚至用政治斗争来"促进"农业生产，实现粮食增产。不把粮食当作商品来流通，而要靠政治命令来"调拨"。正是由于不恰当地把粮食在国计民生中的特殊作用曲解与固化为政治属性，从根本上否定了粮食的一般属性——商品性，这就带来许多的不良后果：第一，农业生产长期实行"以粮为纲"，形成了单一死板的产业结构；第二，粮食长期不能自由流通，由国家统购统销、计划调拨，由政府统一定价，而不能实行市场价格；第三，既然粮食是一种"政治品"，那么它就要绝对服从政治需要，而不必按商品的本质要求去追求经济效益与盈利。正因如此，我国农业长期以来理所当然地被当作"政策性亏损"行业来对待，这恐怕是我国农业长期效益低下的一个症结所在。

面对国内外农业发展的实践，依照马克思主义政治经济学的基本原理，我们不得不承认一个基本而又简单的经济学常识，即粮食不是政治产品，它只是具有特殊作用的商品。其之所以特殊就在于它的特殊效用是维持人的生命的基本需要，但无论如何它作为一个商品本身并不具有任何社会的政治属性。因此，必须把强加在粮食产品上的政治属性去掉，恢复其商品的本来面目，使其由政治支配与决定变为由市场规律支配与决定。这样，全国上下从领导到群众对农业及农产品性质的认识必须有一个根本性转变，即由政治农业转变为商品农业，由政治产品转变为实实在在的商品。只有实现了上述转变，才能从根本上解决农业经济的市场化问题。因为只有将农产品作为商品来生产与经营，它才能摆脱政府的直接管制和政治的强行约束，才能真正实现以市场为导向，由价值规律及市场竞争规律等商品经济的基本规律来支配与调节。

三 中国农业的理论观念革命：摒弃传统自给自足型的"农业基础论"

无论是中国农业的规模革命也好，还是中国农业及农产品性质革命也好，要取得实质性进展和突破，关键在于必须进行中国农业的理论观念革命，即大胆革除与摒弃传统自给自足型的"农业基础论"。因为传统自给自足型的"农业基础论"是我国农业长期规模效益低下，没有真正形成以市场为导向的商品农业的重要理论基础与理论指导。只有把它废除掉，树立一个对农业规模革命、农业及农产品性质革命的正确理论指导，中国的农业革命才会从整体上取得成效和成功。

所谓传统自给自足型的"农业基础论"是指与传统计划经济体制相适应的"农业贡献论"。该理论认为农业为人们提供（贡献）基本消费资料（尤其是粮食），为国民经济其他部门提供市场、原材料、劳动力、出口创汇和积累资金。正因为它具有这"六大贡献"，所以它是整个国民经济的基础。

该理论最明显的失误在于抛开世界经济体系，将一国经济封闭起来，孤立地看待农业在国民经济发展中的地位与作用（贡献），这显然是有悖于国际分工一般原理和规律的。在国际分工充分发展、国际经济日趋一体化、中国已经加入WTO、国民经济已经融入世界经济的今天，再过分强调以本国农业作为整个国民经济发展的基础，无疑是一种偏颇。这同党和国家强调的要充分利用国际国内两个市场存在着明显的矛盾，同时也十分不利于我国农业与世界其他国家农业的分工与协作，更不利于我国农业比较优势的发挥，在激烈的国际市场竞争中保持有利地位。

该理论的另一个重要失误在于误解了马克思的有关论述。马克思在《资本论》中讲道："超过劳动者个人需要的农业劳动生产率，是一切社会的基础，并且首先是资本主义生产的基础。"① 首先，应当认识到，马克思当年在考察资本主义农业如同研究资本主义其他产业一样，是运用科学抽象法，抽象掉了许多因素，包括对外贸易。事实上，当时资本主义商品经济已相当发达，国际市场已经形成，资本主义各国的对外贸易空前活跃与发展。这时许多国家的农产品并不完全依靠本国生产和提供，国民经济发展也不必非要以本国农业为基础。以廉价的工业品换取大量农产品，以满足本国人民的基本生活需要，这几乎是当时工业发达资本主义国家通行的做法。所以，我们绝不可把马克思的合理抽象当作资本主义现象。其次，还应清楚地看到，这里马克思是从纵向的角度来讲农业劳动生产率是一切社会（包括奴隶社会、封建社会、资本主义社会以及未来的社会主义社会）的基础，而不是横向地说明任何国家都必须以自己的农业作为国民经济的基础。然而，长期以来，我国许多经济学家尤其是主流派经济学家都认为马克思是从横向的角度来讲任何一个国家农业都是该国国民经济发展的基础的，这显然是误解了马克思的思想。最后，马克思这段话的真正含义是指农业剩余劳动决定社会分工及其程度。农业曾是人类社会的第一个产业部门，只有这个部门劳动者的劳动生产率提高，产品有了剩余，人们才有可能从事工业、商业以及科学文化等方面的活动。从这个意义上讲，它是人类社会存在与发展的基础。然而，传统的"农业基础论"者

---

① 《马克思恩格斯全集》第二十五卷，人民出版社1974年版，第885页。

却从它贡献农产品、劳动力、原材料、外汇收入、资本积累等角度说明它是国民经济发展的基础，在实行市场经济和国际分工协作充分发展的今天，却显然说不通了。因为在实行市场经济和国际分工与协作充分发展的今天，一个国家国民经济发展所必需的农产品、劳动力、原材料等并不一定要完全依靠本国农业来解决，通过国际交换与协作照样能够解决。

传统自给自足型的"农业基础论"在实践上已经给中国的经济发展带来巨大的损失和危害。长期以来，中国在这种"农业基础论"的指导下，口头上一直讲要把农业放在国民经济发展的首位，搞"农、轻、重"，但实际做起来总是"重、轻、农"，牺牲农业来发展工业尤其是重工业。新中国成立50多年来，国家通过"剪刀差"等形式从农业取走几千亿元资金，去搞工业化，而对农业的投入却呈日益减少的趋势。这充分证明传统"农业基础论"确确实实是"农业贡献论"，即农业无论是在什么条件下都必须为国民经济的其他部门做"贡献"或牺牲，这种不讲回报、无条件"贡献论"极大地损伤了农业，挫伤了农民的积极性。由于长时期把农业看作为工业和其他部门作"贡献"，进行"基础性服务"的部门，使它自身缺乏其他产业部门那样独立追求利益最大化的动力与机制，因而在如今向市场经济转轨过程中，很自然陷入窘境。在市场经济大潮已涌到广大农民家门时，广大农民竟不知所措，不知如何自主地面向市场进行生产经营决策，这就是真实的写照。中国从20世纪60年代开始奉行传统"农业基础论"，"三农"即农村、农业、农民。相对而言，新中国成立50多年来，农民的生活水平改善与提高缓慢，许多地方仍处于贫困状态，这恐怕是当今中国不争的事实。自给自足型的"农业基础论"，带给广大农民的不仅是利益上的损失，而更重要的是农民主体地位、商品经济观念和市场经济意识的严重匮乏，给他们今后调整产业结构、种植结构，发展现代大农业，真正成为市场经济主人，带来极大的困难与障碍。因此，破除自给自足型的"农业基础论"，也是一场艰巨的理论观念革命。

理论的力量是无穷的。理论观念一旦发生变革，将对实践产生无比巨大的作用。我认为，当今中国面对 WTO 的冲击与挑战，农业理论观念的革命必须先行，必须首先废除陈旧的自给自足型的"农业基础论"，树立面向世界的开放型现代大农业，适应世界经济一体化需要的新经济理论观念，才能使中国的农业乃至整个国民经济在激烈的世界性竞争中立于不败之地，使中华民族屹立于世界民族之林。

（本文发表于《当代经济研究》2002 年第 9 期）

全方位地保证和发挥农业的基础地位与作用

一 农业的基础地位与作用正遭受严重的侵蚀和破坏

我国农业自1985年起连续徘徊5年后，1990年获得了超常的丰收。据此，有人认为，我国农业跃出了低谷，开始迈上了新的台阶，走上稳步增长的坦途。笔者也为我国农业前所少见的大丰收而欢欣鼓舞。但冷静下来，认真地对我国农业的现状进行深入探究和思索，不难发现，1990年我国农业的大丰收，并不完全是农业的基础地位与作用正常发挥的结果，其中近两年增加了农业投入和1990年风调雨顺，基本没有较大自然灾害，是两个十分重要的因素。我国农业走出低谷，步入长期稳步发展轨道的基础问题并没有根本解决，农业的基础地位并不巩固，其基础作用也没有得到更有效的发挥。尤其令人忧虑的是，许多人为农业的眼前丰收而盲目乐观，这就很可能重蹈1984年农业大丰收后的长达5年之久的低速徘徊的覆辙。

笔者认为，我们应该清醒地认识到，目前我国农业的基础地位与作用已经遭受和正在遭受严重的侵蚀和破坏，其长期持续稳步发展的根基仍比较脆弱，发展前景不容乐观。有以下客观事实为证。

（一）耕地面积逐年减少，并且呈加剧趋势

我国平均每人占有耕地 1.56 亩，只相当于世界人均占有量的 1/4。虽然略高于日本的 0.65 亩，但从每个农业人口和每个农业劳动力占有的耕地量来看又低于日本。前者日本为 5.3 亩，我国为 1.84 亩；后者日本为 10.15 亩，我国仅为 5.07 亩。然而，少量的耕地资源还不断地被侵占。最近几年，我国耕地平均每年减少 600 多万亩，1984 年减少 1100 万亩，1985 年和 1986 年两年共减少 2500 万亩，1987 年虽然实行了严格的土地占用审批制度，但仍减少了 670 万亩，到目前为止，我国人均占有耕地不足 1.4 亩，比 1952 年的 2.82 亩减少了一半。①

（二）土壤沙化、碱化日益严重扩大

据中国气象局负责人讲："沙漠化土地在过去 25 年里增加了 3.9 万平方公里。"近 15 年沙漠化土地面积增加 56%。目前草原沙化面积达 17 万平方公里，退化面积达 67 万多平方公里，碱化面积达 3 万多平方公里，合计占天然草场总面积的 30% 以上。草原沙化、退化、碱化不仅给畜牧业发展带来严重危害，而且导致气候反常，旱灾、风灾、雹灾加剧，从而对农业经济的发展造成巨大的损害。

（三）水资源日益减少，水旱灾害日益加重

目前，我国人均拥有水资源 2700 立方米，只有世界平均水平的 1/4。北方的水资源更为短缺，人均径流量不过几百立方米。但由于森林过度砍伐，植被破坏，草原风化，生态失衡，工程失修等原因导致水旱灾害增多，水灾成灾面积占受灾面积的比重由 1980 年的 46.1% 上升到 63%。② 近 10 年全国年均水旱灾害面积达 4.7 亿亩，比新中国成立初期增加 65%。每次大的旱涝灾害，都使粮食

---

① 高珮义：《我国农村经济发展的制约因素与对策》，《南开学报》1989 年第 6 期。
② 高珮义：《我国农村经济发展的制约因素与对策》，《南开学报》1989 年第 6 期。

减产3100亿—4100亿斤。①

(四) 农村正面临严重污染, 农业生态环境明显恶化

随着乡镇企业的兴起和发展, 我国城市工业的污染源正向农村蔓延和扩展。一些城市正把严重污染性的工业转移至城郊及农村, 印染、造纸、水泥、电镀、制革等工业排放出大量废水、废气、废渣, 渗入农村, 污染农田, 破坏土壤, 危害生物和植物, 恶化了农业生产发展的生态环境。

(五) 农村人口猛增, 大大超过了农村土地的承载能力

到目前为止, 我国总人口11.33亿, 其中农村人口近9亿。农村劳动人口近5亿, 有1.5亿多劳动人口处于失业或半失业状态。今后10年人口净增率按13‰计算, 2000年将达13亿人, 净增1.7亿人。如果年人均拥有粮食保持1989年的731斤的水平, 就要增加粮食1242亿斤。如果考虑到经济发展, 居民收入增加, 食物有所改善, 增加肉、蛋、奶、糖、鱼的消费, 按年人均增加消费20斤肉计算, 又需要增加饲料粮1280亿斤。显然, 到20世纪末粮食总产量达不到1.07万亿斤是不行的。这就需要比1989年粮食产量8150亿斤增加2550亿斤, 平均每年递增230亿斤, 这在现有的农业生产条件下是难以承受和完成的。

(六) 农业劳动力素质明显下降

列宁曾指出, 人类第一生产力是劳动者, 劳动者素质的高低, 对经济的持续发展可以说是起决定性的作用。近10年来, 尤其是农村实行"包产到户"的农业生产责任制以后, 农业劳动者的素质明显下降。这主要表现在以下三个方面: 第一, 农村劳动人口文盲和半文盲增多。1982年人口普查表明, 在我国农村12岁以上的人口中, 文盲和半文盲占35%, 而一些经济不发达地区甚至超过

---

① 李薇:《集中力量办好农业》,《光明日报》1990年9月8日第3版。

50%。1990年7月人口普查表明，我国15岁及15岁以上的文盲和半文盲仍有1.8亿。这部分文盲和半文盲绝大部分在农村，而有相当一部分是近10年来新增长的。这部分人正是现在直接从事农业生产的劳动力。第二，农村科技人员在减少。农业科技人员是农业生产中最先进的、素质最高的劳动者。1985年年末，我国全民所有制单位共有农业技术人员450670人，集体所有制单位共有农业技术人员24475人，两项合计为475145人，平均每万农业人口中仅有6名技术人员。这不仅比发达国家少得多，而且同印度等发展中国家相比也相差甚远。不仅如此，新中国成立后中专以上文化程度的农村科技干部有80万人，由于各种政策不落实，现已有约1/3的人调离农村，造成了农村科技推广网络"网破、线断、人散"的局面。① 第三，农村强壮劳动力弃农从工或经商，老、弱、少、妇、残在第一线从事农业生产。农村实行承包经营责任制后，有大批剩余劳动力从农业中游离出来。相当多的农户把土地交给妇女、老人和孩子耕种，而青壮年劳力则去城里干基建包工队，去乡镇企业做工，或经商，或做买卖。这样，农业经营管理水平和农业劳动生产率不得不下降。

（七）农业投入锐减，农田基本建设不足，农业物质技术基础更加薄弱，抗御自然灾害的能力大大削弱

这主要表现为近10年来，国家对农业基本建设的投资占全国基本建设投资总额的比重不断下降。1953—1980年，国家对农业的投资平均每年占国家基本建设总投资的11.9%。② 但是，1980—1986年，全国农业基本建设投资占国家基建投资总额的比例从9.3%下降到3.3%，年投资额也从52亿元减少到38亿元。"六五"期间，我国农业基建投资的比例也只占6%，是几个五年计划中最

---

① 陆学艺：《当前的农村形势和粮食问题》，《中国农村经济》1987年第12期。
② 高珮义：《我国农村经济发展的制约因素与对策》，《南开学报》1989年第6期。

低的。1986年又是新中国成立以后农业投资比例最低的一年。①"七五"期间,国家计划安排的农业基本建设投资仅占国家全民所有制单位基建投资的2.94%。② 这不仅是我国农业近几年严重停滞、连年徘徊的一个重要原因,而且将是制约我国农业今后长期稳步增长的一个极为不利的因素。因为农业基础地位与作用能否有效发挥,从根本上说,主要取决于农业的物质技术基础的状况。我国农业物质技术基础遭受的严重侵蚀,将严重影响我国农业生产发展的后劲。

(八)农业比较利益过低,而"剪刀差"的扩大,又使本已过低的利益大大受损,严重挫伤农业省份农民发展农业生产的积极性,从而使农业生产持久稳步增长缺乏坚实的利益根基

这可以说是对农业基础地位与作用最致命的侵蚀与破坏,也可以说是我国农业不能实现长期稳步增长的根本原因之一。

农业比较利益过低的一个直接后果是农民务农的收入太少,务农积极性严重衰退。据江苏省如东县测算的平均每个劳动力年纯收入,种田为400元,建筑业为1200元,务工为2800元,运输业为4500元。河南小商贩的收入是种粮农民收入的3—4倍。③

农业比较利益过低的另一个直接后果,是严重影响和打击了粮食调出省份发展粮食生产的积极性。目前,我国粮食调拨价是由统购价加经营费用构成的,没有一点利润,甚至国家规定的经营费用还低于实际的经营费用。由于粮食调拨价过低,严重地影响了粮食调出省份的财政收入,挫伤了他们生产粮食的积极性,致使这些省份经济发展缓慢落后。例如,粮食调出省安徽省,玉米统购价格每百斤11.70元,省内经营费用1.10元,省内调拨价为12.80元,省份间的调拨价也为12.80元。籼稻统购价每百斤11.50元,经营费

---

① 赵明等:《农业在呼唤:增加投入!》,《瞭望》1988年5月20日。
② 高珮义:《我国农村经济发展的制约因素与对策》,《南开学报》1989年第2期。
③ 周富祥、钟诚:《调节比较利益,稳定农业发展》,《改革》1988年第6期。

用1.10元，省内调拨价12.60元，省份间的调拨价也为12.60元。① 由于国家规定农业税为地方财政收入，再加财政上实行"分灶吃饭""地方包干"的体制，地方政府不能较大幅度地提高农业税，财政收入自然就上不去。"六五"时期，吉林省用于粮食方面的支出共10亿元，而粮食税收仅2亿元，收入大大少于支出。为了扶持和发展农业生产，地方政府还得拿出大量财力，这就不得不影响工业、城市管理、文教、卫生、科学等其他事业的发展。不仅如此，由于粮食调拨价过低，粮食调出省份还要为粮食调入省份支付一部分补贴金和农业投资。这样一来，粮食调出越多，粮食调出省份的财政负担越重，其比较利益损失越大。若按每斤粮食调拨价提高0.2元，吉林省每年调出100亿斤粮食计算，10年来吉林省就损失财政收入200多亿元。与此相比，10年国家给吉林省的粮食补贴却微乎其微，比这要少得多。仅此一项，不仅使吉林省经济发展受到严重影响，而且全省人民的生活水平也大大低于南方一些粮食调入省份。不仅吉林省职工工资水平低于这些省份，人均职工奖金数额更低于全国平均水平，而且各种补贴也是全国最少的省份之一。全国副食、肉类提高价格以后，一般省份都人均补贴5元左右，有的省份人均高达7—8元，而吉林省人均只补贴1元。由于粮食调拨价太低，种粮无利可图，致使一些省份走上了花钱买粮而毁田发展工副业生产的道路，不仅粮食调入省增多，而且在一些省份中国家调拨粮食的比重逐年上升。1984年，广东省的国家调拨粮食占本省粮食产量的5%，到1986年就猛增到15%。② 湖南、广西等相邻省份为了防止粮食流入广东省，采取层层限制措施，设立关卡，甚至发生冲突。

由于农业比较收入过低，农民增加不了收入，甚至增加了收入，也不愿大量投入农业生产。1985—1986年，全国农村集体与个人每年的固定资产投资约700亿—800亿元，但是，其中大部分用

---

① 王文举：《我国近期粮价改革的构思》，《安徽财贸学院学报》1988年第3期。
② 周富祥、钟诚：《调节比较利益，稳定农业发展》，《改革》1988年第6期。

于非农业和住宅建设,直接用于农业生产的投资不足10%。自1986年以来,农村农民手持现金和储蓄一直在1000亿元以上,这说明农业投入不足并不完全是资金短缺问题。把资金投入农业生产所得到的收益,比储蓄所得利息要低,农民自然不会继续干下去。这是比较利益规律在起作用。

二 保证和发挥农业基础地位与作用的对策

为了保证农业的基础地位不受侵蚀与破坏,使它在国民经济发展中的决定性作用得到充分有效的发挥,促进整个国民经济持续稳步地增长,必须采取配套措施,对侵蚀与破坏农业基础的种种问题进行全方位的整治。具体来说,应采取以下对策。

(一) 依法严格控制占用耕地

我国已于1986年6月公布了《中华人民共和国土地管理法》,1987年又开始实施严格的土地占用审批制度,但是,乱占、滥用土地现象目前仍有增无减。为此,依法严格控制占用耕地,已成为确保农业基础地位的迫切需要。首先,要严格控制城镇建设向外扩张,以防止城镇郊区农田和菜地被挤占。近年来,我国城镇建设突飞猛进,由于没有全面规划市镇内用地,盲目向外扩展,结果每年都有几百万亩城镇郊区农田和菜地被侵占。今后城镇建设应力图在原有市镇区域科学规划用地,尽力向高层化发展,尽可能少占或不占郊区农田和菜地。其次,农民进行多种经营,种植果树要占用山地、荒地,尽可能少占用耕地。1988年同1978年相比,耕地面积减少5501万亩,而粮田面积减少1.04亿亩,主要原因是果树与粮田争地。1978年全国果树不到1000万亩,而1988年达到7600万亩,增加了6600万亩。① 今后发展果树生产,不宜再占用耕地,对此有关管理部门必须从严掌握和控制。最后,农民建房也要实行严

---

① 李薇:《集中力量办好农业》,《光明日报》1990年9月8日第3版。

格的法定规格与标准，不得多占用耕地。对多占用者，要依法处置。

(二) 全面增加农业投入

首先，要增加国家和农民对农业的资金投入。英国牛津大学著名经济学家简·A.英利特在分析了世界上88个国家的农业与经济发展的关系后，找出一条规律：人均收入每增加1%，农产品总值中再投入农业的比率应增加0.25%，农业才能稳步发展。也就是说，国民经济要实现持续稳步增长，农业必须按相应的比例增加投入。然而，近年来我国的实际情况恰好相反。1980—1986年，我国农副产品收购总值从842亿元增加到1990亿元，增加一倍多，而农业基本建设投资总额却从52亿元降到38亿元，减少了27%。有人借鉴英利特公式匡算，"六五"时期，我国农业少投资599.88亿元。而"七五"时期农业投入欠账更多。为强化农业基础，使之能支撑起国民经济的持续稳步增长，"八五"时期乃至今后较长时间必须有计划地增加国家的农业投资。据调查，国家每投入1元钱，农民都会投入3—5元做配合。照此推算，如果国家每年能确保农业投资100亿元，农民将有300亿—500亿元投入农业。这样坚持下去，10年之后，农业的面貌将会有较大的改观。其次，要增加农业科技人才的投入。农业科技落后，农业科技网络不健全，关键在于缺乏一支坚强有力的农业科技队伍。目前，除了要采取农业科技倾斜政策，稳定和强化现有的农村科技人员队伍以外，还要采取各种有效措施扩大农村科技人员的训练和培养，尤其是使农业职业学校、专科学校和农业大学真正面向农村，为农业的振兴和发展输送大批农业科技人才。这就需要正确运用利益机制，给农业科技人员比较优惠的物质利益待遇，以吸引他们到农业生产第一线贡献自己的聪明才智。最后，也要增加对农业的物质投入。国家要以稳定的价格，向广大农民供应农机、农药、化肥、农用塑料等农用生产资料，以保证农业的物质技术基础不断得到加强。与此同时，要大力鼓励农民多施用农家肥，改良土壤，提高土地肥力及单位面积产量，以增加税后纯收益。

(三) 调整粮食价格，以提高农业生产特别是粮食生产的比较收益

近年来，由于农用生产资料涨价，粮食生产成本大幅度上升，结果种粮的比较收益明显下降。据有关部门推算，1987年比1984年粮价提高了10.3%，而农用生产资料的价格却上涨了26.6%，种粮亩均成本提高了31.7%，从而导致种粮比较收益明显减少（见表1）。

表1   单位：元

项目	亩净产值	亩税后纯收益
粮食	103.66	65.65
经济作物	178.37	111.06
干鲜果菜	553.21	457.42
中药材	362.05	238.67

资料来源：童孟达：《论农产品价格改革中的比价问题》，《上海经济研究》1988年第2期。

从表1可见，粮食生产的比较收益是最少的。因此，这就不可能不使粮农的生产积极性锐减，粮食生产大幅度滑坡。在商品经济条件下，价值规律起调节者的作用，而价值规律调节的核心又是需要物质利益调节，农民也必然要接受这个规律的调节，追求物质利益的最大化。可见，农民不愿务农，更不愿意从事粮食生产，责任并不在于农民，而在于国家的粮价不合理，导致粮食生产比较利益过低。因此，应遵从价值规律的要求，调整粮食价格。首先，要适当提高粮食的收购价格，平衡粮食生产与其他作物生产的比价，以便缩小乃至逐步消除工农业产品的价格"剪刀差"。据估计，自1978年以来，我国工农业生产价格"剪刀差"数额每年一直在300亿元左右。消除了"剪刀差"，就可以直接增加农民的收入，调动其进行粮食生产的积极性。其次，要适当提高粮食的调拨价格，以

使粮食调出省份获得合理的比较收益，进而调动他们发展粮食生产的积极性。渔区、牧区、林区和其他经济作物区的平价调拨粮应改为议价销售粮。因为，自1985年价格改革措施出台后，水产品、畜产品、肉类、木材、水果等价格均已放开，价格成倍上涨。既然这些地区已不再承担向国家平价提供商品的义务，那就不能再享用国家平调粮的权利。权利和义务应是统一的、对称的。更重要的是，这样做符合价值规律的要求，不仅可以增加粮食调出省份的实际收入，进一步加强农业的基础地位与作用，促进农业持续稳步增长，也有利于促进粮食调入地区节约粮食，并适当调整产业结构，发展粮食生产。

（四）深化改革，完善和发展农业生产责任制

为保持政策的连续性，在农村还要稳定和完善农业承包责任制。首先，要适当延长土地承包期；其次，要固定地块，不要经常变动，这有利于刺激农民对土地增加资金投入和有机肥料的施用，防止对土地掠夺式的耕种。另外，为了有效使用大型农业机械、水利设施等，实现农村土地规模经营，实现资源的最佳结合和优化配置，也可以在条件具备的地区引导农民进行联合经营。目前我国农村私人占有的生产资料呈扩大的趋势，到1986年农户占有的固定资产已占44.29%。从农业机械总动力来看，属于农户个人所有的占53.4%，在许多地区农户拥有的个人资产已远远超过集体。适应生产力发展的要求，尽可能地提高农业生产率，应当允许农田向耕田能手集中，也应允许雇工大户的农村私营经济的存在和发展。尤其是在社会主义初级阶段，在人口负担压力巨大的情况下，农村私营经济的发展，不仅可以吸纳农民剩余劳动力，充分发挥资金的使用效益，而且与社会主义集体经济平等竞争，又会直接增加社会主义经济的生机与活力，从而推动我国农村经济的全面发展与繁荣。

（本文发表于《社会科学探索》1991年第3期）

从物质利益的根基上强化和巩固农业的基础地位

农业在经济发展、社会安定、国家自立中的基础地位与作用，直接关系国家的前途与命运。因此，必须花大本钱，下大力气，强化和巩固农业的基础地位。

强化和巩固农业在国民经济中的基础地位的作用，必须有物质利益作保证，必须从物质利益的根基上解决问题。马克思主义认为，任何经济关系都表现为物质利益关系，任何经济活动都是为了谋取一定的物质利益。在商品经济条件下，国民经济各部门的利益差别是客观存在的，合理的差别有利于各部门资源合理配置，也有利于国民经济的有计划按比例协调发展。农业在国民经济中居于基础地位，是人类基本生活资料的提供者，其这种特殊地位与作用要求并决定它在整个国民经济各部门中的比较收益要大于其他部门。否则，其特殊地位与作用，不仅得不到有效的凸显和发挥，而且迟早会丧失殆尽。

我国农业自1985年起，连续徘徊几年之后，于1990年获得超常的丰收，可是1991年，南方几省的一场大水，又使我国农业歉收。对我国农业进行冷静的思索和认真的考察，不难发现，我国农业仍然是国民经济发展中的薄弱环节，其步入长期稳定增长轨道的根基问题并没有根本解决。农业的基础地位还相当脆弱，作用也十分乏力；并且问题还不止于此，它正面临日益加剧的一系列侵蚀与破坏。这主要表现在以下几方面。

首先，侵占和破坏耕地的现象有增无减。我国虽然号称"地大物博",但全国耕地面积只有14.4亿亩,人均占有耕地只相当于世界人均占有量的1/4。不仅如此,这少量的耕地还不断被侵占,致使耕地面积逐年减少。1979—1988年,全国共减少耕地5501万亩,平均每年减少550万亩。其中,1984年减少1100万亩,1985年和1986年两年共减少2500万亩,1987年虽然实行了严格的土地占用审批制度,但耕地仍减少了670万亩。到目前为止,我国人均占有耕地已不足1.4亩,比1952年的2.82亩减少了一半。

其次,农业劳动力素质下降。劳动者的素质好坏,对经济的持续稳定起决定性的作用、然而,近十年来,我国农业劳动者的素质呈明显下降的趋势。这主要表现在以下三个方面:第一,农村劳动人口文盲和半文盲增多。1982年人口普查表明,在我国农村12岁以上的人口中,文盲和半文盲占35%,而一些不发达的地区甚至超过50%。1990年7月人口普查又表明,我国15岁及15岁以上的文盲和半文盲仍有1.8亿,其中绝大部分在农村。第二,农村科技人员减少。新中国成立后,中专以上文化程度的农业科技干部有80万人,由于各种政策不落实,已有1/3调离农村,造成农村科技推广网络"网破、线断、人散"的局面。第三,农村强壮劳动力弃农从工或经商,老、弱、少、妇、残在第一线从事农业生产。

最后,农业投入锐减,农田基本建设严重不足,农业物质技术基础更加薄弱,抗御自然灾害的能力大大削弱。法国的农业基本建设投资占全国基建投资的比例30年来一直保持在12%以上,农业生产水平始终居于世界前列。曾是落后农业国的保加利亚,从20世纪60年代起就把农业投资的比重稳定在15%左右,如今人均拥有农产品产量也跨入世界前列。而我国近10年来,农业投资的比重逐年下降。1953—1980年,国家对农业的投资平均每年占国家基本建设总投资的11.9%。但是,1980—1986年,则从9.3%下降到3.3%,年投资额也从52亿元减少到38亿元。"六五"时期,我国农业基建投资比例也只占全国基建投资总额的6%,是几个五年计划中最低的。"七五"时期,国家计划安排的农业基建投资仅占国家全民所有制单位基建投资的2.94%。由于国家的农业基建投资锐减，农村植被破坏，水土流失，土地沙化、碱化扩大，这些都得不到有效的控制与治理，许多亟待兴建的项目不能上马，原有农业基础设施也无力维修与更新，有的甚至弃置报废。这就更加削弱了本已十分薄弱的物质技术基础，导致水旱灾害、风灾、雹灾不断，进而严重影响和制约我国农业持续增长的后劲。

上述状况的出现，无不同物质利益有关，可以说完全是物质利益规律发生作用的结果。首先，耕地面积大幅度减少，固然有许多原因，但最根本的原因是土地种粮食收益锐减。据调查，每亩粮食的净产值为103.66元，税后纯收益65.56元；每亩经济作物净产值178.37元，税后纯收益为111.06元；每亩干鲜果菜553.21元，税后纯收益为457.42元；每亩中药材净产值362.5元，税后纯收益为238.67元。[1] 由于种植经济作物、果木药材等收益比种植粮食大得多，所以，占用耕地种植果木、药材就会大有发展之势。1988年同1978年相比，耕地面积减少5501万亩，粮田面积减少1.04亿亩，其中一个重要原因是果树与粮田争地。1978年全国果树不到1000万亩，而1988年达7600万亩。[2] 在一些地区毁坏耕地办砖、瓦窑、种植药材的现象普遍发生，也是物质利益规律起作用的结果。其次，在第一线从事农业生产的劳动力素质下降，一个重要原因是受物质利益规律的支配，素质较高的强壮劳动力弃农经商、弃农从工，弃农从事其他生产。最后，抛开国家对农业的投入不足因素近10年来农民对农业的投入也呈下降趋势。这虽与承包制中的短期行为有关，但更重要的是农民对农业的投入得不到较好的补偿和收益，在经济利益上受损严重。所以农民不愿意，更严格来说，是无力投资兴修水利、改善农业基础设施、种植树木、保护植被。

由上分析可见，我国农业在经济发展、社会安定、国家自立中的基础地位被削弱的深层原因是农业的比较利益过低，尤其是生产

---

[1] 童孟达：《论农产品价格改革中的比价问题》，《上海经济研究》1988年第2期。
[2] 李薇：《集中力量办好农业》，《光明日报》1990年9月8日第3版。

粮食的比较收益过低。而日益扩大的工农业产品价格"剪刀差",又使得这本已过低的利益大大受损。据辽宁省统计局调查,由于近年来农产品价格再落低谷,农民从农副产品提价中得到的好处基本上被工业品价格上涨所抵消,工农业产品"剪刀差"重新扩大。如玉米每公斤收购价由1985年的0.282元提高到1988年的0.318元,提高近12.8%,而同期的农药、化肥、农膜价格上涨幅度分别为48%、84%、51%。市场议价上涨更多,1986年每吨尿素为600元,1987年上升到700元,1988年达1000多元,比1986年上涨近70%,这使农民从农副产品提价中得到的好处全被冲销。1988年辽宁省农民人均收入为699元,比上年增加100.3元,其中,由于农副产品涨价使农民增收59.67元,相应农用生产资料涨价使农民多支出85.76元,收支相抵,农民从物价上涨中平均每人损失26.09元。1989年由于农副产品收购价格提高,使农民人均收入增加了72.95元,相应农用生产资料、农村生产消费品非商品性劳务价格上涨,使农民人均增加支出121.6元,收支相抵,农民人均损失48.66元。①

农业比较收益过低和"剪刀差"的进一步扩大,给我国农业生产的发展带来一系列严重后果。这主要表现在以下几方面。

第一,农民务农的收入太少,务农的积极性严重衰退。据江苏省调查,平均每个劳动力的年收入种田为400元,建筑为1200元,务工为2800元,运输业为4500元。据河南省调查,小商贩的收入是种粮农民收入的4倍多。1991年春,沈阳市郊区部分农户强烈要求弃田从商,就连口粮田也不想再种了。对此,沈阳市城调队调查分析认为,比较利益悬殊,务农收入过低是一个重要原因。一般务工、经商者的收入要比务农者的收入高出4—5倍,在这种收入反差刺激下,60%的农户表示不愿承包土地。②

在商品经济条件下,价值规律起调节者的作用,其调节的核心

---

① 《辽宁工农产品"剪刀差"重新扩大》,《中国统计信息报》1991年4月22日。
② 《沈阳部分农户要求弃田从商》,《中国统计信息报》1991年5月16日。

是物质利益的调节。农民接受这个调节，追求经济利益最大化，不愿务农是在情理之中的，问题是我们如何依照物质利益规律来增加农业的比较收益，以调动农民务农的积极性。

第二，严重打击了粮食调出省份发展粮食生产的积极性。目前我国粮食调拨价格是由统购价加上经营费用构成的，没有一点利润，甚至国家规定的经营费用还低于实际的经营费用。由于粮食调拨价过低，严重影响了粮食调出省份的财政收入，挫伤了农民生产粮食的积极性，致使这些省份的经济发展缓慢落后。例如，粮食调出省——安徽，玉米统购价为每百斤11.70元，省内经营费用1.10元，省内调拨价为12.80元，省份间的调拨价也为12.80元。籼稻统购价每百斤为11.50元，经营费用1.10元，省内调拨价为12.60元，省份间调拨价也为12.60元。"六五"时期，吉林省用于粮食方面的支出共10亿元，而粮食税收仅2亿元，收入大大少于支出。为了支撑农业生产，其差额要由地方政府财力来弥补。这就不得不影响地方市政建设、地方工业、科学、文化、教育、卫生和其他各项事业的发展。尤为不合理的是，由于粮食调拨价过低，粮食调出省份还要为粮食调入省份支付一部分补贴金和农业投资。这样一来，粮食调出越多，粮食调出省份就要为别人支付更多的补贴和投资，其财政负担也就越重，其比较利益损失也就越大，结果形成粮食高产穷省份。吉林省每年都要调出粮食近百亿斤，仅此一项，10年就少收入100多亿元，而国家给吉林省的粮食补贴比这少得多。这不仅直接影响了吉林省经济的发展，而且人民的生活水平也大大低于如广东省一些粮食调入省份。

第三，农业比较利益过低所带来的另一个更加令人忧虑的后果，是助长和加剧了一些地区花钱买粮而废田、荒田发展工副业生产的倾向。由于种粮无利可图，一些地方弃田经商，致使田地荒芜的现象时有发生；毁田建砖瓦窑，开办各种小工厂，种植果树、药材等，更为普遍。一些省份粮食产量逐年减少，国家调拨粮食的比重明显上升。1984年，广东省的国家调拨粮食占本省粮食产量的5%，仅到1986年就增加到15%。

总之,农业比较收益过低和"剪刀差"的进一步扩大,直接损伤了农业在国民经济中的基础地位,破坏了农业生产持续稳定发展的后劲,威胁着农村的稳定及整个国民经济的稳定和社会安定。所以,必须尽快扭转这种局面。

为了从物质利益的根基上使我国农业的基础地位与作用得到有效的保证与发挥,笔者认为,必须对粮食价格进行适当调整,以大大提高农业的比较收益。

第一,进一步调整工农业产品比价,缩小和消除"剪刀差"。改革10年来,"剪刀差"非但没有缩小,反而呈上升趋势。有关资料显示,农产品价格低于价值,1978年为35.6%,1982年为26.8%,1987年为24.5%。而在同期工业品价格高于价值,分别为133.4%、179.5%、276.6%,同期价格"剪刀差"分别为441.8亿元、576.0亿元、1045.4亿元。[①]

由此可见,农民由于农产品价格低于价值而少得收入几乎逐年增加,由于工业品价格高于价值而多支出额也是逐年上升的。少收的加上多支的,使农民的利益损失太多。毛泽东同志指出,我们搞工业化不能靠挖农业。把农民挖得太苦,是实现不了工业化的。这个思想实践证明是正确的。所以,努力缩小和消除"剪刀差",乃是强化和巩固我国农业的基础,顺利实现社会主义工业化的必要条件。

第二,适当提高粮食的收购价格。据1991年5月河北省城调队调查,该省1990年丰收,农民卖粮难,粮食价格严重下滑。1991年、2月比上年同期下降了25.3%和23%。近年来,粮食生产的成本大幅度上升。据有关部门统计,1987年比1984年粮价仅提高了10.3%,而农业生产资料价格都平均上涨了26.6%,种粮亩均成本上涨了31.7%,结果粮食生产的收益明显降低。改变这种状况,最根本的办法是适当提高粮价。当然,粮价问题比较敏感,粮价改革不能一步到位,而要有计划地分步骤进行,并与其他价格

---

① 参见《经济研究参考资料》1989年第162期。

改革相配套。但粮价改革不能再拖了，拖久了，地没人种了，农业这个基础也就垮了。

第三，适当增加粮食价格补贴。这是一个行之有效的办法。第二次世界大战以来，西方发达国家差不多都采取了价格补贴措施。现在，美国政府对农业的价格补贴每年都超过250亿美元。我国早就实行了对农业的补贴，但效益一直不高，作用不大。同时，还要适当从工商业收益中提取一部分财力，用于增加农业的价格补贴。除此以外，县、乡、村三级也要依据本地的经济实力状况，采取以工补农，以多种经营补粮食生产等措施，对粮农给予补贴。使粮农多打粮、多卖粮、多收益，以根本扭转"种粮吃亏"的局面，真正把农民生产粮食的积极性建立在坚实的物质利益基础上。

第四，调拨粮食应主要实行中央调控下的协议价格。在目前粮食供应并不十分宽裕的情况下，平价粮应由中央统一控制，由中央核定任务，合理地分配给各个省份，限期按计划完成，这是丝毫不能含糊的。除此以外，各省份间的调拨粮应一律实行协议价格，即由中央规定适当的浮动幅度，由调出单位和调入单位根据市场供求状况，按照等价交换的原则，协商议定。渔区、牧区、经济作物区等，应由平价调拨粮改为议价销售粮。这样改革的道理十分正确，也十分简单，自1985年价格改革措施出台以后，蔬菜、水果、水产品、木材等价格基本放开，价格成倍乃至十几倍地上涨。既然这些地区的生产者没有承担对国家低价供应商品的义务，那也就无权享受国家优惠的平价粮供应，权利和义务本应是统一和对称的。更重要的是，这样做符合价值规律的根本要求，有利于促进产粮区商品经济的发展，从根本上巩固与强化农业在国民经济中的基础地位，确保整个国民经济持久协调稳定地增长。

(本文发表于《党政干部学刊》1992年第10期)

二

关于"高学历失业"问题研究

关于"高学历失业"的理论分析与对策思考

发端于美国的国际金融危机席卷了全世界,使世界经济陷入战后最深度的低迷与衰退。中国作为一个全方位开放的新兴经济体,也不可避免地受到最猛烈的冲击。由于对外贸易状况日益恶化,国内结构性及体制性的矛盾越发突出,不仅使一般劳动者就业更加困难,而且"高学历失业"也明显凸显,并有日趋加重之势。

"高学历失业"是以大学毕业生为主体的特殊人群的失业,它一旦形成群体化、集中化、阶层化,就会对经济社会的可持续发展构成严重危害与威胁,这不仅是一个经济问题,也是一个十分严峻的社会问题。本文试图从经济社会学的角度,对我国"高学历失业"的基本范畴内涵进行科学界定,对其性质及特征、产生的经济社会原因进行系统理论分析,并提出综合整治的若干对策建议。

一 "高学历失业":范畴界定、性质及特征

(一)"高学历失业"范畴解析

任何一项科学研究都必须首先把基本概念和范畴搞清楚。著名经济学家于光远先生讲道:"学者之所以成为学者,在于咬文嚼字,概念清楚。"[1] 搞清楚基本概念和范畴不是搞概念游戏,也不是简单的范畴演绎,而是科学研究得以正确展开的必要前提与基础。对

---

[1] 于光远:《治学态度与治学方法》,《议政》2002年第3期。

某一项研究，如果研究者从一开始就对其基本概念含混不清，对基本范畴缺乏严格规定，那么整个研究就会产生偏误，甚至得出全然不同的认识和结论，据此制订的方针政策就会失效或失败。

英国近代著名经济学家斯坦利·杰文斯在《政治经济学理论》一书中明确指出："经济学这种科学，是建筑在少数貌似单纯的概念上。……因为概念上稍许的错误，会动摇我们的一切演绎，所以，几乎每一个经济学家都说，单纯元素的探究，最要小心、最要精密的。"① 所以，在展开对中国"高学历失业"问题系统的经济社会学分析之前，对什么是失业和什么是"高学历失业"这些"单纯元素"，进行"最要精密"的"讨究"，是十分必要的。

何谓"高学历"？有的同志认为："所谓高学历，主要是指大学本科以上的学历水平。"② 我认为，这个界定显然是门槛太高了。把大批具有大专文凭或学历水平的知识人群排斥在"高学历"之外，不符合我国现行高等教育的规定与实际。按照我国现行高等教育制度的规定，各种类型的高等专科学校均属于高等教育范畴，其毕业生的学历水平属于"高学历"。凡国家承认的电大、函大等"五大"的大专以上的学历水平也属于"高学历"之列。所以，我认为所谓"高学历"者是指具有大专以上毕业文凭或学历水平的人；所谓"高学历失业"，指具有大专以上毕业文凭或学历水平的人们失业。

如何理解"失业"这一关键和基本范畴，马克思主义经济学与西方经济学向来存在分歧与差异。

马克思指出："资本主义积累不断地并且同它的能力和规模成比例地生产出相对的，即超过资本增殖的平均需要的，因而是过剩的或追加的工人人口。"③ 可见，马克思把失业看作资本主义积累

---

① [英]斯坦利·杰文斯：《政治经济学理论》，郭大力译，商务印书馆 1984 年版，第 178 页。

② 孙彩霞：《分析高学历就业难现象与追求高学历之风的形成》，《消费导刊》2008 年第 4 期。

③ 《马克思恩格斯全集》第二十三卷，人民出版社 1972 年版，第 691 页。

的必然结果,是由资本主义制度造成的。学术界有人认为,这是马克思的偏见与失误。其实,这是对马克思失业思想和理论的误解。马克思并未认为资本主义制度是造成工人失业的唯一根源与原因。除了资本对劳动力的吸纳能力之外,马克思还认为技术进步、先进机器设备的广泛应用,都会使工人失业,即出现所谓"机器排挤工人"的现象。

在西方经济学中,古典经济学是根本否定失业的。他们认为,在自由市场经济中,市场机制自动调节社会资源的优化配置,实现社会供需平衡,不会出现经济危机与失业。1929—1933年的大危机击破了他们的神话,凯恩斯主义应运而生。凯恩斯面对大量失业,不仅敢于公开承认,并且在理论与实践的结合上研究了失业,给非自愿失业下了定义。他指出:"设当工资品价格——相对于货币工资而言——上涨少许时,现行货币工资下之劳力总需求量与总供给量,皆形增大,则称之为有非自愿失业之存在。"[①] 这段话意思是说,当消费品(即"工资品")的价格上涨时,现行工资制度下,愿意工作的工人人数(即劳动力总供给量)和资本家愿意雇用工人人数(即劳动力总需求量)都比实际能够就业的工人人数要多,这就产生一部分愿意就业的人得不到就业的机会,出现非自愿失业。简而言之,非自愿失业就是在消费品价格上涨的时候工人愿意按照现行工资水平受雇于资本家却仍然找不到工作岗位的现象。

当代美国著名经济学家萨缪尔森与诺德豪斯在其经典教科书《经济学》中,对失业做了比凯恩斯更为细化、更为具体的界定,他们指出:"失业的,这包括那些没有就业,但积极寻找工作或等待返回工作岗位的人。更确切地说,如果一个没有工作,并且(a)在最近4周曾经专门去找过工作的人,(b)从工作中被解雇下来而又等待恢复工作的人,或者(c)正等待下月去报到上班的人,那

---

① [英]凯恩斯:《就业利息和货币通论》,高鸿业译,商务印书馆1997年版,第17页。

么这个人就是失业者。"①

对比西方经济学关于失业的界定与马克思对失业的界定可见：其一，西方经济学对失业的界定与分析侧重于生产力角度，限于经济运行层面及技术操作方面；而马克思对失业范畴的界定与分析则侧重于生产关系角度，主要从经济制度与体制方面揭示失业的经济社会根源。其二，西方经济学对失业的界定与分析限于社会表象的描述，注重社会经济统计的技术性及可操作性；而马克思对失业的界定与分析则注重失业的本质及其内在规律的揭示。其三，西方经济学对失业的界定与分析，力图掩盖与否定其与资本主义制度的内在必然联系，具有明显的对资本主义制度辩护性质，但对失业的运行层面分析及技术经济层面的分析，仍具有一定的科学性及合理性；马克思对失业的界定与分析，揭示了失业与资本主义制度的内在必然联系，具有一定的科学性，但由于对失业缺少运行层面及经济技术层面的具体分析与界定，因而缺乏实际可操作性。

正是由于马克思对失业的界定与分析和西方经济学对失业的界定与分析的视角不同、侧重点不同、反映的内容不同，因而各有其科学合理性，同时又有其局限性与缺憾。所以，我们认为，在研究社会主义条件下的中国失业问题，必须坚持以马克思的失业理论为指导，同时充分借鉴西方经济学失业理论的科学成分，只有这样，才既能从经济社会运行层面了解失业现象发生的演变过程，又能从制度与体制层面认识其内在发展的经济社会根源，从而全面、深刻地揭示失业的发生发展规律，以便为党和国家治理失业的方针与政策提供理论支撑与决策参考。

（二）"高学历失业"的性质及主要特征

"高学历失业"在当今世界已不是个别、偶然、暂时现象，而是普遍存在、经常发生的长期现象，既是一个市场经济运行中的经

---

① ［美］保罗·A. 萨缪尔森、［美］威廉·D. 诺德豪斯：《经济学》（第12版），高鸿业等译，中国发展出版社1992年版，第340页。

济问题，又是一个社会演进与转型过程中难以避免的社会问题。"高学历失业"的普遍性、经常性及长期性决定它在短时期内不可能解决；"高学历失业"的经济社会性又决定它不可能单纯依靠经济机构运用经济力量与经济手段来解决，还必须借助社会机构，运用社会力量与社会手段来综合治理。

"高学历失业"在中国出现，确实是一个新现象。在以往的计划经济体制下，中国基本上不存在"高学历失业"现象。在20世纪50—60年代，中国曾宣布消灭了失业现象，其实是不真实的。相当数量的失业是以潜在方式隐蔽存在的，或是以企业冗员形式存在的，抑或是以普遍就业、"一个人的活儿三个人干、一个人的饭三个人吃"，以牺牲经济效率为代价的统包就业体制而扭曲存在的。即使如此，那个时代也没发生"高学历失业"现象，其主要原因在于，中国的高等教育是纯牌"精英教育"，大学毕业生数量少，"高学历失业"自然就少。那时的失业是以一般失业为特征，"高学历"者是十分稀缺的资源，严重供不应求，并且按计划统一分配，只要服从计划安置，保证得以就业，故社会不存在"高学历失业"。

我国的"高学历失业"，是改革开放后市场经济发展到一定阶段的必然产物。新中国成立以来，共出现三次大规模失业浪潮：一是20世纪70年代"知识青年"上山下乡后回城；二是20世纪90年代初到21世纪初公有制企业改革，尤其国有企业改革中大批国有企业、集体企业职工下岗失业；三是20世纪末到如今白领阶层和大学毕业生失业。在第一次失业浪潮中，"知识青年"上山下乡，说穿了是"变相失业"。当年中国正值"文化大革命"的特殊年代，社会动乱，加上企业"停产闹革命"，社会经济受到严重破坏，大学又停止招生，上千万初、高中毕业生无法升学与就业，只好"撵到"乡下去"与农民抢饭吃"，名义上是到农村就业，实际上是知识青年"集体大失业"。由于这些"知识青年"几乎全部是初、高中毕业生，并不具有大专以上学历水平，所以他们的失业不属于"高学历失业"范畴。从第二次失业浪潮开始，中国出现了明显的"高学历失业",这与当时的经济社会变革有着深刻的内在联系。20世纪90年代初,中国经济体制改革目标已经明确为建立社会主义市场经济体制,大规模地开始了市场化改革。计划经济实行统包统分的就业体制,虽然能尽可能保证就业,但"一个人的活儿三个人干",缺乏效率与竞争,而市场经济实行由市场选择的就业体制,奉行"一个人的活儿一个人干"的优胜劣汰的就业机制,这种体制是保障竞争和提高效率的体制。按照市场经济的要求,国有企业及集体企业实行股份化改革,把提高效率放在首位,一方面使企业大批冗员下岗失业;另一方面也使大批经营不善企业破产,职工集体下岗失业。在这次失业浪潮中,不仅有一般职工失业,也有大批企业技术员、工程师、设计师、经济师、会计师、企业及公司经营管理者被失业潮卷了进来,真正出现了"高学历失业"。进入21世纪以后,伴随第三次失业浪潮掀起,中国的"高学历失业"已经转换成"大学毕业生失业"为主体并伴以"白领阶层"失业。这是由于适应市场经济要求,我国高等教育开始大众化改革,使高等教育规模急速扩张。1998年,我国高等院校招生人数为108.4万人,较1997年有了很大增长,但到1999年又扩大到159.7万人,2000年升到220万人,2001年又增加到250万人,2002年更达到275万人。经过4年的扩招,高等学校招生人数增加了166万人,增长幅度高达153%。① 进入21世纪,每年有数量庞大的大学毕业生需要就业。在20世纪90年代中期以前,各高等院校毕业生就业率几乎为100%;到2001年,重点高校毕业生初次就业率就降为82.75%,一般院校初次就业率为68%,高等专科学校初次就业率仅为41.23%;至2004年,全国高校毕业生总体就业率不足70%。② 据中央电视台2009年11月23日报道,2010年,高校毕业生将达630多万人,比2003年的212万人增长了3倍。而高校毕业

---

① 董立民:《高等教育需求解析》,《河北职业技术师范学院学报》(社会科学版) 2003年第3期。
② 常素巧、赵振江:《当代中国知识失业问题探析》,《保定师范专科学校学报》 2005年第3期。

生的就业率不仅没有回升，反而继续下降，有人估计在60%以下，甚至更低。这就使得大学毕业生失业率越来越高，以大学毕业生失业为主体的"高学历失业"近10年累计在800万人以上。

学术界有人将"高学历失业"与"自愿失业"混同起来，这是不科学的。不可否认，"高学历失业"中不乏"自愿失业者"，但我们认为，它只是其中一小部分。按照萨缪尔森、诺德豪斯关于失业者的经典理论定义及国际劳工组织关于失业者的可操作定义，"最近4周"或"前4周内"努力寻找工作却未找到工作的人界定为"失业者"，这个"失业者"显然是凯恩斯所讲的"非自愿失业者"。"自愿失业"与"非自愿失业"的一个重要区别在于，是否努力寻找工作。显然，"自愿失业"在主观上并不积极主动去寻找工作，是主观所致的；而"非自愿失业"是在主观上努力寻找工作但由于客观上无工作岗位，无业可就，由于客观条件所迫使的失业。"自愿失业"者往往是为了追求高收入、高福利待遇，或是追求理想工作岗位、地点，抑或是为了等待良好发展机遇等而主观自愿采取的"失业"行为，他们往往都有一定可靠的经济来源支撑，不仅不会对经济社会发展造成损害，反而还可能成为调节劳动力供求关系的一种不可或缺的润滑剂，更可能是高层次人力资源实现最佳配置的有效机制。因此，研究社会主义市场经济条件下的"高学历失业"可以将它排除在外，存而不论。

综观中国"高学历失业"，已经明显凸显出以下基本特征：第一，数量逐年增加，层次明显上升。在20世纪90年代初，国有企业在"打破铁饭碗"及一些公有制事业单位"打碎铁交椅"过程中，已经出现了"高学历者"的"饭碗"被打破，发生下岗失业。但那时还只是局部的，并没有成为全国各地的普遍现象，并且数量也不多，基本上是那些年龄偏大的老"高学历者"。进入20世纪90年代中、后期，国有企业改革进入攻坚阶段，机关事业单位改革全面展开，减员增效，精减机构，大批裁减冗员，使得"高学历失业"者数量逐年增加，且从改革先行区向全国扩展开来，出现了以往不曾有过的具有硕士学位和博士学位人员失业现象，尽管是偶然发生的，但足以令人震惊，因它发出"高学历失业"层次在提升的信号。第二，由零星分散状态发展到相对群发集中。"高学历失业"现象在中国并不是突发的，而是经过了一个渐进的演变过程。20世纪90年代初，"高学历失业"只是在沿海经济发达地区和京、津、沪、粤、渝及几个经济特区零星分散地分布，但从20世纪90年代中期开始，伴随中国市场化改革全面推进，大批中小国有企业及城镇集体企业破产，工作在这些企业的"高学历"人员成堆成片地下岗失业，曾经轰动全国的长春拖拉机厂事件就是典型。该厂拥有大批农机设计、制造专家及工程技术人员，还有高级企业管理人员，企业破产后这些"高学历"人员均已下岗，表面上有所谓"安置"或"买断"，实际上几乎全部失业。这种"高学历失业"集中群发现象在东北乃至全国国有企业股份制改革中伴随大量中小国有企业破产倒闭而日益蔓延和迅速增多。不过，这时的"高学历失业"被一般性失业大潮淹没，尚未独立凸显出来，因此并未单独引起社会集中关注。第三，区域分布不平衡，具有明显的区域性。一般来说，伴随第二次失业浪潮而发生的"高学历失业"大都集中于国有经济所占比重较大的省份，而个体私营经济所占比重较大的省份相对要少许多；从城乡分布来看，城市明显高于乡镇；仅从城市来看，省会城市以及发达的大城市明显高于一般的中小城市。东北三省的国有经济在其经济总体中所占的比重均在80%以上，由于老工业基地企业设备老化，技术陈旧，管理水平低，改革滞后，加之"国有情结"等观念束缚，在企业优化转型改革时，大批中小国有企业不能适应市场经济发展要求而遭淘汰与破产，大批"高学历"人员下岗失业。相对而言，广东、福建、江苏、浙江等发达省份，由于国有经济在其整体经济中所占比重较小，并且享有率先改革的诸多优惠政策，再加之这些省份个体私营经济发展迅速，形成了发展商品经济的良好环境与氛围，少量破产国有企业的"高学历失业"人员，可以较容易从事个体私营企业，能成功地转业与再就业，因此"高学历失业"较少。东北三省的省会城市不仅老国有企业多，还是"高学历"人员集中的地方，尤其是那些资源性城市如黑龙江省的大庆、伊春、佳木斯、七台河、鹤岗、双鸭山等，吉林省的辽源、通化、营城，及辽宁省的抚顺、阜新、本溪、盘锦、鞍山等老煤城、老林区、老矿山、老钢都、老油田都聚集了大批老知识分子及科技人员，由于这些城市的资源大部分已经枯竭，城市与其中的企业亟须转型与转业，因此产生了大批"高学历失业"人员。第四，由21世纪之前的老科技人员为主体发展为21世纪后的新大学毕业生为主体。这在中国第三次失业浪潮中表现得尤为明显、突出。进入21世纪后，中国国有企业改革仍在深化，"高学历失业"非但没有减缓，反而转换为以大学毕业生失业为主体。原因在于，进入21世纪以后，中国高等学校一直扩招，每年的大学毕业生都对就业市场形成巨大压力。2002年高校毕业生为145万人，2003年上升到212万人，2004年达260多万人，2005年上升到338万人，2006年达413万人，2007年上升到495万人。2002—2007年累计1853万人，按60%就业率计算，仍有近700多万人失业。更重要的原因是，2007年发端于美国的国际金融危机对中国经济形成空前猛烈的冲击。拉动中国经济增长的"三驾马车"——外贸需求、投资需求和消费需求均遭重创，急剧下滑与萎缩，引发大量企业关门歇业，不仅使大批农村进城务工者离岗返乡，涌现返乡潮，而且也使大学毕业生就业形势严重恶化。2008年大学毕业生为550多万人，2009年610多万人，2010年630多万人，因此，大学毕业生就业难上加难，从而使其成为当今中国"高学历失业"的主体。

中国的"高学历失业"明显不同于一般失业。它具有一定的阶层性，是"知识阶层"的失业，它比一般失业人群具有较高的科技文化知识，但将它概括为"知识失业"并不科学。因为所谓"知识失业"不能表明失业主体是谁，再说知识同"高学历失业"并没有内在的必然联系。以往一般认为，"高学历者"都能就业，即使是失业了也容易再就业，现实证明非也。"高就"容易"低就"难。中国绝大部分"高学历者"一般不会情愿"低就"的，因为"高学历"是倾全家之财力，用"高投入"甚至是负债累累取得的，自然要索取"高收入"或"高回报"，这是马克思主义物质利益一般定律。主张或迫使"高学历者"低标准就业，违背上述定律，也不符合人尽其才、人尽其用的基本原则。有些人特别是一些领导者责怪大学毕业生不肯"低就"，甚至热衷鼓励博士、硕士杀猪、卖肉、做保姆、当清扫工等，我们认为是不妥当的。"高学历者"理应从事与其才能或学历（学历是才能的证书，虽不能完全等于才能，但总体上基本反映才能）相适应的工作，社会应形成这种良好条件与氛围。鼓励"高学历者""低就"（即"低标准就业"），如果成为常态化、普遍化，不仅是对宝贵人力资源的一种浪费，更是文明社会的一种悲哀。

二 "高学历失业"的原因分析

对中国"高学历失业"发生的原因，国内学术界有多种说法。一是"市场分割论"，认为它是由"国内劳动力市场的制度性分割"[①] 造成的；二是"教育过度论，"认为它是由"中国高等教育发展过度"[②] 造成的；三是"教育深化论"，认为它不是由"教育过度"造成的，而是"教育深化"[③] 的必然结果。我们认为，中国"高学历失业"的发生绝非某项单一原因引起的，而是有多重原因的，既有其经济原因，也有其社会原因，是经济因素与社会因素混合交织与综合作用的结果。

（一）产业结构调整与升级的必然结果

改革之初的农业产业结构调整乃至当今中国的农业产业化，不

[①] 赖德胜、田永波：《对中国"知识失业"成因的一个解释》，《经济研究》2005年第11期。

[②] 刘得杨、袁霁：《我国知识失业现象的"托达罗模式"解读》，《煤炭高等教育》2008年第6期。

[③] 杨卫军：《当前"知识失业"是过度教育还是教育深化?》，《教育与经济》2003年第3期。

仅没有发生"高学历失业"现象，反而对"高学历"人才的需求迅速增长。由于政策及体制方面因素的影响，农业科技网络及站、所遭受不同程度破坏，导致大批农业科技人员离开农业战线，"高学历"人员严重流失，严重制约及影响了农业产业结构的升级与发展。

"高学历失业"主要发生在第二、第三产业结构调整与升级的进程中，尤以第二产业为高发领域。在20世纪80年代纺织行业"限产压锭"的改革中，众多棉纺厂与织布厂大批淘汰落后的纺纱机与织布机，从国外引进先进机器设备与工艺流程，从而大大提高了劳动生产率。与此同时，这些企业又采用了国外先进的管理方法，使企业的管理水平及管理绩效也得到明显提升。这种产业升级带来的劳动生产率提高，必然比传统产业节省更多的人力，从而引发一部分劳动者失业，其中难免包括一部分"高学历"人员。特别是在产业结构调整中，由于竞争日趋激烈，一些企业由于技术设备落后及管理不善，发生经营破产，或在竞争中被处于优势地位的企业所兼并，这就要发生职工成堆成片失业，"高学历"人员自然会因企业破产或被兼并而遭失业之厄运。因此说，在市场竞争中，产业结构的调整与升级尤其是企业兼并与重组，是"高学历失业"发生的重要产业机制。

（二）经济运行周期的伴生物

社会主义经济虽然与资本主义经济有质的不同，但不可否认其运行具有周期性，即衰减下滑期、低谷期、恢复上升期、繁荣高涨期，也被称作扩张期、繁荣增长期、收缩期、低位运行期。社会主义经济会在上述四个阶段或时期中循环运行，每个时期长短变化不一，螺旋状上升，波浪式前进。"高学历失业"作为一种特殊的高层次失业更与经济运行周期有着密不可分的内在联系。具体来讲，在经济恢复上升期和繁荣高涨期，经济发展对"高学历"人才需求旺盛，"高学历失业"即便发生，数量也会大幅度减少，甚至可能消失，出现"高学历"人才供不应求的状况。而在经济衰减下滑期与低谷运行期则由于社会总需求下降，一方面经济陷入深度低迷与衰退，市场严重疲软，大批企业关门歇业，没有关门歇业的企业也纷纷减产裁员；另一方面社会上需要就业的人口包括"高学历"人才增加，从而不仅导致一般劳动者失业，工程技术人员及管理人员等"高学历"人员也被划到失业队伍。在国际金融危机中，美国"知识经济"及IT产业的"高泡沫"破灭后，使一大批"知识精英""IT"工程师及华尔街的"金融白领"破产失业，成为世界上"高学历失业"重灾区和典型案例。可见，"高学历失业"伴随着经济运行的周期波动而起伏跌宕，潮起潮落。

（三）高教体制与经济体制错位及失衡的产物

自20世纪90年代初中共中央将中国经济体制改革的目标确立为建立社会主义市场经济体制后，中国全面推进市场化改革，开始了由计划经济体制向市场经济体制全面转轨的进程。与此相适应，高等教育体制也由统包统分就业模式向大学生自主择业、人力资源由市场配置的新模式转变。计划经济体制由于它否定市场机制，缺乏竞争激励与效率，是一种僵化的体制；而市场经济体制由于它充分发挥市场配置资源的功能，鼓励竞争与效率，是一种充满活力的体制。市场经济体制取代计划经济体制的过程是一个经济活力与效率不断提升的过程，它意味着同量资本所推动的生产资料的增长与人力资源的不断节省，从而使得经济发展对用人需求的减少。而与此同时，我国高等教育由于从2000年以来连续近10年扩招，每年大学毕业生需要就业的量以两位数的速度增长，使大学毕业生的供给量及供给结构与经济发展的需求规模与结构发生严重错位与失衡，这就难免不产生大学毕业生就业难，乃至发生"高学历失业"现象。可见，以大学生为主体的"高学历失业"现象是我国计划经济体制向市场经济体制转轨过程中，高等教育与经济发展要求不匹配，规模与结构严重失衡的一个必然产物。

（四）国际金融危机的严重冲击

改革开放前，在闭关锁国的计划经济体制下，不存在"高学历失业",虽然外国经济也会在不同程度上影响我国,但由于国门处于关闭状态,这种影响只是浅层次的,不会发生深层次的根本性冲击。改革开放后,我国国门大开,又推行与西方国家接轨的市场经济体制,特别是2001年12月加入WTO后,中国经济全面融入世界经济体系。在世界经济一体化、中国全方位开放的背景下,尤其是在中国与美国经贸交往日益深化的条件下,发端于美国的国际金融危机很快传导到中国,对中国的经济形成严重的深层次冲击与损害。在国际金融危机的打击下,截至2008年10月,全球股市市值蒸发25万亿美元,华尔街金融诈骗大案频频曝出,到2009年年底已有150多家银行宣告破产,使得金融业大批"高学历"人员失业或倾家荡产。这场金融风暴不仅使中国的国外金融资产蒙受重大损失,也使中国上海股市从5000多点跌至2000点左右,股市市值蒸发近2/3,一批专职从事股票投资的"高学历"人员损失惨重,说是回家歇业,实质等于下岗失业。到2009年11月,美国失业率高达9.8%,2010年年初很快突破两位数大关,高达10.2%。为遏止美国国内日益攀升的失业率,奥巴马政府除了加大经济刺激力度外,还竭力推行贸易保护主义,不断对中国出口美国的产品如轮胎、服装、鞋类、钢材等产品实施"反倾销调查",征收高额进口关税,以保护本国产品生产及就业,这直接打击了中国外贸出口,造成相关行业职工大批失业,自然也加重了这些行业的"高学历失业"。可见,国际金融危机转嫁过程实际上就形成了中国"高学历失业"加剧生长的过程。

三 解决"高学历失业"的几点对策建议

综上所述,"高学历失业"在远未实现高等教育普及化、大众化的今天,还是一种社会"精英失业",这对人才资源(注意:不是人口资源)相当缺乏的我们这个社会主义大国来说,不仅是个大憾事,更是难以容忍的。如果说一般失业在市场经济条件下不可避免,并且对劳动力市场有一定调节的"积极"作用,那么"高学历失业"则是对经济社会发展有百害而无一利的,尤其是它对人民生活及社会稳定的负面效应极为直接,极为重大。正因如此,更需要加倍重视,认真整治,全力解决。

(一) 要继续加大教育投入,适当控制高等教育规模,着重提高高等教育的质量与效益

首先,万万不要因"高学历失业"而影响加大对教育的投入。必须清醒地认识到,中国教育(包括高等教育)的总体落后性,根本不存在所谓"教育过度"的问题。从高校的毛入学率来看,我国与西方国家的差距是相当大的。据联合国教科文组织《1995年世界教育报告》称,1994年,西方国家的高校毛入学率均已超过30%,其中法国、加拿大、美国、澳大利亚、芬兰、新西兰、挪威7国均已超过50%;而我国高校的毛入学率1998年为9.1%,2001年为15%,目前为20%左右。造成教育滞后的一个极其重要的原因在于教育投入明显不足。我国教育投入占GDP的比重始终未达到4%的设定目标,2005年这个比重为3.12%,2006年不升反降,仅为2.18%,之后几年基本上没有超过3%。这个比例远远低于印度,印度近20年经济发展速度远不如我国,但政府对教育的投入一般年份都在3%以上,最高年份达7.5%。[①] 不可否认,"高学历失业"与我国的高校扩招有一定关系。高校扩招是为了缓解当时就业压力,延缓大量高中毕业生就业的一个重要举措,尽管存在一定盲目性及急切过度性,但时值人口高峰期具有一定的必然性与合理性。因此,千万不能因为近年来出现"高学历失业"就缩减教育投入,这样做只能加剧我国教育的落后状况,不仅对解决"高学历失业"问题无补,反而有害。

其次,要适度调控高等教育规模,将投入重点放在调整与改善结构上,要全力提高高等教育的质量与效益。中国高等教育总体规

[①] 李云霞、汪继福:《印度高等教育跨越式发展的动因及影响》,《外国教育研究》2006年第11期。

模与中国经济总体规模并不匹配。为了适应中国经济发展需要，中国高等教育规模必须相应扩大。尤其是中国要成为世界上教育大国与强国，保持现有规模是不可能达到的。实践证明，高等教育由"精英化"走向"大众化"，也必然要伴随高等教育规模的扩大。问题在于，近20多年我国高等学校不少是由众多高专合并成大学的。这种低水平的"合校"导致对高等教育规模失控，尤其是结构扭曲、结构失衡的规模扩大，是导致大学毕业生结构性失业的一个重要原因。因此，今后一段时间内要适当调控高等教育规模，将国家投入的重点放到结构的调整与改善上，放到全面提高高等教育质量与效益上。这里讲的效益，不仅是经济效益，更重要的是耗费同样的国家投入产出更多更符合经济发展要求的各层次人才。

（二）实行"利益"和"价值"双导向，以利益导向为基础，以价值导向为主导

影响劳动者就业的心理因素，实质上就是就业意识，它影响着人们对某种职业的取舍。[①] 面对大学毕业生为主体的"高学历失业"，针对青年人的特点，应大力倡导他们到基层去，到中小城镇去，到最艰苦的地方去，到最能实现其自身价值的地方去。各级地方政府要千方百计为他们到基层及中小城市发挥自身价值搭建平台，创造条件。在当今市场经济条件下，价值规律为首要调节者，个人价值与利益必须贯穿其中。马克思讲道："人们奋斗所争取的一切，都同他们的利益有关。"[②] 他在与恩格斯合著的《神圣家族》一书中，批判黑格尔唯心史观时指出，人们的思想和价值观念也要反映物质利益，"'思想'一旦离开'利益'，就会使自己出丑"[③]。当今，众多大学毕业生之所以宁肯失业也固守大城市，宁肯"蜗居"成"蚁族"，也不肯离开京、津、沪、深、渝、宁、杭及广州

---

① 周秀英：《彻底摆脱"铁饭碗"观念困扰的意义与路径》，《东北师大学报》（哲学社会科学版）2002年第2期。
② 《马克思恩格斯全集》第一卷，人民出版社1956年版，第82页。
③ 《马克思恩格斯全集》第二卷，人民出版社1957年版，第103页。

等发达大城市，原因就在这些地方的利益太诱惑人了。奉献精神及价值观教育之所以难以奏效，一个十分重要的原因在于否定了他们个人物质利益原则。离开个人物质利益原则，任何思想政治教育都会像马克思所指出那样："出丑！"因此，解决当今我国大学生失业及其他"高学历失业"，必须坚持以利益导向为基础，同时配合以价值观教育，两种导向双管齐下，才能取得更好的实际效果。

（三）尽快建立与完善"高学历失业"救助的社会保障机制

首先，要尽快建立与完善大学毕业生失业救助的专门机构。为确保大学毕业生失业后不成为社会不稳定因素，必须尽快建立与完善大学毕业生失业救助的专门机构。这个机构可由各地人力资源和社会保障部门会同所在地教育厅局、高等学校及有关部门组成，专门对大学毕业生失业状况进行跟踪调研，掌握动态，向政府提供解决方案，并具体施行对大学毕业生的失业救助。

其次，尽快建立大学毕业生失业救助专项基金。其主体部分要由国家专项财政拨款构成，其余部分可向社会团体及个人募集。这个基金隶属于上述大学毕业生专门救助机构，由其负责管理与运作，以具体解决大学毕业生失业救助的资金问题。

（四）建立促进大学毕业生自主创业的长效机制

首先，大学毕业生要树立自主创业的意识。这需要在大学学习期间就要注意培养与训练。以往大学只是传授知识、研究学问的殿堂，市场经济中的大学，必须将自主创业意识的培养与训练作为一门必修课程，尤其要通过一定的社会实践与社会调研来认真加以落实。

其次，强化对大学毕业生自主创业能力的培养。大学毕业生失业的一个重要原因在于，所学专业或技能与市场经济要求严重错位或脱节，且实际动手能力很弱。因此，高等学校应密切联系市场经济发展实际要求，及时调整专业方向与课程设置，强化大学生的专业或技能培养与训练。这是提高大学毕业生自主创业能力的奠基工程和根本途径，否则大学生跨出校门面临就业时现培养就为时已晚。

最后，各级政府要制定各种有效政策促进大学毕业生自主创业。一是要提供必要的自主创业资金，不仅要有财政资金支持，也需要有必要的银行信贷资金的支持，这种扶持与支持不能仅停留在领导口头与"红头文件"上，必须落实到每个大学毕业生身上。二是由人力资源和社会保障部门会同高等教育主管部门、高等学校联合搭建大学生自主创业平台，如建立大学毕业生自主创业园区，或创设大学毕业生自主创业一条街等，采用多种方式拓宽大学毕业生自主创业渠道。三是对大学毕业生联合创办各种学校、经济实体、文化创意联合体等实行工商、税务、金融服务等多方面的政策优惠，初创期减免各种相关税费，让他们真正"创"出"业"绩来，告别"高学历失业"。

[本文与周凯合写，发表于《东北师大学报》（哲学社会科学版）2010年第6期，被中国人民大学复印报刊资料《高等教育》2011年第2期全文转载]

我国高学历失业的科学
统计及范畴界定

在计划经济时代,我国基本不存在"高学历失业"现象,主要原因是当时我国的高等教育是"精英教育",高学历者是十分稀缺的人才,严重供不应求,同时是由国家按计划统一分配,只要服从国家计划安置,就能保证得到就业岗位。因此,基本不存在"高学历失业"现象。但目前"高学历失业"已成为我国普遍存在的现象。从20世纪90年代末开始,我国高校连续十多年扩招,致使进入21世纪后每年大学毕业生都对就业市场形成巨大压力。2002—2009年,全国高校毕业生人数逐年上升,分别为145万人、212万人、260万人、338万人、413万人、495万人、559万人、610万人,2010年将高达630多万人。在20世纪90年代中期以前,全国高校毕业生就业率几乎是100%,到2001年则发生重大变化:重点高校毕业生初次就业率为82.75%,一般院校初次就业率为68%,高等专科学校初次就业率仅为41.23%。到2004年,全国高校毕业生总体就业率已不足70%。[①] 尤其是由于2008年国际金融危机对我国经济的冲击,使大学毕业生就业形势更加恶化,高校毕业生整体就业率进一步下降,乐观估计也在60%以下。[②] 目前,我国"高学历失业"到底有多少人呢?无论是政府部门还是学术界都没有给

---

① 常素巧、赵振江:《当代中国知识失业问题探析》,《保定师范专科学校学报》2005年第3期。

② 严燕飞:《高学历失业现象剖析》,《金华职业技术学院学报》2004年第2期。

出准确答案。因此，用理论与实际相结合的方法搞清楚这个问题至关重要，这直接关系到国家对"高学历失业"演变过程、现状及未来走向的评估与判断，影响制定解决"高学历失业"问题办法的科学性与正确性。因此，有必要进行深入研究。

一 我国"高学历失业"统计的现状

"高学历失业"统计同一般失业统计一样，由于受种种条件制约及各方面因素影响，难以做到准确无误与科学化。从国内来看，目前，对"高学历失业"的统计基本上存在两种倾向：一是"高学历失业"数据扩大论，二是"高学历失业"数据缩小论。

（一）"高学历失业"数据扩大论

有学者认为，"有相当多的大学生在毕业之后，必须经过一段时间的职业搜寻，才能在职场上找到合适的工作。但我国高校和各级政府在统计大学生就业率时，实际上把这些职业搜寻者都视作失业者。所以，一些关于大学生失业率的统计数据在一定程度上夸大了大学生失业现象的严重性"[①]。上述扩大论的立论依据是大学毕业生在职业搜寻期间不算失业，这种看法笔者也赞同。但问题在于，作者并没有对"一段时间"给予明确规定。一般来说，职业搜寻时间定得越短，大学毕业生失业的数量就会越多，因为大学毕业生绝大部分不可能在很短的时间内搜寻到工作岗位，实现就业。反之，职业搜寻时间过长，大学毕业失业的数量便会相对减少，因为大学毕业生绝大部分要经过较长时间搜寻，找到工作岗位，实现就业。

国内关于"高学历失业"的统计数据之所以被夸大，一个重要原因在于，把那些大学生职业搜寻者都视作失业者。职业搜寻者是不是失业者，关键要看职业搜寻时间的长短。若职业搜寻时间过短，就可能出现统计数据的扩大化，即所谓"夸大大学生失业现

---

① 邹菊萍：《析当前我国大学生失业的特点》，《孝感学院学报》2009年第4期。

象";若职业搜寻时间过长,就可能出现统计数据的缩小化。所以,不能笼统地讲所谓"扩大"与"缩小",关键要看对职业搜寻时间的界定是否合理。只有在职业搜寻时间规定合理、科学的基础上才能对大学毕业生失业或"高学历失业"统计数据是扩大了还是缩小了做出准确判断。

(二)"高学历失业"数据缩小论

有学者认为,大学生毕业后6个月内处于无业状态是"准失业者",只有在毕业6个月后仍处于无就业状态才是"显性失业者"。[①] 持这种意见的学者,将大学毕业生的职业搜寻时间前移,移至毕业前5个月,并认为其是"隐性失业",这显然不科学。本文认为大学生在毕业前5个月进行职业搜寻(即找工作)仍未找到工作者,不能认定为失业者,"隐性失业"也不能认定,因为大学生并未毕业,就业或失业都未真正开始。就业或失业的起始时间应从毕业后经过特定的职业搜寻时间后开始。6个月内"准失业论"、6个月后"显性失业论",这种界定显然比"一定时间论"前进一步,因为它给出具体时间。然而,分歧的焦点就在这个具体时间上。本文认为,6个月内"准失业"和6个月后"显性失业"存在两个问题:一是取消了毕业后的职业搜寻时间;二是6个月后才算真正失业(显性失业),把相当数量的失业人员排除在真正失业范围外,大大缩减了大学生失业的数量。

二 "高学历失业"范畴的科学界定

"高学历失业"统计要真正做到科学合理,不仅要有明确的数量关系界定,还必须从质的规定上科学界定"高学历失业"范畴的内涵。

---

① 蒋国林、王国存:《大学生"新失业群体"社会应激及其缓冲干预》,《社会科学》2008年第9期。

(一) 明确"高学历"的认定

有的学者认为,"所谓高学历,主要是指大学本科以上的学历水平"①。这个界定显然门槛太高,把大批具有大专文凭或学历水平的人群排除在"高学历"者以外,不符合我国现行高等教育的规定与实际。无论是从我国现行高等教育的规定还是从实际上看,各种类型的高等专科学校均属于高等教育范畴,其毕业生的学历水平均属于"高学历"。基于此,所谓"高学历失业"就是指具有大专以上毕业文凭或学历水平的毕业生失业。

(二) 正确认识与理解"失业"的范畴

在西方经济学中,凯恩斯指出:"设当工资品价格——相对于货币工资而言——上涨少许时,现行货币工资下之劳力总需求量与总供给量,皆形增大,则称之为有非自愿失业之存在。"② 这表明,当消费品(即"工资品")价格上涨时,在现行工资制度下,愿意工作的工人人数和资本家愿意雇用工人人数都比实际能够就业的工人人数要多,这就产生一部分愿意就业的人得不到就业机会,出现非自愿失业。简而言之,非自愿失业就是在消费品价格上涨时工人愿意按照现行工资水平受雇于资本家却仍然找不到工作岗位的现象。

萨缪尔森与诺德豪斯在其经典著作《经济学》中,对失业做出了比凯恩斯更细化、更具体的界定,他们指出:"失业的,这包括那些没有就业,但积极寻找工作或等待返回工作岗位的人。更确切地说,如果一个没有工作,并且(a)在最近4周曾经专门去找过工作的人,(b)从工作中被解雇下来而又等待恢复工作的人,或者

---

① 孙彩霞:《分析高学历就业难现象与追求高学历之风的形成》,《消费导刊》2008年第4期。

② [英]凯恩斯:《就业利息和货币通论》,高鸿业译,商务印书馆1997年版,第17页。

(c) 正等待下月去报到上班的人，那么这个人就是失业者。"① 国际劳工组织对失业的定义，基本上与萨缪尔森和诺德豪斯的定义相同。国际劳工局规定："失业者必须满足下列条件：（1）在调查期内没有工作；（2）能够参加工作；（3）在前4周内做过寻找工作的努力。"②

综上所述，无论是西方著名经济学家关于失业的理论定义，还是国际劳工组织对失业的定义，都具有极高的权威性及代表性，他们都一致使用并阐释了非自愿失业范畴。尽管西方国家存在一些"自愿失业"，凯恩斯在其著作中也讲了"自愿失业"，但他们真正关注的还是非自愿失业。我国有些学者将"高学历失业"与"自愿失业"混同起来是不科学的。国际劳工组织统计的失业也只是非自愿失业，显然不包括"自愿失业"。因为"自愿失业者"是不会"积极寻找工作"或"寻找工作的努力"的。无论是在资本主义国家还是在社会主义国家，"自愿失业者"往往是为了追求高收入、高福利高待遇，或为了追求理想的工作地点、岗位，抑或是为等待良好发展机遇而主观上自愿采取的"失业"行为，他们往往都有一定可靠的经济来源，这部分"高学历者"的存在，不仅不会对经济社会发展造成损害，还可能成为调节劳动力供求关系的一种不可或缺的"润滑剂"，更可能是高层次人才资源实现最佳配置的有效机制。因此，"高学历失业"的统计可以将它排除在外。

从西方经济学家及国际劳工组织关于失业范畴的经典定义中还可以看出，对职业搜寻（寻找工作）的时间界定均是4周。我国的"高学历失业"尽管是特殊人群失业，但也属于失业范畴。所以，"高学历者"的职业搜寻时间也应定为4周。这样，大学生毕业后经过4周职业搜寻后仍未找到工作，就为失业。本文认为，只有这样做才是真正与西方市场经济国家失业统计接轨。西方国家与国际

---

① ［美］保罗·A. 萨缪尔森、［美］威廉·D. 诺德豪斯：《经济学》（第12版），高鸿业等译，中国发展出版社1992年版，第340页。

② 刘拥：《第三次失业高峰——下岗·失业·再就业》，中国书籍出版社1998年版，第53页。

劳工组织关于4周职业搜寻时间的一致界定，绝不是简单的耦合，而是基于劳工利益来考虑的。因为如此界定，基本劳工群众4周时间寻找不到工作，便可去领取失业救济金，而有了失业救济金，基本生活便有了保障。虽然给国家财政加大了压力，但对社会稳定大有好处。如果职业搜寻时间定得过长，基本劳工群众在此期间既没有工资收入又无救济资金，其本人及其家庭生活必然陷入困境，肯定会成为社会不稳定因素。另外，考虑到我国高校毕业生的实际状况，上述职业搜寻4周的界定，也是可行的。目前，我国大学应届毕业生基本上都在毕业前一个学期就开始进行职业搜寻，各种媒体、网络都发布大量招聘信息，社会上各种用人单位联合召开人才招聘会，各高校举办各种人才招聘专场，等等。事实上，许多毕业生的就业意向或协议大部分都是在这段时间签订的。这样，在毕业后再有一个月职业搜寻时间就很充足。况且，在失业期间，大学毕业生还可继续搜寻工作岗位，这时由于有了失业救助资金做基本生活保证，可以踏踏实实地寻找适合自己的工作岗位。

照此看来，上面提到的"扩大论"，在我国并非存在，即事实上不存在夸大我国大学生失业现象。不仅如此，本文认为，关于6个月和12个月的职业搜寻时间界定，也显得过长。它明显缩减了"高学历失业"的数量，掩盖了"高学历失业"的真实程度，会使"高学历失业"统计失真。这样会给国家对"高学历失业"做出科学正确的判断带来极其不利的影响，从而导致国家解决"高学历失业"问题办法的失效或失败，不利于经济社会的健康稳定发展。

（本文与周凯合写，发表于《经济纵横》2010年第10期）

促进高校毕业生就业的对策思考

近年来，我国高校毕业生就业形势严峻。据统计，2012年我国有680多万高校毕业生需要就业，加上往年累积的未就业或失业的高校毕业生，不仅总量巨大，而且结构性矛盾十分突出。① 一方面，高校毕业生在大中城市扎堆，就业困难；另一方面，小城镇、农村人才缺乏，迫切需要高校毕业生到那里就业。为此，国家必须进一步完善就业体系，改进高校毕业生就业机制，全方位促进高校毕业生充分就业。

一 坚持自主择业和市场调节相结合原则

引导大学生树立适应市场经济的择业观念和就业观念。一方面，鼓励高校毕业生通过自主择业或创业等实现就业；另一方面，发挥市场配置人力资源的关键作用。劳动力市场中的供求关系需要通过市场竞争进行调节，也就是通过供需双方的双向选择实现。市场的自发作用能够有效调节高校毕业生就业市场的供需矛盾，实现高校毕业生与用人单位的双向选择，同时引导毕业生在不同地区和不同岗位的合理流动，合理配置人力资源。

---

① 张丽华、杨明方：《680万高校毕业生创新高就业质量比"数字"更重要》，《人民日报》2012年4月14日。

二 政府大力支持高校毕业生就业

政府需要在制定政策、市场监管、帮助未就业毕业生就业等方面多下功夫,做好高校毕业生就业指导工作。政府要将高校毕业生就业纳入经济社会发展战略,营造良好的就业环境,拓宽就业渠道,出台鼓励高校毕业生到基层工作的激励机制。例如,对到社区或农村就业的高校毕业生,应对助学贷款等给予一定的减免,并在公务员和事业单位招聘时,根据基层工作年限给予适当的优惠政策。同时,在工资、福利待遇、人员编制及各种社会保障措施方面,制定配套的扶持政策,使高校毕业生愿意到基层工作,解决他们的后顾之忧,使其更好地服务基层。

政府应出台相应政策,鼓励用人单位为高校毕业生提供见习岗位和见习指导,并对这些单位给予适当补助。政府应投资设立高校毕业生就业见习基地,开发适合高校毕业生就业的基层社会管理和公共服务岗位,鼓励高校毕业生到基层就业,并发放薪酬或生活补贴,在学费补偿、助学贷款代偿、小额贷款扶持方面优先考虑。通过"产学研"联合,促进高校与相关产业间的互动和沟通,拓宽高校毕业生就业渠道。

三 支持高校毕业生通过自主创业来带动就业

政府和高校要大力支持毕业生创业。一方面,引导毕业生树立自主创业意识。高校除开设传统的专业课外,还应紧密结合市场经济发展的实际,及时调整专业方向与课程设置。通过开设大学生自主创业课程,积极推动大学生创业意识的形成,培养大学生创新能力;鼓励大学生积极参与社会实践和调研,并建立相关配套帮扶政策;搭建大学生创业平台,通过建立大学生模拟创业基地,组织大学生创业大赛等培养大学生的自主创业意识和创业能力。① 另一方面，政府制定相关政策鼓励高校毕业生自主创业。政府要在税费减免、金融激励等方面予以倾斜，降低创业门槛，优化创业环境，激发毕业生创业的热情。各级政府应开辟快捷有效的"绿色通道"，各相关部门应对大学生自主创业精简审批手续、减少审批环节、压缩审批时限、提高审批效率。同时，根据实际情况，针对高校毕业生设立创业园区或创业孵化基地，并按照国家和地方政府有关规定减免相关费用。

四 建立未就业高校毕业生的应急干预机制

一是政府要注意及时发现和解决高校毕业生未就业群体中的重点难点问题。各级政府应当结合本地实际，把提高高校毕业生就业率作为当地就业工作的主要内容，制定详细的工作目标责任制，接受社会的监督。针对未就业的高校毕业生常出现的焦虑恐慌、自我贬低、茫然困惑等情绪，通过完善就业服务体系、保障合法权益、创造公平环境、强化援助机制、降低心理预期等措施，进行有效疏导，从而缓解或消除这些问题。

二是各级政府应建立高校未就业毕业生的就业预警制度。建立对这部分毕业生的救助机构，统筹规划促进就业工作，相关部门切实加强协调配合，完善高校毕业生就业的统计体系，包括失业登记制度、就业援助制度、就业调查统计制度等，及时掌握当地高校毕业生就业现状。在此基础上，科学设计针对未就业高校毕业生的就业预警制度、应急预案、调控制度，② 只有这样才能对未就业毕业生的就业问题进行有效的预防、调节和控制。

三是提高未就业的高校毕业生的就业能力。注重以"就业力"为重点的人才培养，通过提升"就业力"来提高"就业率"。加大

---

① 金昕：《大学生创业能力分类培养的筛选机制研究》，《社会科学战线》2011年第10期。
② 吉林省人民代表大会常务委员会：《吉林省就业促进条例》，《吉林政报》2009年8月30日。

对未就业的高校毕业生的职业技能培训力度，采取市场化和社会化的培训方式，积极探索职业培训新模式。通过整合社会培训资源，有效地调动社会培训机构参与职业培训的积极性，提高培训质量，拓宽培训和就业渠道，提高受训者素质，促进人才培养和市场需求的高效对接，从而提高就业率。通过就业市场相关制度的建立来维护高校毕业生的基本权利、消除劳动力市场的歧视性分割、促进高校毕业生的有效流动。

五 营造良好的就业环境

一是建立高校毕业生与用人单位的双向信息网络。政府应加大人力资源市场基础设施建设，完善市场信息发布制度。有关部门应当建立互联互通、完整统一的人力资源管理信息系统，鼓励有条件的学校以校园网为依托，建立各省份高校毕业生资源与用人单位的信息共享体系，建立高校毕业生人才信息中心，实现人力资源信息共享。利用网络平台，为高校毕业生提供功能完善、便捷的一体化就业服务。这样，高校毕业生能及时掌握企业招聘动向，各用人单位也可以在网络上公布用人信息，以市场化双向选择的方式进行各类员工的招聘。

二是打击非法职业中介机构。目前，一些中介机构向高校毕业生提供虚假就业信息，以非法手段从事职业中介活动。为谋求私利，通过伪造、涂改、转让职业中介许可证，与用人单位恶意串通，为无合法证照的用人单位提供中介服务等手段，严重损害高校毕业生的合法权益。对此，政府应加大清理、检查力度，对违法、违规的中介机构，坚决予以取缔。同时，在资金、政策上扶持那些合法职业中介机构，建立健全人才信息库，借鉴国外人才市场的先进理念，规范高校毕业生人才市场管理，提高人才市场实力。积极拓展市场业务，使高校毕业生人才市场不断做大、做强，形成与公共就业服务机构统一开放、竞争有序的立体就业服务体系。①

三是消除就业歧视。政府有关部门应制定相应政策，消除就业的歧视性条款，打造一个公平的就业环境，保障高校毕业生享有平等的劳动权利和公平的就业机会，②避免高校毕业生就业时，在用人单位遭受性别歧视、残疾人歧视、区域民族歧视、传染病病原携带者歧视等。

六　通过支持中小企业的发展来创造更多的就业岗位

一是支持中小企业发展，增加就业岗位。通过政府引导社会资本、民营资本的投入，扶持中小企业发展。在财税政策上，通过适当降低税率、扩大抵扣范围、加大资金支持等手段，支持中小企业结构调整、产业升级、技术进步，以拓展中小企业的就业空间，使企业增加就业岗位。③ 二是减轻企业负担，通过实施结构性减税，减轻企业负担，为企业发展营造良好的政策环境，稳定和增加就业岗位，积极吸纳更多大学生到中小企业工作。鼓励和支持遇到困难的企业采取在岗培训、轮班工作、协商减薪等办法，尽量不裁员或少裁员，以稳定高校毕业生就业市场。

七　发挥相关机构帮助高校毕业生就业的作用

一是扶持公共就业服务机构，使其提供免费的就业服务。公共就业服务等相关机构是落实就业政策的重要平台，对相关机构给予

---

① 邱新：《重庆市高校毕业生就业与人才市场关系的分析及对策研究》，重庆大学，硕士学位论文，2005年。

② 史淑桃：《大学毕业生就业形势"十二五"展望》，《江西社会科学》2011年第8期。

③ 黄新珍：《湖北省促进大学生就业的政策分析及路径选择》，《企业经济》2010年第11期。

适当支持，有利于其更好地服务于就业工作。进一步强化劳动力供求信息、职业指导、职业培训等服务，支持人力资源市场信息网络系统建设，加快实现信息共享的步伐，减少因信息不对称造成的失业，为高校毕业生、用人单位提供便捷、有效的服务。二是银行等金融机构和信用担保机构制定支持高校毕业生创业的优惠政策。银行应做好针对高校毕业生的就业信贷服务，信用担保机构为自主创业的高校毕业生提供担保服务，完善小额担保贷款、担保基金风险补偿机制，安排落实相应资金，形成小额担保基金持续补充机制，逐步形成与小额担保贷款相匹配的服务体系和诚信机制，从而完善小额担保贷款的各种规定、程序和配套体系。同时，可以设立高校毕业生创业基金，针对缺乏经验和资金的高校毕业生进行创业培训、项目设计、金融扶持等一体化服务。三是设立高校毕业生失业专项救助基金。通过财政拨款与社会募集相结合的方式，根据当地经济发展水平和财政收入状况，以及高校毕业生就业工作实际需要，政府可以设立与社会资金有机结合的专项资金，该项资金专门针对职业介绍和培训、职业技能鉴定、公益性岗位等方面的帮扶和专项救助。

（本文与吕伟合写，发表于《经济纵横》2012年第9期）

信息不对称条件下高校毕业生就业问题与对策

一 信息不对称条件下的"柠檬市场"与"逆向选择"

信息不对称是指进行交易的双方或多方在博弈过程中所占有的相关信息量不是均等的而是存在很大差异的现象。三位诺贝尔经济学奖得主乔治·阿克洛夫、迈克尔·斯彭斯、约瑟夫·斯蒂格利茨对信息经济学的贡献就是探讨了在信息不对称的情况下,市场是如何运转、失灵或消失的,揭示了信息不对称条件下的"柠檬市场"理论与人们的"逆向选择"行为。

"柠檬市场"理论是以美国流行的旧车市场为例展开分析的。首先假定旧车市场上有两种汽车,质量好的旧车称为"李子",质量差的旧车称为"柠檬"。由于消费者难以通过市场价格鉴别两类旧车的本质差别,而卖方却拥有充分的信息,清楚地知道车子的实际情况,信息上的不对称导致消费者只愿以平均价格进行购买。由于"柠檬"的价格远远低于"李子",在这个平均价位上卖方出售"柠檬"能得到较高的差价利润,因此卖方大量销售劣质的二手车,最终导致整个市场上只有劣质车,"柠檬市场"出现了。在市场上"柠檬"对"李子"具有很强的替代作用,消费者实际能够得到"李子"的预期,远远低于其主观预期,导致主观预付购买价格降低。价格越低,市场上的"柠檬"就会越多,"李子"就会越少,最终"李子"在市场上消失。

"柠檬市场"出现的关键原因是在买卖双方信息不对称时,产品的卖方市场比买方市场拥有更多的信息,没有统一的标准对众多卖者加以限制,其结果只能是众多参差不齐的企业所生产的品质不同的商品充满市场,买方又无法根据市场价格信息来判断产品的优劣,最终优等产品被劣质产品挤出市场,形成产品价格质量螺旋下降的恶性循环。

信息不对称条件下的"逆向选择"是指当市场交易的一方缺乏完善的信息,无法观测到产品或服务的类型和质量,或者当市场交易的一方无法观测到另一方的行为,而这种观测不到的行为又会直接影响到交易的结果,一方出于利己和机会主义的动机而做出损害对方利益的败德行为。

以上是对信息不对称条件下的"柠檬市场"和人们行为的"逆向选择"问题所做的阐释。在信息不对称条件下,高校毕业生择业遇到许多问题,下面就运用"柠檬市场"与"逆向选择"理论对这些问题加以分析。

二 高校毕业生就业问题简析

透过现象看本质是我们研究问题的方法,因此我们先列举三种现象揭示高校毕业生就业中所遇到的问题,进而运用信息不对称中的"柠檬市场""逆向选择"理论分析这些问题的本质。

第一种现象表现为高校毕业生供给与需求结构上的矛盾问题严重。每年的岁末年初都是高校毕业生最紧张、最忙碌的一段日子,因为他们大多满心期望在这个月里最终确定自己的"归宿",真正进入社会施展自己的才华,实现人生价值与理想。但往往事与愿违,许多大学生四处碰壁。与此同时,一些用人单位给出了优厚的待遇,高薪聘用专业性人才,可就是招不到人。要么是因为所需人才专业性很强,该专业又属于新兴领域的新兴行业,学校根本还没有相关专业的毕业生;要么是因为这一专业在几年前过于冷淡,报考的人太少,毕业生供给不足。

第二种现象就是毕业生造假问题。很多用人单位来到人才市场表现得十分小心,就怕看走了眼,被假象所迷惑。招聘时间那么短,在这么短的时间里,要想判断一个人的实际情况谈何容易,也只能通过他们的简历来判断。有些单位经常抱怨,现在有些大学生真是过分,也不知道他们在大学四年都学了些什么,招聘的时候,说自己什么都好,做什么都没问题;甚至有些学生为了找工作,还在简历中掺入很多水分,到了工作岗位困难就都来了,真让人头疼。现在我们只好通过降低聘用条件,多招几个回去,一个人的活几个人做。与此同时,另一个问题又暴露出来,由于聘用条件的降低,企业又很难得到顶尖人才的青睐。

第三种现象表现为人才市场上某一行业或领域顶尖人才的流失。何谓顶尖人才?人力资源理论把人才分为"斗士型"人才、"工匠型"人才与"赛手型"人才。具体表现为,"斗士型"人才具备很强的冲力,但缺少稳重的心态,适合创业初期;"工匠型"人才是指具有稳定心态的守业型人才,但缺少创造力;而"赛手型"人才则是指既具有稳重的心态,又具备很强创造力的全能型人才。这里所指的顶尖型人才就是指"赛手型"人才。

归纳上面的三种现象,我们认为,出现这些问题的关键在于人才市场与高校之间的信息不对称。首先,第一种现象是因为高校在信息不对称的前提下盲目设定专业,表现为高校缺少事前的调查与研究,而仅仅根据人才市场上所反馈的热门专业信息进行专业设置,但由于人才培养的长期性与专业设置依据信息的短期性所形成的信息不对称,导致一些所谓的热门专业在毕业生走出校门时已成为冷门专业,毕业生就业无门也就不奇怪了。同时有些几年前所谓的冷门专业又因为人才稀缺,导致用人单位无人可用。毕业生供给与需求结构上的矛盾使得一些毕业生为了找工作,铤而走险,造假欺骗,第二种现象随之出现。在人才市场上,在劳动契约的交易过程中,用人单位是劳动契约交易的卖方,求职者是劳动契约交易的买方,求职者对自身的能力肯定是最了解的,但用人单位只能通过简历来了解一个人，因此在劳动契约交易这一博弈过程中，求职人员处于信息不对称的优势地位，用人单位处于劣势地位，难以避免求职人员为了得到好的工作而出现欺骗的行为，致使用人单位被假象所迷惑而出现"逆向选择"的行为。

当用人单位再次回到人才市场上进行招聘时，即用劳动契约换取劳动力时，这时求职人员是劳动力的卖方，用人单位是劳动力的买方，第三种现象随之产生。其原因在于用人单位受到上次招聘中的"逆向选择"后果的影响，必然降低购买劳动力的价格，表现为用人单位只愿付出平均价格获得劳动力，这就如前面所提到的"柠檬市场"一样，用人单位无法根据市场价格信息来判断求职人员素质的优劣，而且没有统一的标准来对众多求职人员加以限制，其结果只能是众多参差不齐的高校所培养的品质不同的人才占满市场，用人单位几乎不可能有效地对这些看似相同实际上有着本质区别的求职人员加以区分，结果报酬要求高的顶尖人才被挤出市场。因为在这种非协调性博弈过程中的顶尖人才只能得到用人单位支付的平均价格，无法满足顶尖人才的心理预期，顶尖人才当然会离开市场，转做他行，这就使得市场上只能出现越来越多的"柠檬式人才"。

信息不对称对高校毕业生就业的负面影响是我们不愿看到的。高校根据人才市场扭曲的信息盲目增开专业所引起人才结构失调的问题，高校与人才市场之间的信息不对称性所引发的"柠檬市场"及用人单位的"逆向选择"问题必然会导致高校毕业生就业率下降，特别是人才"柠檬市场"的出现使得某一领域中的"李子"（顶尖优秀人才）锐减，甚至消失，如此恶性循环下去，最终会导致该领域的产业升级缓慢，停滞不前，甚至萎缩，难以在激烈的市场竞争中立足。可见，优化高校毕业生就业的路径已经迫在眉睫。

三 优化高校毕业生的就业路径

(一) 高校设置专业应具有战略性规划

伴随科学技术的迅猛发展,生产力水平的不断提高,高水平的生产力必然要求高效率的产业结构与之相配合。产业结构的调整又带动社会分工的明细化,进而推动人才结构的调整,因此高校作为输送人才的基地应把眼光放得远一些,以滚动性计划方式把客观因素与主观因素考虑在内,设置长期规划,并根据外界客观条件与自身主观条件的变化对学校专业、门类方向进行不断的调整。笔者认为,高校在设置专业前应注意以下几点。

第一步,要进行市场调研,考察人才市场在各领域中的需求状况,通过对比最近几年人才需求状况,了解该行业、该领域所处的发展阶段,因为每一个行业的发展都要经历萌芽—成长—成熟—衰退阶段。对于处在萌芽或成长阶段的行业需特别重视,分析其未来发展前景。一旦发现具有良好发展前景的专业领域,应提取若干样本加以研究。

第二步,对所抽出的行业样本进行数量分析,设定参数建立数学模型,通过计算机处理,进行概率统计,分析未来该行业可能兴起的概率数。如果分析结果为 0.7—0.9,则预示该行业有发展前景,很可能成为未来人力资源需求的增长点。

第三步,分析现有资源是否有能力提供专业设置,如果可能就应对现有学校的硬件与软件资源重新整合,逐渐接近并达到确立该专业的水平。

(二) 用人单位"逆向选择"与人才"柠檬市场"的规避

"逆向选择"行为的出现与"柠檬市场"形成的最根本原因是信息的不对称性。因此,要解决这两大难题必须把建立畅通的信息通道作为首要任务。具体表现为以下三个方面:第一,以现代信息网络技术为基础,用人单位面试求职人员前,应先通过互联网登录高校网页,并通过校园网络直接下载所需应聘人员的具体资料(其间应充分考虑网络安全,应聘单位应对学生个人隐私加以保密),因为通过这种方法可避免学生所述情况不实而导致企业的逆向选择;第二,学校应从企业人才招聘网页中下载人才招聘信息,并有专业人士负责整理分析这些信息数据,同时以此为依据预测未来社会发展所需人才结构的基本框架,并将其作为高校设定专业的参照;第三,学校能够利用信息通道了解未来几年国家经济的增长点,以及未来政府准备优先发展的产业部门,从这些资料中判断出未来几年社会所需专业人才的类型,进而设定相关专业。

(三) 采用"订单教育"模式,提高毕业生就业率

所谓"订单教育"是指一种极具针对性的专业培养人才模式。具体表现为人才的培养直接由企业事先设定,首先由企业对所需人才应掌握技能的基本结构加以设定,其次由高校量体裁衣为之定做,企业为其支付一定数额培养费用,当然培养出来的人才要以定向模式输送给企业。

这种"订单教育"好处表现在以下三个方面:首先,由于采用量体裁衣的定做模式,在很大程度上避免了学校设定专业的盲目性,从而实现人尽其才、才尽其用的教育目标。其次,由于企业加盟高校,并为该专业的学生支付一定培养费用,必然会减轻国家、学校、家长的负担,为更多家庭贫寒的学生提供学习机会,真正做到企业办教育,教育贡献企业的目的。最后,这种具有竞争机制与淘汰机制优中选优的订单教育模式降低了毕业生与用人单位之间的信息不对称性,通过这种模式培养出来的学生都是"李子",没有"柠檬",最大限度避免了前文所提到的人才"逆向选择"与"柠檬市场"等问题的出现。

[本文与刘鑫合写,发表于《河南职业技术师范学院学报》(职业教育版)2005年第2期]

中国"高学历失业"研究述评

进入21世纪以来,我国"高学历失业"已经由个别、偶发现象演进为市场经济发展中的一种普遍现象。尤其是在国际金融危机的猛烈冲击下,中国"高学历失业"日趋严重化。

面对日趋严峻的"高学历失业",迫切需要从理论与实际的结合上深入探讨什么是"高学历失业",其发生的原因与机理是什么?它对经济社会发展到底有什么影响与效应?中国应采用哪些对策加以应对及治理?国内学术界从20世纪末开始就对上述问题展开了研究与探讨,取得了较丰硕的成果。本文拟对这些研究成果进行系统梳理与综述,指明前沿与焦点问题,提出值得深入探讨的难点问题,以期引起学术界及管理层的进一步关注,推动"高学历失业"问题研究的深入及有效治理。

一 关于"高学历失业"范畴内涵的界定问题

任何一项科学研究,首先要概念明确,把基本范畴的内涵界定清楚。老一辈经济学家于光远先生有一句名言:"学者之所以成为学者,在于咬文嚼字、概念清楚。"[①] 因为研究者对概念含糊不清,或对概念理解发生歧义,整个研究会发生偏误,甚至会得出全然不同的认识和结论。正是基于上述认知,学术界首先对"高学历失业"范畴的内涵界定问题展开了讨论与研究。

---

① 于光远:《治学态度与治学方法》,《议政》2002年第3期。

（一）何谓"高学历"

基本上有三种意见：第一种意见认为，大学本科以上学历水平。孙彩霞认为，"所谓的高学历，主要是指大学本科以上的学历水平"①。淦未宇、仲伟周两位也持有相同观点，认为"高学历"是大学与大学以上学历的"知识型人才"。② 第二种意见认为，"高学历"不仅包括本科生与研究生，也包括大专生。③ 他们不同意第一种看法，认为把"高学历"的门槛限定得太高了，把大批具有大专文凭及学历水平的知识人群排斥在"高学历"之外，不符合我国现行高等教育制度的规定与实际。按照我国现行高等教育制度的规定，各种类型的高等专科学校均属于高等教育范畴，其毕业生的学历水平属于"高学历"。凡是国家承认的电大、函大等大专以上的学历水平也属于"高学历"之列。学术界一般都同意上述意见，认为具有大专毕业文凭及学历水平即可认为是"高学历"。以上两种对"高学历"的不同界定，直接导致"高学历失业"的内涵界定及统计范围与数量的不同。显然，第二种意见对"高学历失业"界定较为宽泛，按这种界定来对"高学历失业"进行统计明显要多于第一种意见。第三种意见把中专学历与水平也纳入"高学历"。吴回生认为，"大中专毕业生作为受过高等教育的群体"，其失业是一种"知识失业"，④ 中专显然属于中等教育而不属于高等教育，把中专学历与水平纳入"高学历"，同样不符合现行教育制度规定与实际。

（二）"高学历失业"是否就是"知识失业"

学术界有相当一部分人把"高学历失业"等同于"知识失

---

① 孙彩霞：《分析高学历就业难现象与追求高学历之风的形成》，《消费导刊》2008年第4期。

② 淦未宇、仲伟周：《我国高学历者失业的经济学解释》，《科研管理》2004年第1期。

③ 高小玲：《对我国知识失业问题的探讨》，《财经理论与实践》2001年第12期。

④ 吴回生：《知识失业现象、原因和对策》，《广东教育学院学报》2003年第8期。

业",其中较具代表性的当数赖德胜、田永坡发表在《经济研究》2005 年第 11 期的论文《对中国"知识失业"成因的一个解释》。尽管此前也有一些文章论及"知识失业",如高小玲等,其中,杨卫军的《对当前"知识失业"问题的经济学分析》和李薇辉的《对"知识失业"问题的理论探讨》,都把"知识失业"作为"高学历失业"来分析。李薇辉认为,"知识失业是指接受过高等教育,具有劳动能力的人员在大学毕业后的一个时期内努力寻找工作而找不到工作岗位这样一种经济现象"[①]。赖德胜、田永坡在上文中认为"知识失业"是指"受过一定教育者的失业","在我国,通常把 educate un employment 翻译为'知识失业'"。2006—2009 年,专门探讨"知识失业"的研究论文便连篇累牍问世,不少文章直接把"高学历失业"直接等同于"知识失业",如窦宝华、王秀丽、高先勇在《从知识经济到知识失业》一文中讲道:"步入新世纪后我国高校毕业生就业难呼声不断,甚至出现了硕士博士卷入失业大军,领取失业保障金的现象。这种受过高等教育的劳动力处于不得其用的现象被称为知识失业(Educated un Employment)。"[②]

有些学者认为,把"高学历失业"概括为或等同于"知识失业",并不科学。首先,"高学历"并不代表高水平,更不代表高能力,尤其不代表在市场经济中解决实际问题的能力与水平。其次,"高学历"者一般都具有较高的科技文化知识,"高学历失业"是"知识群体"失业,但知识同失业不仅没有内在的必然联系,反而是远离失业的重要条件与手段。"知识失业"的提法容易让人误解失业乃"知识之恶",颇有一种知识是造成失业的根本原因的味道。

[①] 李薇辉:《对知识失业问题的理论探讨》,《上海经济研究》2005 年第 3 期。
[②] 窦宝华、王秀丽、高先勇:《从知识经济到知识失业》,《承德民族师专学报》2008 年第 4 期。

二 关于中国"高学历失业"的成因问题

造成"高学历失业"的原因是什么？这是学术界及有关决策部门一直在思考和探究的重要问题。综括国内已有的研究文献，对中国"高学历失业"成因的分析与研究，主要有以下几种意见和观点。

(一)"市场分割"论

持这种意见的学者认为，现阶段中国出现的"高学历失业"（以下简称"知识失业"）主要是"由劳动力市场的制度性分割"造成的。赖德胜、田永坡运用工作搜寻模型，通过对劳动力市场分割条件下劳动力供需双方的搜寻行为分析，指出："在分割的劳动力市场中，由于额外工作转换成本的存在，使得大学毕业生的保留工资上升，同时，单位的用人成本也由于某些体制安排而被提高，从而导致其劳动力雇佣量少于市场的均衡时的最优量，这些都增加了大学毕业生的就业难度。"因此，他们得出结论："现阶段出现的'知识失业'，在很大程度上是由劳动力市场的制度性分割引起的。"[①] 武秀波则强调劳动力市场的部门分割指出："由于非正规部门从属劳动力市场的不规范，导致大学生不愿到非正规部门就业，而正规部门提供的职位又远远不能满足大学生的需求，因此产生大学生就业难问题。"[②]

(二)"供求数量不对称和结构错位"论

李薇辉从社会供求角度来分析"高学历失业"生成的两个原因：一是由于供求数量不对称形成的。具体原因有：第一，受社会

[①] 赖德胜、田永坡：《对中国"知识失业"成因的一个解释》，《经济研究》2005年第11期。

[②] 武秀波：《劳动力市场分割条件下大学生就业难的原因探析》，《辽宁大学学报》（社会科学版）2004年第2期。

总体就业形势影响，劳动力市场总体上供大于求，二者差额过大。第二，是相关劳动力市场供求矛盾的结果。一方面相关部门对知识劳动者的需求相对或绝对地减少，另一方面高等教育对知识劳动者的市场供给不断增加。二是由于供求结构的错位造成的。主要表现在以下六个方面：第一，求职预期与实现条件错位；第二，"普及化"教育与"精英"就业错位；第三，培养模式与"职场"需求错位；第四，市场供需空间错位；第五，学历文凭与实践经验错位；第六，专业知识与综合素质错位。综上分析，李薇辉认为，中国的"知识失业"完全是由知识劳动者供求的数量不对称与结构错位所造成的。[1]

(三) "三矛盾"与"三失衡"论

郭疆蓉、刘丹通过分析我国高等教育大众化发展与人才过剩的令人困惑的现象，指出中国"高学历失业"的症结在于高等教育大众化的内部障碍，其具体表现为"三个矛盾"及"三个失衡"。三个矛盾是：第一，规模扩张与质量保障的矛盾；第二，精英化教育标准与大众化需求的矛盾；第三，学院化培养与社会化选择的矛盾。三个失衡是：第一，学科专业结构失衡；第二，高等教育层次结构失衡；第三，地区结构性失衡。正是由于上述三个矛盾及三个失衡导致大学生失业越来越多，出现了所谓"教育过度"与"人才过剩"的现象。[2]

(四) "四因素综合"论

贾晔楠、李仙娥明确地把"知识失业"界定为"高学历失业"，指出它"是指受过高等教育的知识劳动者处于不得其用的状态"，并在此基础上对"高学历失业"进行了较系统的经济学分

---

[1] 李薇辉：《对知识失业问题的理论探讨》，《上海经济研究》2005年第3期。
[2] 郭疆蓉、刘丹：《浅议高等教育大众化与人才过剩》，《湖北函授大学学报》2006年第3期。

析，指出其发生的四个原因：第一，教育扩张引起知识性劳动力供给与需求的不平衡；第二，劳动力市场城乡二元化及正规部门与非正规部门的分割；第三，知识性劳动力把失业当作对获得好工作的一项"投资"；第四，知识性劳动力的保留工资过高，与市场均衡工资存在差距，这都是导致"高学历失业"的重要原因。①

（五）"教育过度"论

学术界有相当一部分人认为，目前我国出现的"高学历失业"主要是由高等教育发展过度造成的。唐可月、张凤林认为，"目前，我国劳动力市场上充斥着大量的本科生和研究生，一方面由于传统观念，书读得越多表明能力越强，用人单位普遍倾向于雇佣研究生，其实他们从事的很多工作本科生是可以胜任，这些研究生所得的待遇和地位与以前的本科生相同；另一方面，本科生难以找到工作，只能从事着原本是大专生或中专生的工作，同时享受着中专生或大专生的待遇。说明我国已经存在着某种程度的教育过度"②。殷朝晖、欧阳红兵论证了我国"教育过度"的表现，分析其存在及发生的原因，明确指出："我国的'教育过度'并不是教育总量上的过度，而实质上是'结构性失衡'所导致的过度。"③ 邓光平还运用西方教育过度理论来对中国现状加以分析判断，认为，"现阶段我国高等教育已存在一定程度上的过度，它主要通过大学生'就业难'现象反映了出来。尽管目前尚未出现整体上的高等教育过度，只是一种结构性问题，但却存在着社会需求增长缓慢而供给急剧增加的态势"④。安康、谷安平还对我国高等教育过度问题进行

---

① 贾晔楠、李仙娥：《对我国当前"知识失业"问题原因的经济学分析》，《教育探索》2006年第7期。

② 唐可月、张凤林：《高校扩招后果的经济学分析——基于劳动市场信号发送理论的研究》，《财经研究》2006年第3期。

③ 殷朝晖、欧阳红兵：《我国的结构性教育过度及其原因探讨》，《现代教育科学》2005年第3期。

④ 邓光平：《高校毕业生就业结构性失衡与教育过度探析》，《江苏高教》2004年第3期。

了区域实证分析指出:"对北京、上海和国内大中城市及沿海地区,笔者认为过度教育现象肯定是存在的,并且是普遍的、长期的",而"对于贫困山区来讲,是绝对没有教育过度现象的"。① 还有个别学者认为,当前我国的教育过度"是全方位的、长期的"。因此,它所导致的所谓"知识失业"是一种总量供过于求的、全国性的、多行业的,不是暂时的,而是长期的。

除上述观点外,还有"教育深化"论,"主客观因素"论、"制度性原因"论等。

三 关于"高学历失业"的经济社会效应问题

综观已有的研究文献,对我国"高学历失业"或"知识失业"的经济社会发展负面效应分析颇多,且较全面、透彻,不乏真知灼见。

(一)"浪费资源"论

"高学历"者是高知识型劳动力,其失业意味着人才资源的闲置、损失与浪费,且由于其"高学历"是用"高投资"换取的,失业本身又损失了应有的投资收益。这是绝大部分研究者的共识。袁宁认为,"知识失业"造成严重的人力资源和物质资源的浪费,他指出:"知识失业者较一般失业来说,浪费更大。据统计,我国在受到初等教育的每5300人中才产生一个博士,相当于每投入3580万元才培养出一个博士。如果按照这样的计算方法,受过高等教育的人失业或从事低等教育者的工作,意味着人力资源的严重浪费和教育投资率的低下,这对于我国这样一个'穷国办大教育'的发展中国家来说,这种代价是极其昂贵的,并可能阻碍我国经济的发展。"②

---

① 安康、谷安平:《我国高等教育过度的区域实证分析》,《理工高教研究》2006年第1期。
② 袁宁:《我国知识失业现象及其负面效应解析》,《四川理工学院学报》(社会科学版)2008年第4期。

(二)"影响教育投资与消费"论

邵汝军、胡斌在论证"知识失业危害"时指出:"知识失业影响人们正常的教育投资与教育消费。首先,知识失业会引起经济宽裕的家庭不断加大教育投资,盲目追求高学历,而教育投资的增加必然会影响家庭的其他消费;其次,知识失业导致教育投资收益下降风险增大,这会使一些贫困的家庭减少甚至终止教育投资;最后,知识失业向劳动力市场发出了错误信号。这些均影响人们正常的教育投资与消费,不利于社会的可持续发展。"①

(三)"引发社会不公"论

靳娟认为,知识失业不仅造成人力资源浪费与损失,还"引发一系列社会不公"。她指出,这种"社会不公表现在:第一,导致社会成员对更高学历的盲目追求,使得教育投资加大,而处于社会分层较低位置的社会成员是无力投资的,从而造成受教育机会的不均等;第二,导致知识主体在求职过程中,更多地求助于经济资源和社会资源(先赋因素)而不是自身的知识能力(自致因素);第三,导致了不公正传承性概率的加大。弱势群体在自然资源和社会资源的占有上处于一种不利的位置,如今又因知识失业失去了通过接受教育改变地位的这一途径,从而使其下一代改变命运的机会较以前更为减少"②。

(四)"引发社会应激与动荡"论

"应激"是一种涉及社会学、心理学、生理学、医学等多学科的复合性概念,指外界刺激对个人生存状况构成威胁时个人所产生的防御性反应。夏侯宏、邹小华认为,大学生失业呈现群体化、游民化趋势,会对和谐社会带来严重冲击。他们指出:

---

① 邵汝军、胡斌:《知识失业的成因、影响及对策研究》,《特区经济》2006 年第 12 期。
② 靳娟:《我国知识失业的成因与对策分析》,《人口与经济》2006 年第 5 期。

"失业带来的生活贫困、身心痛苦超过个人的承受能力便会产生负面的应激反应,陷入心理危机和行为失范","在某些事件,特别是发生不公正的社会排挤事件的刺激下会加剧他们的反应;甚至引致各种形式的反社会行为"①。贾晔楠、李仙娥也认为,当失业引发的经济社会问题,"突破了高学历者普遍心理承受能力时,它将以社会冲突或其他方式释放出来,这必将引起社会的动荡与不安"②。

正因为"高学历失业"或"知识失业"具有以上严重的负面效应,所以学术界及有关部门都一致认为应认真整治,全力解决。王效仿同志认为,"知识劳动力一旦对社会产生不满,其破坏力更大",因此,他主张要"尽量将知识失业的程度降到最低限度"。③

除了关于"高学历失业"负面效应的分析以外,也有一部分研究成果分析了"高学历失业"的正面效应。他们一致主张辩证地、理性地看待高学历失业。

四 关于治理"高学历失业"的对策问题

绝大部分学者关于治理"高学历失业"的对策建议,都建立在对中国"高学历失业"形成原因及其对经济社会发展效应的分析与判断上,具有很强的现实针对性及可操作性。

(一)消除劳动力市场的区域、城乡及正规部门与非正规部门的壁垒与分割

基于中国"知识失业"主要"是由于劳动力市场制度性分割

---

① 夏候宏、邹小华:《大学生失业群体的游民化及其社会干预》,《南昌大学学报》(人文社会科学版)2009年第3期。
② 贾晔楠、李仙娥:《对我国当前"知识失业"问题原因的经济学分析》,《教育探索》2006年第7期。
③ 王效仿:《对我国知识失业问题价值定位的争鸣》,《中国青年研究》2006年第10期。

造成的"分析与判断，赖德胜、田永坡提出三点对策建议：第一，消除造成劳动力市场分割的某些不合理制度，降低劳动力流动成本；第二，采取优惠政策，鼓励大学生到农村和西部地区就业；第三，对高等教育发展的适度规模重新界定。①武秀波认为，解决"知识失业"关键是解决"劳动力市场分割问题"，其思路首先是扩大正规部门的就业吸纳能力，增加就业机会；其次是规范非正规部门，改善该部门的就业环境，使大学生愿意到非正规部门就业。②

（二）调整与解决高等教育规模与结构失衡，实现高等教育与经济结构的动态平衡及良性互动

针对中国"高学历失业"主要是由于高等教育规模与结构失衡造成的分析与判断，李薇辉提出以下解决思路与建议：首先，实行知识劳动供求的有效对接。为此要做到，一是知识劳动供给总量要适度；二是知识劳动供给结构要优化；三是要确立新型知识劳动就业观。其次，政府部门要为知识劳动就业架桥辅路。为此要做到：一是引导大学生"西移""下移""内移"；二是鼓励大学生自主创业；三是制定有利于大学生到"非正规部门"就业优惠制度措施；四是建立有效的网络服务与指导等。最后，建立适应"普及化"就业的教学模式。③鉴于"三矛盾"与"三失衡"论基本上属于高等教育内部结构问题，因此，郭疆蓉、刘丹所提对策主要是调整高等教育学科专业、层次结构，达到教育结构与产业结构的动态平衡，实现高等教育与经济发展的良性互动。④

---

① 赖德胜、田永坡：《对中国"知识失业"成因的一个解释》，《经济研究》2005年第11期。
② 武秀波：《劳动力市场分割条件下大学生就业难的原因探析》，《辽宁大学学报》（社会科学版）2004年第2期。
③ 李薇辉：《对知识失业问题的理论探讨》，《上海经济研究》2005年第3期。
④ 郭疆蓉、刘丹：《浅议高等教育大众化与人才过剩》，《湖北函授大学学报》2006年第3期。

(三) 适度控制高等教育总体规模，防止与避免扩招规模失控，但又要保持高等教育适度超前发展

针对中国"高学历失业"产生的原因在于中国高等教育发展"过度"的分析与判断，一些学者建议必须适度控制中国高等教育规模和招生规模。常素巧、赵振江提出，政府从整体和大局出发加强预测和调控，从教育总量适度超前于社会总需求和保持两者相对平衡的角度来规划我国高等教育的发展规模，加强高校招生的宏观调控，严格把握扩招的规模、对象，扩招政策倾斜的方向及程度，避免扩招失控。① 虞乐、娄佳依据中国高等教育结构性过度的认识提出，不能因噎废食，应进一步发展高等教育，保持高等教育的适度超前发展，增加高等教育入学机会，通过深化高等教育改革，解决"教育过度"问题。②

(四) 调整教育投资政策与方向，抑制个人教育需求过度增长，教育投资向中等及以下教育倾斜

针对"教育深化"产生"知识失业"的分析与判断，不少学者提出相应的治理对策主张。吴回生认为，要消除和防止"知识失业"，必须抑制教育深化，防止教育过度发展。为此，应采取下列政策措施：第一，调整教育投资政策，提高个人教育成本的投入比例，抑制个人教育需求的过度增长；第二，调整教育经费投资方向，改变教育经费投资分配中高等教育所占比例偏高，中等教育比例较低，而高等教育投资收益低于中等及以下教育投资收益的状况，今后教育投资必须向中等及以下教育倾斜。

(五) 大学生要克服"精英主义"就业观，国家要全力发展经济，保证充分就业

基于中国"知识失业"是由于知识劳动者主观和客观两方面因

---

① 常素巧、赵振江：《当代中国知识失业问题探析》，《保定师范专科学校学报》2005年第3期。
② 虞乐、娄佳：《论我国高等教育的"教育过度"问题》，《科技风》2008年第4期。

素造成的分析与判断，米红、李国仓提出要从大学生与国家两方面"双管齐下"来解决：第一，从大学生来讲，对自己要合理定位，克服"精英主义"就业观，树立大众化、普及化就业观，避免对就业期望过高，扭转追求大城市、高薪酬、好单位、高福利等倾向；第二，从客观上讲，国家要大力加快经济发展，因为这是解决大学生失业的根本途径。

由于学者们对"高学历失业"形成原因的认识与判断不同，因而所提建议或迥异，或基本趋同，或相交叉，或针锋相对，上述归纳综述也不可能全面、准确，只是为了供学界及有关部门进一步研究参考。

五 需进一步研究的几个难点问题

（一）如何科学合理地界定大学毕业生的"职业搜寻时间"

如前所述，大学毕业生已成为当今中国"高等历失业"的主体，其职业搜寻时间已成为界定其是就业还是失业的一个关键环节，更是理论研究与实际操作的一个亟待解决的难点问题，再也容不得"模糊"或回避下去了，必须给予理论与实践上的明确界定。

关于11个月职业搜寻时间的界定，时间过长。有些学者主张将大学毕业生职业搜寻时间界定为6个月，不仅理论上说得通，也比较切合中国实际。但有一条是与西方国家的失业范畴界定及统计大相径庭。在西方经典与权威的失业范畴定义中职业搜寻时间只有4周（或1个月）。如今中国早已加入WTO，已全面融入世界经济体系，中国经济市场经济体制已同西方市场经济体制接轨，整个国家经济统计体系也已经采用西方国家市场经济统计体系，那么我国失业及"高学历失业"的统计，要不要也同西方国家失业及"高学历失业"的统计接轨呢？

笔者认为，为了同西方国家失业统计口径相同和便于比较，应该采纳西方经济学关于失业范畴的科学定义，将大学毕业职业搜寻时间界定为4周。大学毕业生职业搜寻时间从其毕业离校那一天算起定为4周，确实显得短些，但对大学毕业生是有利的，因为他们毕业后4周仍找不到工作，便可去领失业救济金，而有了失业救济金，基本生活便有了保障，还可继续搜寻工作岗位。

(二) "高学历失业"生成的根本原因在高等教育部门"内部"还是"外部"

从上分析可见，关于我国"高学历失业"生成原因的研究，是存在重大争论与分歧的。文中概括的多种观点尽管未必十分准确与全面，但基本上反映了研究的全貌与前沿，大体上可分为三派观点：一是"内部派"，即"高学历失业"生成的主要原因在高等教育部门"内部"，如"高等教育结构失衡"论、"三矛盾"与"三失衡"论等；二是"外部论"，即"高学历失业"生成的根本原因主要在高等教育部门"外部"，如"市场分割"论、"制度性原因"论等；三是"内外结合派"，即造成中国"高学历失业"既有高等教育部门内部原因，又有高等教育部门外部原因，但究竟哪个原因是主要或根本的？

上述三派哪一派是科学的？这三种观点直接影响并决定着应对和治理"高学历失业"的对策重点、政策取向，涉及国家、高等教育部门在教育体制改革及治理"高学历失业"中的准确定位和责任承担问题，直接关系"高学历失业"治理工作的成败，甚至关系社会的稳定与和谐，迫切需要通过"求实"及"求是"的研究，给予科学正确的回答。

(三) 中国"高学历失业"的正负效应比较与权衡问题

从现有的研究文献，笔者基本上没看到这方面的研究成果。多数文献强调"高学历失业"给中国经济社会发展带来严重危害及损失，仅有少量文献论证其有"正效应"，论证其同时具有正负效应者，甚少。

但是，中国"高学历失业"是否同时具有正负效应并如何进行比较与权衡问题，至关重要。中国"高学历失业"有正效应，是否像有些人讲的那样，它是"人才储备的重要手段"，是"文明社会的标志"，是"历史进步"？既然它是这么好的东西，还有什么必要加以整治？"高学历失业"具有负效应，并且很大，需要认真整治，已经形成大家的共识。但是它是否只有负效应？一些同志认为应当理性地承认其正效应，如吴克明、方芳所分析论证的那样。但正负效应如何权衡与比较，是负效应大于正效应，还是正效应大于负效应？这个比较与权衡极其重要，它直接涉及我们应对"高学历失业"的战略对策抉择的重点及主攻政策取向。试想中国"高学历失业"正效应大于负效应还有必要下大力气进行整治与解决吗？政策主攻方向应是大力提倡与全力推进才是。反之，若是"高学历失业"负效应大于正效应，那就大不相同了，政策的主攻方向便是大力整治与全面解决了。因此，笔者认为，应进一步将中国"高学历失业"的正负效应及其比较与权衡问题研究透彻，讨论清楚，这是应对"高学历失业"所必须解决的问题。

（本文发表于《当代经济研究》2011年第3期）

中国"高学历失业":主要特征、产生机制及对策建议

一 中国"高学历失业"的主要特征

何谓"高学历"?有学者认为,"所谓高学历,主要是指大学本科以上的学历水平"[①]。我认为,这个界定显然是门槛太高了。把大批具有大专文凭或学历水平的知识人群排斥在"高学历"之外,不符合我国现行高等教育的规定与实际。按照我国现行高等教育制度的规定,各种类型的高等专科学校均属于高等教育范畴,其毕业生的学历水平属于"高学历"。凡国家承认的电大、函大等"五大"的大专以上学历水平也属于"高学历"之列。所以,我认为,所谓"高学历失业"是指具有大专及以上文凭或学历水平的人们失业。

"高学历失业"在中国出现,确实是一个新现象。在以往的计划经济体制下,中国基本上不存在"高学历失业"现象。其主要原因在于,中国的高等教育是"精英教育",大学毕业生数量少,"高学历"者自然就少。那时的失业是以一般失业为特征,"高学历"者是十分稀缺的资源,严重供不应求,并且按计划统一分配,只要服从计划安置,保证得以就业。

---

① 孙彩霞:《分析高学历就业难现象与追求高学历之风的形成》,《消费导刊》2008年第4期。

我国的"高学历失业",是改革开放后市场经济发展到一定阶段的必然产物。新中国成立以来,共出现三次大规模失业浪潮:一是20世纪70年代"知识青年"上山下乡后回城;二是20世纪90年代初到21世纪初公有制企业改革尤其是国有企业改革中大批国有企业、集体企业职工下岗失业;三是20世纪末到如今白领阶层和大学毕业生失业。在第一次失业浪潮中,"知识青年"上山下乡,说穿了是"变相失业"。由于这些"知识青年"几乎全部是初、高中毕业生,并不具大专及大专以上学历水平,所以他们的失业不属于"高学历失业"范畴。因此可以说,在第一次失业浪潮中,中国基本上没发生"高学历失业"现象。从第二次失业浪潮开始,中国出现了明显的"高学历失业",这与当时的经济社会变革有着深刻的内在联系。20世纪90年代初,中国经济体制改革目标已经明确为建立社会主义市场经济体制,大规模地开始了市场化改革。计划经济实行统包统分的就业体制,虽然能尽可能保证就业,但"一个人的活儿三个人干",缺乏效率与竞争;而市场经济实行由市场选择的就业体制,奉行"一个人的活儿一个人干"的优胜劣汰的就业机制,这种体制是保障竞争和提高效率的体制。按照市场经济的要求,国有企业及集体企业实行股份制改革,把提高效率放在首位,一方面使企业大批冗员下岗失业;另一方面也使大批经营不善企业破产,职工集体下岗失业。在这次失业浪潮中,不仅有一般职工失业,也有大批企业技术员、工程师、设计师、经济师、会计师、企业及公司经营管理者被失业潮卷了进来,真正出现了"高学历失业"。进入21世纪以后,伴随第三次失业浪潮掀起,中国的"高学历失业"已经转换成"大学毕业生失业"为主体并伴以"白领阶层"失业。这是由于适应市场经济要求,我国高等教育开始大众化改革,使高等教育规模急速扩张。1998年,我国高等院校招生人数为108.4万人,较1997年有了很大增长,但到1999年又扩大到159.7万人,2000年升到220万人,2001年又增加到250万人,2002年更达到275万人。经过4年的扩招,高等学校招生人数增加了166万人，增长幅度高达153%。① 此后，每年有数量庞大的大学毕业生需要就业。在20世纪90年代中期以前，各高等院校毕业生就业率几乎为100%；到2001年，重点高校毕业生初次就业率降为82.75%，一般院校初次就业率为68%，高等专科学校初次就业率仅为41.23%，至2004年全国高校毕业生总体就业率不足70%。② 目前有人估计在60%以下，甚至比这还要低。③ 大学毕业生失业率越来越高，以大学毕业生失业为主体的"高学历失业"近10年累计在800万人以上。

综上所述，中国"高学历失业"的产生并非偶然，它是伴随三次大规模失业浪潮出现的。在其发展演进的过程中，已经明显出现以下主要特征。

（一）数量逐年增加，层次明显上升

在20世纪90年代初，国有企业在"打破铁饭碗"及一些公有制事业单位"打碎铁交椅"过程中，已经出现了"高学历者"的"饭碗"被打破，发生下岗失业。但那时还只是局部的，并没有成为全国各地的普遍现象，并且数量也不多，基本上是那些年龄偏大的老"高学历者"。进入20世纪90年代中后期，国有企业改革进入攻坚阶段，机关事业单位改革全面展开，减员增效，精简机构，大批裁减冗员，使得"高学历失业"者数量逐年增加，且从改革先行区向全国扩展开来，出现了以往不曾有过的具有硕士学位、博士学位及"海归"人员失业现象。据统计，中国有35%以上的"海归"存在就业难的问题，这足以说明"高学历失业"的水平与层次在提升。

---

① 董立民：《高等教育需求解析》，《河北职业技术师范学院学报》（社会科学版）2003年第3期。
② 常素巧、赵振江：《当代中国知识失业问题探析》，《保定师范专科学校学报》2005年第3期。
③ 李刚平：《大学生失业的理论解释初探》，《世界经济情况》2008年第9期。

（二）由零星分散状态发展到相对群发集中

"高学历失业"现象在中国并不是突发的，而是经过了一个渐进的演变过程。20世纪90年代初，"高学历失业"只是在沿海经济发达区和京、津、沪、粤、渝及几个经济特区零星分散地分布，但从20世纪90年代中期开始，伴随中国市场化改革全面推进，大批中小国有企业及城镇集体企业破产，工作在这些企业的"高学历"人员成堆成片地下岗失业，曾经轰动全国的长春拖拉机厂事件就是典型。该厂拥有大批农机设计、制造专家及工程技术人员，还有高级企业管理人员，企业破产后这些"高学历"人员均已下岗，表面上有所"安置"或"买断"，实际上几乎全部失业。这种"高学历失业"集中群发现象在东北乃至全国国有企业股份制改革中伴随大量中小国有企业破产倒闭而日益蔓延和迅速增多。不过，这时的"高学历失业"被一般性失业大潮淹没，尚未独立凸显出来，因此并未单独引起社会集中关注。

（三）区域分布不平衡，具有明显的区域性

一般来说，伴随第二次失业浪潮而发生的"高学历失业"大都集中于国有经济所占比重较大的省份，而个体私营经济所占比重较大的省份相对要少许多。从城乡分布来看，城市明显高于乡镇；仅从城市来看，省会城市以及发达的大城市明显高于一般的中小城市。东北三省的国有经济在其经济总体中所占的比重均在80%以上，由于老工业基地企业设备老化，技术陈旧，管理水平低，改革滞后，加之"国有情结"等观念束缚，在企业优化转型改革时，大批中小国有企业不能适应市场经济发展要求而遭淘汰与破产，大批"高学历"人员下岗失业。相对而言，广东、福建、江苏、浙江等发达省份，由于国有经济在其整体经济中所占比重较小，并且享有率先改革的诸多优惠政策，再加之这些省份个体私营经济发展迅速，形成了发展商品经济的良好环境与氛围，少量破产国有企业的"高学历失业"人员，可以较容易从事个体私营企业，能成功地转业与再就业，因此"高学历失业"较少。东北三省的省会城市不仅

老国有企业多，也是"高学历"人员集中的地方，尤其是那些资源性城市如黑龙江省的大庆、伊春、佳木斯、七台河、鹤岗、双鸭山等，吉林省的辽源、通化、营城及辽宁省的抚顺、阜新、本溪、盘锦、鞍山等老煤城、老林区、老矿山、老钢都、老油田都聚集了大批老知识分子及科技人员，由于这些城市的资源大部分已经枯竭，城市与其中的企业亟须转型与转业，因此而产生了大批"高学历失业"人员。

（四）由 21 世纪之前的老科技人员为主体发展为 21 世纪后的新大学毕业生为主体

这在中国第三次失业浪潮中表现得尤为明显与突出。进入 21 世纪后，中国国有企业改革仍在深化，大批中小国有企业优化重组及破产兼并任务大体完成，其中"高学历失业"尽管仍时有发生，但大面积集中发生减少了许多。然而，此时的"高学历失业"并没有减缓，反而转换为以大学毕业生失业为主体，并出现年轻化的趋势。除了国内高校连续 10 年的扩招，对就业市场形成巨大压力因素之外，更重要的原因是 2007 年发端于美国的国际金融危机对中国经济形成空前猛烈的冲击。拉动中国经济增长的"三驾马车"——外贸需求、投资需求和消费需求均遭重创，急剧下滑与萎缩，引发大量企业关门歇业，不仅使大批进城务工人员离岗返乡，涌现返乡热潮，也使大学毕业生就业形势严重恶化。2008 年大学毕业生 550 多万人、2009 年 610 多万人，2010 年 630 多万人，因此，大学毕业生就业难上加难，从而使其成为当今中国"高学历失业"的主体。

中国的"高学历失业"明显不同于一般失业。它具有一定的阶层性，是"知识阶层"的失业，它比一般失业人群具有较高的科技文化知识，但将它概括为"知识失业"并不科学。因为所谓"知识失业"不能表明失业主体是谁，再说知识同失业及"高学历失业"并没有内在的必然联系。以往一般认为，"高学历者"都能就业，即使是失业了也容易再就业，现实证明非也。"高就"容易

"低就"难。中国绝大部分"高学历者"一般不会情愿"低就"的，因为"高学历"是倾全家之财力，用"高投入"换来的，甚至是负债累累取得的，自然要索取"高收入"或"高回报"，这是马克思主义物质利益一般定律的基本要求。主张或迫使"高学历者"低标准就业，违背上述定律，也不符合人尽其才、人尽其用的基本原则。有些人特别是一些领导者责怪大学毕业生不肯"低就"，甚至热衷鼓励博士、硕士杀猪、卖肉、做保姆、当清扫工等，我们认为是不妥当的。"高学历者"理应从事与其才能或学历相适应的工作，社会应形成这种良好条件与氛围。鼓励"高学历者""低就"（即"低标准就业"），如果成为常态化、普遍化，不仅是对宝贵人力资源的一种浪费，更是文明社会的一种悲哀。

二 中国"高学历失业"产生的经济社会机制分析

中国"高学历失业"的发生，既有其复杂的经济原因，也有其深刻的社会原因，是经济因素与社会因素混合交织与综合作用的结果。因此，只有对中国"高学历失业"产生的经济社会机制进行统一综合的分析，才能找出其"病因"，选择正确的"医治"之策。

（一）产业结构调整与升级：中国"高学历失业"生成的产业机制

改革之初的农业产业结构调整乃至当今中国的农业产业化，不仅没有发生"高学历失业"现象，反而对"高学历"人才的需求迅速增长。由于政策及体制方面因素的影响，农业科技网络及站、所遭受不同程度破坏，导致大批农业科技人员离开农业战线，"高学历"人员严重流失，严重制约及影响了农业产业结构的升级与发展。

"高学历失业"主要发生在第二、第三产业结构调整与升级的进程中，尤以第二产业为高发领域。在20世纪80年代纺织行业

"限产压锭"的改革中,众多棉纺厂与织布厂大批淘汰落后的纺纱机与织布机,从国外引进先进机器设备与工艺流程,从而大大提高了劳动生产率。与此同时,这些企业又采用了国外先进的管理方法,使企业的管理水平及管理绩效也得到明显提升。这种产业升级带来的劳动生产率提高,必然比传统产业节省更多的人力,从而引发一部分劳动者失业,其中难免包括一部分"高学历"人员。特别是在产业结构调整中,由于竞争日趋激烈,一些企业由于技术设备落后及管理不善,发生经营破产,或在竞争中被处于优势地位的企业所兼并,这就要发生职工成堆成片失业,"高学历"人员自然会因企业破产或被兼并而遭失业之厄运。因此说,在市场竞争中,产业结构的调整与升级尤其是企业兼并与重组,是"高学历失业"发生的重要产业机制。

(二) 经济运行周期:中国"高学历失业"的伴生机制

失业是与经济运行周期密切相关的。资本主义经济运行周期分为危机、萧条、复苏、高涨(繁荣)四个阶段,一般来讲,失业尽管在这四个阶段都存在,但相对而言,复苏及高涨阶段,就业增加,失业减少,而危机与萧条阶段,就业锐减,失业剧增。社会主义经济虽然与资本主义经济有质的不同,但不可否认其运行具有周期性,即衰减下滑期、低谷期、恢复上升期、繁荣高涨期,也被称作扩张期、繁荣增长期、收缩期、低位运行期。社会主义经济会在上述四个阶段或时期中循环运行,每个时期长短变化不一,螺旋状上升,波浪式前进。"高学历失业"作为一种特殊的高层次失业更与经济运行周期有着密不可分的内在联系。具体来讲,在经济恢复上升期和繁荣高涨期,经济发展对"高学历"人才需求旺盛,"高学历失业"即便发生,数量也会大幅度减少,甚至可能消失,出现"高学历"人才供不应求的状况。而在经济衰减下滑期与低谷运行期,则由于社会总需求下降,一方面经济陷入深度低迷与衰退,市场严重疲软,大批企业关门歇业,没有关门歇业的企业也纷纷减产裁员;另一方面社会上需要就业的人口包括"高学历"人才增加,从而不仅导致一般劳动者失业，工程技术人员及管理人员等"高学历"人员也被划到失业队伍。在国际金融危机中，美国"知识经济"及IT产业的"高泡沫"破灭后，使一大批"知识精英""IT"工程师及华尔街的"金融白领"破产失业，成为世界上"高学历失业"重灾区和典型案例。可见，"高学历失业"伴随着经济运行的周期波动而起伏跌宕，潮起潮落。

（三）经济体制转轨：中国"高学历失业"生成的体制机制

计划经济体制下的高等学校，大学生由国家的计划统招统分，适应并保证了当时计划经济发展的需要，但由于否定了人力资源市场的配置功能，存在大量学非所用、用非所学的现象，严重束缚了"高学历"人才的积极性、创造性的调动，阻碍经济的发展。自20世纪90年代初中共中央将中国经济体制改革的目标确立为建立社会主义市场经济体制后，中国全面推进市场化改革，开始了由计划经济体制向市场经济体制全面转轨的进程。与此相适应，高等教育体制也由统包统分就业模式向大学生自主择业，人力资源由市场配置的新模式转变。计划经济体制由于它否定市场机制，缺乏竞争激励与效率，是一种僵化的体制；而市场经济体制由于它充分发挥市场配置资源的功能，鼓励竞争与效率，是一种充满活力的体制。市场经济体制取代计划经济体制的过程是一个经济活力与效率不断提升的过程，它意味着同量资本所推动的生产资料的增长与人力资源的不断节省，从而使得经济发展对用人需求的减少。而与此同时，我国高等教育由于从1998年以来连续10多年扩招，每年大学毕业生需要就业的量以两位数的速度增长，使大学毕业生的供给量及供给结构与经济发展的需求规模与结构发生严重错位与失衡，这就难免不产生大学毕业生就业难，乃至发生"高学历失业"现象。可见，以大学生为主体的"高学历失业"现象是我国计划经济体制向市场经济体制转轨过程中，高等教育与经济发展要求不匹配，规模与结构严重失衡的一个必然产物。

(四) 国际金融危机的严重冲击：中国"高学历失业"的国际传导机制

改革开放前，在闭关锁国的计划经济体制下，不存在"高学历失业"，虽然外国经济也会在不同程度上影响我国，但由于国门处于关闭状态，这种影响只是浅层次的，不会发生深层次的根本性冲击。改革开放后，我国国门大开，又推行与西方国家接轨的市场经济体制，特别是2001年12月加入WTO后，中国经济全面融入世界经济体系。在世界经济一体化、中国全方位开放的背景下，尤其是在中国与美国经贸交往日益深化的条件下，发端于美国的国际金融危机很快传导到中国，对中国的经济形成严重的深层次冲击与损害。在金融危机的打击下，截至2008年10月，全球股市市值蒸发25万亿美元，华尔街金融诈骗大案频频曝出，到2009年年底已有150多家银行宣告破产，使得金融业大批"高学历"人员失业或倾家荡产。这场金融风暴不仅使中国的国外金融资产蒙受重大损失，也使中国上海股市从5000多点跌至2000点左右，股市市值蒸发近2/3，导致一批专职从事股票投资的"高学历"人员损失惨重，回家歇业，实质等于下岗失业。到2009年11月，美国失业率高达9.8%，2010年年初很快突破两位数大关，高达10.2%。为遏止美国国内日益攀升的失业率，奥巴马政府除了加大经济刺激力度外，还竭力推行贸易保护主义，不断对中国出口美国的产品如轮胎、服装、鞋类、钢材等产品实施"反倾销调查"，征收高额进口关税，以保护本国产品生产及就业，这直接打击了中国外贸出口，造成相关行业职工大批失业，自然也加重了这些行业的"高学历失业"。可见，国际金融危机转嫁过程实际上就形成了中国"高学历失业"加剧生长的机制。

(五) 社会基本矛盾：中国"高学历失业"的根生机制

当今中国的"高学历失业"问题仍然可以从马克思的社会基本矛盾运动学说中得到阐释与说明。人所共知，中国社会现阶段的基本矛盾仍是生产力与生产关系、经济基础与上层建筑的矛盾。它决定并集中表现为社会的主要矛盾是全体人民日益增长的物质文化需要与落后社会生产力之间的矛盾。这个主要矛盾的解决，绝不能靠缩减全体人民日益增长的物质文化需要来实现，而只能是大力发展社会生产力，尽快改变我国社会生产力落后的状况。以往，学术界把社会生产力理解得过于狭窄，将它仅局限于物质生产力，其实这是一种误解。社会生产力除了物质生产力之外，还应包括精神生产力，只有精神生产力提高了，创造出更多更好的精神文化产品，才能更好地满足全体人民日益增长的文化需要。无论是发展物质生产力还是发展精神生产力，都需要有高水平、高素质的劳动者，尤其需要有"高学历"人才，特别是发展精神生产力更是如此，甚至可以说，没有一大批"高学历"人才，精神产品的生产是不能发展起来的。精神生产力又是由物质生产力所决定的。物质生产力变化是决定一切社会发展的终极原因，马克思最具革命意义的发现为"物质生活的生产方式制约着整个社会生活、政治生活和精神生活的过程"①。列宁在概括马克思的科学唯物主义历史观时特别指出，马克思的上述原理"揭示了物质生产力的状况是所有一切思想和各种趋向的根源"②。由此可以肯定地讲，我国发生的"高学历失业"说到底是由我国社会生产力（包括物质生产力与精神生产力，精神生产力又是由物质生产决定的）水平低所造成的。人所共知，就业的过程就是劳动者与物质生产条件及精神生产条件相结合的过程，由于社会生产力水平低，劳动者就业所必需的物质生产条件及精神生产条件尚没有创造出来，从而导致一般失业及"高学历失业"出现。而社会生产力发展了，又会引起生产关系及其与上层建筑的变化。因此，社会基本矛盾是中国经济社会发展中一切问题及矛盾的总根源，也是中国"高学历失业"的深层的根生机制。

---

① 《马克思恩格斯选集》第二卷，人民出版社1972年版，第82页。
② 《列宁选集》第二卷，人民出版社1972年版，第586页。

三 对解决"高学历失业"问题的几点对策建议

综上所述,"高学历失业"在远未实现高等教育普及化、大众化的今天,还是一种社会"精英失业",这对人才资源(注意:不是人口资源)相当缺乏的我们这个社会主义大国来说,不仅是巨大浪费,更对经济社会发展严重不利。因此,需要加倍重视,综合整治,全力解决。

(一)要继续加大教育投入,适当控制高等教育规模,着重提高高等教育的质量与效益

首先,万万不要因"高学历失业"而影响加大对教育的投入。必须清醒地认识到中国教育(包括高等教育)的总体落后性,根本不存在所谓"教育过度"的问题。从高校的毛入学率来看,我国与西方国家的差距是相当大的。据联合国教科文组织《1995年世界教育报告》称,1994年,西方国家的高校毛入学率均已超过30%,其中法国、加拿大、美国、澳大利亚、芬兰、新西兰、挪威7国均已超过50%;而我国高校的毛入学率1998年为9.1%,2001年为15%,目前为20%左右。造成教育滞后的一个极其重要的原因在于教育投入明显不足。我国教育投入占GDP的比重始终未达到4%的设定目标,2005年这个比重为3.12%,2006年不升反降,仅为2.18%,之后几年基本上没有超过3%。这个比例远远低于印度,印度近20年经济发展速度远不如我国,但政府对教育的投入一般年份都在3%以上,最高年份达7.5%。① 不可否认,"高学历失业"与我国的高校扩招有一定关系。高校扩招是为了缓解当时就业压力,延缓大量高中毕业生就业的一个重要举措,尽管存在一定盲目性及急切过渡性,但时值人口高峰期具有一定的必然性与合理性。

---

① 李云霞、汪继福:《印度高等教育跨越式发展的动因及影响》,《外国教育研究》2006年第11期。

因此千万不能以为近年来出现"高学历失业"就缩减教育投入，这样做只能加剧我国教育的落后状况，不仅对解决"高学历失业"问题无补，反而有害。

其次，要适度调控高等教育规模，将投入重点放在调整与改善结构上，要全力提高高等教育的质量与效益。为了适应中国经济发展需要，中国高等教育规模必须相应扩大。尤其是中国要成为世界上教育大国与强国，保持现有规模是不可能达到的。实践证明，高等教育由"精英化"走向"大众化"，也必然要伴随高等教育规模的扩大。所以，不能因为出现了"高学历失业"就缩减高等教育规模。问题在于，20多年我国高等学校不少是由众多中专合并成高专，由众多高专合并成大学的。这种低水平的"合校"导致对高等教育规模失控，尤其是结构扭曲、结构失衡的规模扩大，是引致大学毕业生结构性失业的一个重要原因。因此，今后一段时间内要适当调控高等教育规模，将国家投入的重点放到结构的调整与改善上，放到全面提高高等教育质量与效益上。这里讲的效益，不仅是经济效益，更重要的是耗费同样的国家投入产出更多更符合经济发展要求的各层次人才。

（二）实行"利益"和"价值"双导向，以利益导向为基础，以价值导向为主导

面对大学毕业生为主体的"高学历失业"，针对青年人的特点，应大力倡导他们到基层去，到中小城镇去，到最艰苦的地方去，到最能实现其自身价值的地方去。各级地方政府要千方百计为他们到基层及中小城市发挥自身价值搭建平台，创造条件。但在当今实行市场经济条件下，价值规律为首要调节者，个人价值与利益必须贯穿其中。马克思讲道："人们奋斗所争取的一切，都同他们的利益有关。"① 他在与恩格斯合著的《神圣家族》一书中，批判黑格尔唯心史观时指出，人们的思想和价值观念也要反映物质利益，"'思

---

① 《马克思恩格斯全集》第一卷，人民出版社1956年版，第82页。

想'一旦离开'利益',就一定会使自己出丑"①。我们对大学毕业生讲奉献精神,讲到艰苦的地方去实现自身价值仍是必要的,但必须承认与认真遵循马克思讲的个人物质利益原则。众多大学毕业生之所以宁肯失业也固守大城市,宁肯"蜗居"成"蚁族",也不肯离开京、津、沪、深、渝、宁、杭及广州等发达大城市,原因就在于这些地方的利益太诱惑人了。奉献精神及价值观教育之所以难以奏效,一个十分重要的原因在于否定了他们的个人物质利益。离开个人物质利益原则,任何思想政治教育都会像马克思所指出的那样:"出丑!"因此,解决当今我国大学生失业及其他"高学历失业",必须坚持以利益导向为基础,同时配合以价值观教育,二种导向双管齐下,才能取得更好的实际效果。

(三) 尽快建立与完善"高学历失业"救助的社会保障机制

首先,要尽快建立与完善大学毕业生失业救助的专门机构。目前全国均已建立促进大学毕业生就业的组织机构,但大学毕业生的失业救助机构尚未完全建立起来,已经建立起来的尚不完善。为确保大学毕业生失业后不成为社会不稳定因素,必须建立与完善大学毕业生失业救助的专门机构。这个机构可由各地人力资源和社会保障部门会同所在地教育厅局、高等学校及有关部门组成,专门对大学毕业生失业状况进行跟踪调研,掌握动态,向政府提供解决方案,并具体施行对大学毕业生的失业救助。

其次,尽快建立大学毕业生失业救助专项基金。其主体部分要由国家专项财政拨款构成,其余部分可向社会团体及个人募集。这个基金隶属于上述大学毕业生专门救助机构,由其负责管理与运作,以具体解决大学毕业生失业救助的资金问题。

(四) 建立促进大学毕业生自主创业的长效机制

首先,大学毕业生要树立自主创业的意识。这需要在大学学习

---

① 《马克思恩格斯全集》第二卷,人民出版社1957年版,第103页。

期间就要注意培养与训练。以往大学只是传授知识、研究学问的殿堂，市场经济中的大学，必须将自主创业意识的培养与训练作为一门必修课程，尤其要通过一定的社会实践与社会调研来认真加以落实。

其次，强化对大学毕业生自主创业能力的培养。大学毕业生失业的一个重要原因在于，所学专业或技能与市场经济要求严重错位或脱节，且实际动手能力很弱。因此高等学校应密切联系市场经济发展实际要求，及时调整专业方向与课程设置，强化大学生的专业或技能培养与训练。这是提高大学毕业生自主创业能力的奠基工程和根本途径，否则大学生跨出校门面临就业时现培养就为时已晚。

最后，各级政府要制定各种有效政策促进大学毕业生自主创业。一是要提供必要的自主创业资金，不仅要有财政资金支持，也需要有必要的银行信贷资金的支持，这种扶持与支持不能仅停留在领导口头与"红头文件"上，必须落实到每个大学毕业生身上。二是由人力资源和社会保障部门会同高等教育主管部门、高等学院联合搭建大学生自主创业平台，如建立大学毕业生自主创业园区，或创设大学毕业生自主创业一条街等，采用多种方式拓宽大学毕业生自主创业渠道。三是对大学毕业生创办经济实体、文化创意联合体等实行工商、税务、金融服务等多方面的政策优惠，初创期减免各种相关税费，让他们真正"创"出"业"绩来，告别"高学历失业"。

(本文与赵岳阳合写，发表于
《吉林大学社会科学学报》2010年第5期)

三

东北经济振兴问题研究

东北经济落后原因诸说评析

一 引言

改革开放以来，东北经济日益相对落后，已成为中国经济跃上新台阶、实现工业化与现代化的瓶颈。可以肯定地讲，东北经济若不振兴，中国的工业化与现代化必然大受影响，甚至难以实现。因此，振兴东北经济是当今中国经济发展的大局，是全国人民的根本利益所在。

在中华人民共和国历史上，东北经济曾有过令人刮目相看的成就与辉煌。第1—2个五年计划期间，在国家优先发展重工业的方针指导下，在全国人民的大力支持下，东北迅速地成为国家的重化工业基地。当时东北的汽车、石油、煤炭产量均居全国第1位，电站成套设备占全国的1/3，冶金设备占全国的1/4，机车车辆占全国的1/4，机床产量占全国的1/3，不仅拥有发达的冶金工业、电力工业、机械制造工业，而且拥有十分发达的林业与农业，形成了国家重要林业基地与商品粮基地。直到1978年，东北三省的人均GDP仅次于京、津、沪三大直辖市，在全国处于领先地位。

但是，从20世纪90年代开始，东北经济发展明显落后了。由于中国改革开放首先从东南沿海地区起步，各种优惠政策首先在那里实施，外国资本及先进技术与管理方法最先从那里引入，因而东南沿海地区经济快速增长。尤其是自1992年春天起，在邓小平南方谈话精神的鼓舞下，中国经济发展战略的重点更是明显地移向东南沿海地区，资本、技术和人才一并"东南飞"。而此时东北几乎被冷落、被担负大量沉重包袱的国企所拖累、被落后且严重失衡的产业结构所困扰，发展步伐日益趋缓。到了2001年，辽宁、吉林、黑龙江在全国的经济排位分别降至第8、第14和第10位。

为什么自改革开放以来东北经济会明显相对落后呢？各界人士纷纷探究其原因，提出了各式各样的论点。其中，经济学界较有代表性的论点，主要有如下几种。

一是"结构说"。这种观点认为，东北经济改革开放以来之所以落后，原因是"受累于赶超战略所遗留下来的、缺乏市场竞争能力的产业、产品、技术结构"[1]。

二是"体制说"。这种观点认为："东北问题的根子在体制"，因为"东北的计划经济最完善，体能最庞大，惯性也最大，要调整也肯定最难"[2]。

三是"国企比重过大说"。这种观点认为："在国企问题上，东北得之于大也失之于大。过去东北三省被称为共和国的长子，排到老大，就是靠这些大中型国有企业。现在东北经济出现问题也在很大程度上因为他们"[3]。

四是"项目怪圈说"。这种论点认为，自改革开放以来，国家对东北也没少支持，但一提支持就上项目。可项目建成后不是设备不行，就是没有流动资金和市场，企业时开时停，银行贷款无法偿还，还引发职工下岗一系列社会问题，形成"项目怪圈"。他们认为"项目怪圈不破，东北老工业基地难兴"[4]。

五是"东北人观念落后说"。这种意见认为，"传统的国有企

---

[1] 林毅夫、刘培林：《振兴东北要遵循比较优势战略》，《南方周末》2003年8月28日。

[2] 林木西、刘燕：《"振兴东北"警惕新一轮赶超》，《中国经营报》2003年9月15日。

[3] 林木西、刘燕：《"振兴东北"警惕新一轮赶超》，《中国经营报》2003年9月15日。

[4] 高广志、王淮志、冯雷：《项目怪圈不破，老工业基地难兴——东北辽吉黑三省部分国企调查》，《吉林日报》2003年8月18日。

业机制与相应的观念直接影响着东北人","传统的管理思维方式依然在政府和企业中顽强起着作用"①。

以上"五说"从不同的视角及侧面揭示了东北经济落后的原因,具有一定的合理性。但笔者认为,必须突出强调以下几点。(1)以上"五说"均不是独立发生作用的,每一条都不是构成东北经济落后的唯一因素或原因。(2)以上"五说"的因素绝不是同等地起作用,不可同等对待。(3)东北经济落后是上述诸因素综合作用的结果,但结构不合理、体制改革滞后,国企比重过大、项目投资陷入怪圈、东北人观念落后等因素尚不能全面科学说明东北经济落后的真正原因,需要作深入的具体分析。

二 关于东北产业结构不合理问题

从东北地区自身来看,产业结构、产品结构及技术结构确实不合理,其突出表现为重工业比重过大、轻工业比重过小、农业基础落后,农、轻、重结构严重失衡。正是这种不合理的产业结构,致使东北三省经济利益不断受损,在市场经济中陷于被动。这主要表现在:

第一,农业收益比较低,并且还有越来越低的趋势,这使东北三省在农业上陷入困境。吉林、黑龙江均是农业大省,是国家重要商品粮基地,辽宁虽然是工业大省,但农业比重也较高,并早已成为粮食输出省。在20世纪90年代中期以前,中国粮食处于短缺状态,农业大省的日子还好过一点,但自90年代以来经营粮食严重亏损,差不多各省每年都要亏损几十亿元。国家给予的"粮食补贴"微乎其微,无异于杯水车薪。

第二,重工业比重过大,也使东北经济发展处于不利地位。所谓东北工业基地是指重工业基地比重过大,轻工业比重过低,且不

---

① 王朗玲、吴艳玲:《老工业基地国有企业管理创新的难点及对策》,《当代经济研究》2003年第8期。

发达，轻工业品的市场大部分被广东、福建、上海、浙江、江苏等省份所占领。轻重工业的产业特性决定它们在计划经济与市场经济中具有不同的优势。一般来说，重工业具有投资大、建设周期长、见效慢、产品利润率低的特点，而轻工业具有投资小、建设周期短、见效快、产品利润率高的特点。在计划经济条件下，重工业的产业优势及特点能够依靠国家计划得以保持与发挥，因为它直接服从于国家发展计划目标及长远利益要求，而不从属于市场竞争获取利润最大化原则。但在市场经济中，它显然就远不如轻工业能尽快地适应市场竞争，获取利润最大化要求了。

上述分析可见，从东北地区自身角度来说，其产业结构是畸形的、不合理的，是造成其经济落后的一个重要原因。但笔者认为，考察东北地区的产业结构是否合理不能仅从其自身的角度来看，而必须把东北地区纳入全国经济发展的总体格局中，站在宏观的角度从整体上看。如果全国6大经济区或31个省份都从自己本位出发搞所谓合理的、优长的产业结构，那么可以肯定地讲，全国的产业结构必然是不合理的、畸形的。为这样一个产业结构，各大区或各省份之间必然要展开一种盲目、过度的竞争，大家均会"一窝蜂"似地将资本投向利润率高的产业，还会"一窝蜂"似地将资本从利润率低的行业退出来，其结果必然是全国经济结构的趋同化、畸形化。这已被改革开放以来我国的实践所证明。因此，我们决不能每个地区都孤立地搞所谓"结构合理化及优化"，而一定要从全国经济"一盘棋"出发，各个地区要依据其特点及优势进行合理分工，实现优势互补，取长补短，只有这样，才能实现全国产业结构或经济结构的合理化及优化。

从全国经济一盘棋角度看，改革开放以来，东北对全国产业结构或经济结构的合理化起到了重要的、积极的推动作用。首先，东北地区的农业弥补了东南沿海各省份及其他一些农业比重很小的省份的农业产业之不足，保证了它们对粮食及重要农产品的需求得到满足，从而支持了这些地区经济的高速发展。其次，东北地区的重工业以自身之长弥补了东南沿海各省份及其他重化工业腿短的省份之不足，保障了这些地区对重化工业产品日益增长的需求，改变了这些地区轻重工业比例严重失调的状况，并且使得这些地区的装备水平及现代化程度不断提高。由此可见，东北地区自改革开放以来有力地支持和保证了东南沿海一些省份及其他地区的增长，在农业及重工业方面存在较多的"无私的奉献"。

三 关于东北经济体制改革滞后问题

笔者不完全赞成"东北问题的根子在于体制"[①]的提法。这个提法的优点在于简明扼要，明确具体，但失之于简单化，赞同"体制改革滞后是造成东北经济落后的根本原因之一"的提法。东北经济体制改革滞后绝非是"东北人保守"，不愿意改革和根本不想改革。理论界与经济界包括某些决策层的人士都大唱这种论调，这显然是一种不实之词。实际上，自20世纪80年代以来，东北人一直在奋力改革，并取得了一系列重大改革成就。冷静、客观地分析东北地区改革滞后局面的产生，是有其客观原因的。

一是东北地区计划经济体制根深蒂固，改革具有艰巨性、复杂性，并且需有一个时间过程。东北地区在新中国成立后最早实行计划经济体制，经过4—5个五年计划的实践，可以说把计划经济体制历练得相当成熟。虽经20多年的市场化改革，东北三省在全国各地市场化的指数评分和排序（1999—2000年）仍为：辽宁6.08分、6.40分，排第10位；吉林5.39分、5.61分，排第18位；黑龙江省5.30分、5.48分，排第21位；明显低于广东、浙江、福建、江苏、山东、上海、天津等省市[②]。这组数据反映了东北三省市场化改革的滞后状况，也在较大程度上折射出东北三省计划经济体制改革之艰难。

[①] 王朗玲、吴艳玲：《老工业基地国有企业管理创新的难点及对策》，《当代经济研究》2003年第8期。

[②] 王小鲁：《中国市场化进程》，《新华文摘》2003年第43期。

二是缺乏必要的财力补偿与支持，无法承担巨额的改革成本。任何一项改革都要支付一定的成本，调整产业结构、产品结构和技术结构更需要支付较大成本。尤其是国有企业改革，因其企业办社会的包袱沉重，债务累积形成高台，企业冗员过多，不仅兼并、重组难上加难，而且改革的费用也大得惊人。东北三省是国有企业比重特大，企业破产、职工下岗失业最多的地区，因此单靠东北地区自身支付改革成本或费用，无论如何是不能承受的。笔者认为，国家对东北地区的体制改革必须予以必要的财力补偿与支持。所谓补偿就是指由于东北三省在全国经济布局中保持自己的产业优势而弥补其他省份产业不足时所造成的财力损失，由中央政府通过财政转移支付手段予以合理补偿。这是一种形式与意义上的补偿。另一种形式与意义上的补偿是指由于东北三省国企几十年创造的剩余产品价值被国家统收上去，企业没有积累及更新改造资金，职工长期实行低工资制，理应有所补偿与支持。例如，1952—1994年，辽宁省累计上缴中央财政3234亿元，占同期地区财政预算收入的71.5%，扣除国家对辽宁的支出1037亿元，42年间累计净上缴中央财政2197亿元，相当于国家对辽宁投入的3倍。吉林、黑龙江的情况，也大体一样。东北三省的人力、物资，尤其是粮食，大力支持了国家建设。现在东北三省改革与发展遇到了困难，迫切需要国家的资金补偿与支持。没有这种补偿与支持，体制改革难以深化，企业根本无法进行设备更新与技术改造。这些年，东北国有企业大批破产，也因缺乏足够的设备与技术更新改造资金有很大关系。

综上可见，东北经济体制改革滞后制约了东北经济的振兴与发展，与根深蒂固的计划经济体制顽强地起约束作用有关，但缺乏国家财力的必要补偿与强有力的支持，无疑是一个十分重要的原因。

四　关于国有企业比重过大的问题

资料显示，2002年东北三省国有及国有控股工业增加值占规模以上工业的比重：黑龙江为89.4%，吉林为77.8%，辽宁为

62.7%，均高于全国52.8%的平均水平。

应当承认，东北三省国有企业比重太大。调整东北地区的所有制结构，无论从本区角度还是从国家角度看，都应该大幅度降低国有经济成分的比重。

但笔者认为，扭转东北国有企业改革滞后局面，绝非是简单的退出或简单降低比重问题，而必须从国家领导层到东北地区领导层乃至东北地区老百姓来一个理论观念革命，彻底突破传统国有制理论观念束缚，大胆进行国有制理论创新。20多年改革的实践已经证明，理论先于对策，更重于对策。理论如果不先行创新，对策思路难以拓宽与创新，所提各种改革对策也只能在原有的框框里打转转。

一是破除"国有制偏好论"，坚决实行国有制与非国有制平等论。偏爱于国有制，偏恶于非国有制，在东北三省表现得尤为明显。在中国加入WTO后，这种"国有制偏好论"务必尽快废弃，因为它与WTO规则是相冲突和矛盾的。WTO一条基本规则是：参加世界贸易的各种经济主体，必须是具有平等地位的独立市场主体，不许有国别歧视，不许有所有制偏好。国有制企业也好，非国有制企业也好，一律以平等身份与资格参与交易。这里不能因为你是国有制企业就予以优惠，因为他是非国有制企业就予以歧视。只有坚持这个平等原则，才能将"超重"的国有企业"民营化"，使东北的非国有经济发展起来。否则，降低东北国有企业的比重就成为一句空话。

二是废弃"国有经济主导作用论"，遵从价值规律的主要调节作用。强调这一点，尤为重要。因为：首先，国有经济在整个社会经济运行及发展中是否起主导作用，绝不是人封的，更不能由政府先验地主观规定。市场经济只承认竞争的权威，政府行为也要符合市场竞争规律及原则，接受市场的检验，否则就会受到市场的惩罚。某种经济成分在国民经济运行与发展中占据什么地位，起什么作用（主导作用或非主导作用），只能在市场竞争中体现或实现。其次，在市场经济中价值规律起主要调节者的作用，谁遵从价值规律，经济效益好，经济实力增长快，就可能在国民经济结构中占据主要地位，并起主导作用。在这点上，是不分所有制成分的，国家不能硬性规定。即使硬性规定，也会被价值规律的强制作用所否定。

东北地区是受"国有经济偏好论""国有经济主导作用论"影响及束缚最重的地区，彻底摆脱和抛弃这些理论的影响及束缚还不是一件容易的事情。然而，只有坚决地把那些不合时宜的理论观念抛弃掉，解放思想，大胆创新，才能解放东北国有企业生产力，才能真正让东北经济走上振兴之路。

五 关于东北"项目怪圈"问题

影响东北经济健康发展的一个不容忽视的因素。但是"怪圈论"若意在说明整个东北经济已陷入所谓"项目怪圈"，振兴东北不能再搞项目投资，搞项目投资必然导致失败和浪费，笔者认为是失之偏颇的。

其实，项目投资失败，在全国各个地区都存在，并非东北独有。东北项目投资成功者，恐怕不在少数，如长春一汽的换型改造、哈飞的改造等。争投资，盲目上项目，不仅是计划经济条件下的一种痼疾，而且在当今迈向市场经济的条件下也有越演越烈的趋势。计划经济是项目计划经济，各种指令性计划把成千上万乃至几万、几十万个项目联结起来运行，项目计划保证了国家整个计划经济目标得以实现。在这种体制下，谁从国家计划机构争到了项目，谁就有了投资，而投资建厂或搞工程便可以扩大就业，增加产值，促进经济增长。所以才有各地纷纷到国家计划机关去争项目、争投资的所谓"骡马大集"现象。笔者认为，东北国有企业近些年来有一些项目投资失败（如"怪圈"论者所指出的"桦林"项目，吉化公司的阿尔法—高碳醇装置项目等）主要原因在于领导决策失误，说到底是没有由市场来决定的必然结果。

振兴东北经济不能不搞一批项目投资。选择一批既能改造东北地区不合理产业结构,又有广阔发展前景、对东北地区经济可持续发展有带动作用的项目投资是十分必要的。不能认为一搞项目投资就必然陷入"项目怪圈"。"项目怪圈论"是在给东北振兴经济设障,不利于东北经济振兴,应该休矣!

六 关于"东北人观念落后"问题

应当承认,不同地区的人们,由于受不同的历史条件、人文地理环境及社会习惯的影响,尤其是受不同经济体制的约束,思想意识观念会有较大的差异。东北人受计划经济体制禁锢时间长,与此相适应,形成了较严重的计划经济观念,从而经济活动存在计划经济的传统思维定势。从静态及短期来看,笔者也承认它是影响东北经济增长与发展的一个重要因素。但从动态及长期来看,恐怕就不能再这样简单判定了。一是人们的意识是可变化的。经济体制改革这样一场伟大的社会变革,对人们的传统观念及既定思维方式的冲击,可以说是极大的,是带有震撼力的,任何人都不可能不受到冲击与洗礼。二是东北的老百姓还是勤劳智慧的。像"江浙人""广东人"等群体一样,其中都不乏观念落后者,但作为一个完整的群体,不是永甘落后的。东北人也急切希望早日脱贫致富,尽快达到全面小康。三是东北的干部落后?恐怕也不能简单这样论定。如果追问造成东北经济落后的责任主要在谁,那绝不能推到老百姓头上,而肯定在于领导。但如果说东北经济落后的根源在于领导观念落后,领导也觉得冤枉。客观地讲,东北地区的干部还是颇为优秀的。君不见改革开放以来,东北向全国调出多少省部级以上高级干部?部省级以下干部就更多了。因此,笔者认为把东北经济落后的根本原因归结为"东北人观念落后",是不符合实际的,也是不公正的。

客观地讲,人才流失是东北经济建设最大的损失,也是造成东北经济落后的决定性因素。市场经济中的各种竞争归根结底综合为人才的竞争。人在任何时候都是受物质利益规律支配的。马克思有句名言："人们奋斗所争取的一切，都同他们的利益有关"①。物质利益规律支配人们追求高收入及高物质利益。东南沿海地区及各经济特区由于在改革开放中享受种种优惠，率先进行了收入分配制度改革，成为全国高收入及高物质利益地区，与东北地区的较低收入及较低的物质利益待遇形成巨大的反差。可以肯定地讲，东北地区人才外流完全是收入分配差距机制作用的必然结果，是东北地区科技人员、管理人才乃至一般职工收入水平过低所致。2002 年，全国城镇居民家庭人均年可支配收入排序，辽宁、吉林、黑龙江分别是第 20、第 30、第 27 位，已明显落后于中西部地区一些省份。资料显示，广东企业经营者年薪收入，"科龙电器"公司为 800 万元、"中兴通讯"公司为 60 万元、"粤美的 A"为 60 万元、"深高速"为 60 万元，"福建耀皮玻璃"为 150 万元，江苏"小天鹅"公司为 86 万元，"浙江广厦"为 80 万元，而北方各省份尤其是东北地区企业经营者年薪很少有超过 5 万元的，国有企业经营者年薪更少，均值在 1 万多元。据谌新民、刘善敏对上市公司经营者年报酬差异的实证分析指出："最高 15 位经营者年薪均值 127 万元，是最低 15 位年薪均值约 1.25 万的 102 倍"②。就一般职工（包括科技人员）的工资水平而言，东北地区与东南沿海地区差距甚大。2001 年，东北地区国有企业平均工资为 9549.33 元/年，月平均工资为 795.78 元③。这一年全国职工平均工资为 1.09 万元/年，月平均收入 908.33 元④，广东、浙江、江苏等发达地区职工月平均收入是东北地区的 3—5 倍以上。如此巨大的收入差距岂能不对东北地区的人才形成强大的诱惑与吸引？

---

① 《马克思恩格斯选集》第一卷，人民出版社 1956 年版，第 82 页。
② 谌新民、刘善敏：《上市公司经营者报酬结构性差异的实证研究》，《经济研究》2003 年第 8 期。
③ 王朗玲、吴艳玲：《老工业基地国有企业管理创新的难点及对策》，《当代经济研究》2003 年第 8 期。
④ 王朗玲、吴艳玲：《老工业基地国有企业管理创新的难点及对策》，《当代经济研究》2003 年第 8 期。

历史证明：凡是资本大量流入的地区，经济就必然发达，而经济发达地区的职工收入水平就会迅速提高；收入水平越高的地区则越能吸引人才流入，而大批优秀人才的流入则会推动经济更快发展，这已经成为经济良性循环的"定律"。在世界上，美、英、法、德、日等国不正是这样的吗？在国内，广东、浙江、江苏、福建、上海等地区不也是如此吗？从历史上说，东北地区不也是这样辉煌过吗？在第1—2个"五年计划"期间，伴随国家大量引进"俄资"及投巨资到东北，全国大批优秀人才包括优秀的科学家和经济建设者涌入东北，才使得一片荒芜的东北成为举世瞩目的中国工业化基地。

七　结语

综上可知，改革开放以来东北经济之所以相对落后，原因是多方面的。它固然与结构不合理、体制改革滞后、国企比重过大、项目投资形成怪圈、观念落后有一定的关系，其中也可以认为结构不合理与体制改革滞后是两个根本性原因。但绝不止这些原因，如上分析所指出，东北地区收入过低，人才大量流失，在改造与发展的关键时期，缺乏必要的资金补偿与支持等，无疑都是非常重要的因素，甚至是决定性原因。笔者认为，尤其不能简单地把东北经济落后归结为"东北人落后"造成的，那样太伤了勤劳、朴实、爽直、智慧并"人人甘做活雷锋"的东北人的心。只有全面准确地找到东北经济落后的原因，才能有针对性地提出并实施相应的治理对策，从而达到振兴东北经济的目的，加快国家的工业化与现代化进程。

（本文与孙世强合写，发表于《东北亚论坛》2004年第2期，被中国人民大学复印报刊资料《振兴东北特辑》2004年第7期全文转载）

东北经济腾飞的"飞机模式"构想

"珠三角"与"长三角"的经济腾飞,主要得益于对外开放先行效应及国家提供的各种优惠政策,加之这两个地区国有经济比重较低,经济结构轻型化,极易调整升级。所以,仅用十几年时间就取得了显著成绩。东北地区的情况大不相同,不仅国有经济比重很高,经济结构重型化,难以调整与升级,而且基本没有"改革开放先行效应"和各种"优惠政策"可言。因此,根本的出路就是自主发展,依靠自身力量来实现跨越式发展。所以,加速东北经济一体化进程,就应构建一个全新的"飞机模式",以全面带动东北经济腾飞。

一 经济一体化是东北经济腾飞的基础

东北地区处于东北亚中心地带,具有农产品加工、能源、化工、机械制造等众多优势产业集群。只要加速实现东北区域经济一体化,将资源及产业优势转化为综合市场竞争优势,实现区域经济效益规模化、最大化,就可在15—20年时间内赶上或超过发达地区。

(一)自然资源保护与运用一体化

东北地区的自然资源较丰富,土地、森林、河流、矿产、石油等资源都比中、西部地区占优势,甚至比一些东部地区还强。但由于长期以来掠夺式的开发与利用,土地沙化或碱化,森林覆盖率降低，河流污染严重，许多矿产资源面临枯竭。东北三省山水相依，土地连片，地理环境一体化为自然资源的一体化保护与运用，以及实现最佳的保护与最合理的运用，创造了极为有利的基础与条件。然而，由于长期以来东三省囿于行政区划的束缚与限制，从未从东北三省联合的角度和发挥区位优势的角度来规划东北三省自然资源一体化的保护与运用，这也是影响东北经济发展与振兴的一个重要原因。因此，东北经济实现一体化发展的起点就应从自然资源保护与运用一体化抓起，这是一项最基础性的工作，更是百年大计。

（二）基础设施建设与发挥作用一体化

从新中国成立到改革开放前，东北地区的基础设施在全国领先。改革开放后，由于资金短缺，铁路、公路的建设尤其是高等级铁路、公路及民航、通信设施的建设较经济发达省份相对滞后。但现有的基础设施仍可支撑东北经济腾飞，其前提是必须加速东北地区基础设施建设与发挥作用一体化的进程。从利于东北地区未来15—20年整体振兴与腾飞的角度来看，打破三省省际行政区划界限，实现三省间铁路、公路、民航、通信等基础设施的一体化，建成顺畅的立体网络交通体系，是保证东北经济腾飞的"硬环境"，更是实现东北三省跨越式发展的必要物质条件。为此，必须通关撤卡，让货物在三省间顺畅流通，形成发达的物流网络体系，发挥东北地区基础设施的整体规模效益。

（三）市场体系一体化

东北地区市场体系最大的缺陷是各自追求自身的"完善体系"，各自为政，相互封闭，相互恶性竞争，形成严重的地方保护主义。这种经济的低市场化水平，充分反映出东北三省的市场体系尚不完善。经济要发展，必须建立并形成健全、发达的市场体系与网络。因此，大幅度提高东北经济的市场化程度，唯有大力推动东北地区市场体系一体化的进程。可以肯定地讲，市场体系一体化建设已成为制约东北经济振兴与腾飞的一个关键性因素。东北三省必须清醒地认识到这一点，尽快打破行政区划的界限，破除省际地方保护主义。"珠三角""长三角"的经济腾飞，都得益于区域市场体系一体化，这已是被实践证明的成功经验，非常值得借鉴。

（四）经济结构调整要协调联动

改革开放以来，在东北经济结构调整方面存在的最大问题是各行其是，三省都追求经济自成体系，实现自身结构合理化，这样做的结果是区域整体结构不合理，突出表现是盲目投资，重复建设，结构趋同，不仅严重浪费资源，而且造成整体经济效益下降。这种为本位利益最大化而混战的局面不及时扭转，东北经济不仅难以振兴与腾飞，恐怕也不可能走出当前困境。因此，东北经济结构调整要统一目标，紧密合作，协调联动，齐心协力地推进区域内经济一体化，以实现区域整体经济效益最大化，摒弃本位主义，以牺牲局部利益换取全区的整体大利益。只有东北三省经济形成合力，才能充分显现并发挥出自身的实力及优势。因此，实现区域经济一体化是东北经济振兴与腾飞的必由之路。

二 东北经济的"飞机模式"构成

在东北经济推进并实现一体化基础上，充分运用各种不同类型中心城市的辐射及带动功能，构建一个全新的"飞机模式"，可加速实现东北经济的振兴与腾飞。

（一）飞机头：以大连为中心的辽东半岛经济带，含葫芦岛、锦州、盘锦、营口、盖州、瓦房店、庄河、丹东等市

大连是一个拥有港口、工业、外贸、科技、旅游等优势的中心城市，是东北的对外门户，也是东北水、陆、空交通要道及枢纽，在东北地区经济社会发展中居于战略地位，理应起"飞机头"作用。葫芦岛、锦州、盘锦、营口、盖州、瓦房店、庄河、丹东等作为大连周边的卫星城市，一方面承载着大连的辐射功能，将大连的

发展能量辐射出去，带动周边县域经济及乡镇企业发展；另一方面又承载着集聚功能，将其周边县域经济及乡镇企业发展需求集聚起来，传递给大连，以此推动大连经济社会跨越式发展。这些卫星城市以其辐射及集聚功能，促使以大连为中心的辽东半岛经济网络的形成，成为东北地区最具生机与活力的经济增长带，无疑是东北经济振兴与腾飞的"领头雁"。

（二）机身：以沈阳为中心的经济带，含铁岭、抚顺、本溪、辽阳、鞍山、海城、朝阳、阜新、新民、开原等市

沈阳是重工业基地，现已形成机械制造为主体，包括冶金、机床、化工、轻工、建材、电子、造纸等综合性工业城市。鞍山和本溪是我国重大的钢铁基地，现已建成采矿、炼焦、炼铁、炼钢等联合企业，能保证东北工业发展有足够的钢铁支撑。抚顺和阜新是以煤、电、油为主的综合性工业城市，尽管在改革进程中遇到资源枯竭的难题，但管理基础及人力资本优势仍存在，结构调整与经济转型后的发展势头仍很强劲。铁岭、开原、辽阳、新民、朝阳等一批新兴城市，改革开放后成为沈阳经济带中极具发展活力及增长潜力的地区，构成"飞机模式"的"机身"当之无愧。

（三）右翼：以"长春—吉林—四平—通化"为中心的经济带，即"长—吉—四—通"为中心的经济带

这是吉林省经济最发达的地区，长春是吉林省省会，位于京哈、长图、长白等铁路交会点，是全省政治、经济、科技、文化和交通中心，拥有汽车、客车、光电子和农产品加工等产业优势，是全国闻名的"汽车城"及"光谷"之一。吉林市位于松花江畔，是以基础化工与电力工业为主要部门的工业城市，并拥有铁合金、造纸、化纤等重要工业。四平是以机械加工、电子、日用化工和建材为主的新兴工业城市，以发达的铁路、公路交通连接了辽宁及关内各地，是东北重要的物流运转中心。通化位于吉林省南部长白山区，不仅是长白山丰富土特产的集散地，而且已发展成闻名东北乃至全国的"药城"和山货生态食品加工基地及葡萄酒生产基地。"长—吉—四—通"辐射及带动周边县域及乡镇,完全有能力作为"飞机模式"的一翼,保证东北经济这架"飞机"腾空而飞。

(四)左翼:以哈尔滨、大庆为中心的经济带,含齐齐哈尔、绥化、伊春、佳木斯、鹤岗、鸡西、牡丹江、阿城等市县

这个经济带以哈尔滨和大庆为中心,拥有发达的铁路、公路交通网络,铁路营运里程达4000多公里,公路通车里程达4万多公里,内河运输也很发达,运输里程达4000多公里。哈尔滨是以发电设备、动力设备制造为主的综合性工业城市。此外,仪器仪表、量具刃具、轴承、麻纺等工业也很发达,新兴制药工业及啤酒业也闻名遐迩。大庆是以石油化学工业为主体、"农工商"综合发展的石油工业城市,同时乳制品工业及农副产品加工业也十分发达。齐齐哈尔是以机械、冶金、电力为主的工业城市。牡丹江则是一个以石化及建材为主的新兴工业城市。鸡西、佳木斯、鹤岗、伊春等地是老矿区及林区,均属资源枯竭城市。当前正是这些城市的经济转型期,也是新经济发展的重要机遇期,只要抓住东北经济一体化的大好机遇,以信息化带动城乡工业化,可尽快实现跨越式发展。

(五)尾翼:包括东北全部的沿边开放或可陆续通边开放的城市,主要有黑龙江省的黑河、抚远、虎林、密山、绥芬河及吉林省的珲春、延吉、图们、和龙、龙井、长白、临江、集安等[1]

上述沿边城市有的与俄罗斯接壤,也有的与朝鲜相毗邻,还有的与日本、韩国隔海相望,只要开通边界,发展对外经济贸易的潜力及前景十分看好。这些沿边开放城市对东北经济腾飞所起的作用绝不亚于辽东南的一些沿海开放城市,因为它不需要海上运输,通关后可直接扩大对外的物资贸易与交流,即使有一些海上运输,也

---

[1] 张厚义、明立志、梁传运主编:《中国私营企业发展报告 No. 5 (2003)》,社会科学文献出版社2004年版,第13—14页。

距离较短，成本较低。因此，东北三省应齐心协力，主动出击，加大沿边地区的开放力度，把沿边经济做大搞活。

"飞机模式"是一个使东北三省共同发展，整体腾飞的模式。各个组成部分是依据它们在东北经济发展中所处的地位与作用来决定的。以大连为中心的经济带无论是其地理区位优势还是经济发展水平及未来潜能，均得天独厚，其作用是其他经济带无可比拟与替代的。因此，它充当东北经济振兴的"飞机头"，起导航及带头引领作用顺理成章。以沈阳为中心的经济带充当机身，以哈尔滨—大庆为中心的经济带及"长—吉—四—通"为中心的经济带充当两翼，表明东北三省经济是有机联系的互助合作关系，构成"飞机模式"的整体"骨架"系统。沿边经济系统虽处"尾翼"位置，但其关系到东北经济发展的命运，因为没有这个"尾翼"，东北经济这个大"飞机"根本无法起飞。

以上构造的根本机理是利益机制。东北三省由于自然条件及历史原因的影响，加之改革开放以来诸多因素的作用，确实形成了不同的利益格局。东北三省经济一体化，绝不是利益均等化、无差别化，而是利益分享、利益共享，是实现利益和谐化及共同利益最大化。每个组成部分都不能只顾追求自身利益最大化而损伤共同利益，必须互相配合，为实现共同利益最大化而奋斗，东北经济这架大"飞机"才会飞得高、飞得远。

三 支撑"飞机模式"的若干建议

为了让"飞机模式"顺利建成并成功起飞，东北三省必须同步推进改革进程，加速政府职能转变，尽快实现经济增长方式由粗放型向集约型转变。为此，必须采取以下对策。

（一）充分发挥中心城市的辐射功能及带动作用

中心城市不仅交通发达，而且是物流中心、商贸中心、金融中心、信息中心、人才中心，具有很强的经济辐射功能及带动作用。

就东北而言，首先，充分发挥大连、沈阳、哈尔滨、长春等省级中心城市的辐射功能及带动作用，让资本、商品、物资、信息等通过发达的交通系统扩散出去，带动区、县资本运营、商品交换、物资流通及信息传输，从而带动区、县经济的快速发展。其次，充分发挥每个经济带中的区、县级中心城市的辐射功能与带动作用。从根本上说，发展区、县经济就是如何大胆解放思想，放手发展个体私营经济及招商引资的问题。东北地区同"长三角""珠三角"的差距主要表现在区、县经济上，不仅数量规模严重不足，质量与效益更是低下。因此，东北三省应统筹规划，加大对国内外及区外的招商引资力度，以各种优惠政策与措施吸引国内外资本投资东北区、县经济，建设更多的百强县，彻底改变"财政穷县""经济弱县"的局面。

（二）以城市化带动农村工业化

东北绝大部分的区、县城镇都是新中国成立后新开发、新兴建的城市，经过50多年的建设，东北地区的城市化规模与水平达到相当高的程度。改革开放前，东北一直是我国城市化及工业化的重点，老工业基地建设使东北走在新中国城市化及工业化建设的前头。只是由于近30年来没有搭上改革开放先行"头两班车"，加上国有经济在东北经济中所占比重过大，经济结构失衡，企业技术老化，下岗失业人员增多等因素拖累，东北地区城市化及工业化进程相对于东南沿海及中原地区落后了。这种落后主要体现在区、县级中心城市落后及农村城市化和工业化发展相对迟缓。为此，要突破城乡两种户籍管理制度，实行一元化居民制度。一方面鼓励并推进农民进城务工经商，让更多的农民变"工人"；另一方面鼓励城市居民下乡办工业（农产品加工业、农机工业等）及第三产业，让农民就地变成工人。这样的城乡联动，既可促进区、县级城市工业化进一步发展，同时又可带动农村工业化及城市化水平的提升。

（三）推动东北私营企业的规模化、集团化和国际化经营

在东北三省的经济结构中，国有经济占较大比重，甚至占绝对优势。虽然经过近几年的股份制改革，比重有所下降，但其优势地位并未根本改变。东北经济腾飞，必须继续深化国企改革。同时，振兴东北经济必须公、私经济双翼齐飞。私营资本短缺，私营经济发展落后，正是制约与拖累东北经济发展的一个重要因素。2001年，东北三省销售收入超过5亿元的私营企业共有33家，而浙江省有167家。不仅私营企业规模小，而且私营经济总量也严重不足。2002年，东北三省私营企业合计为175876家，比江苏省少11万家，比浙江省少7万家，比广东省少8万家，与山东省大体相当。在投资者人数上，东北三省合计为293046人，远不及江苏省的一半，基本相当于浙江省、广东省的一半，比山东省也要少56733人。在雇工方面，东北三省合计为246万人，只比广东省、山东省略多一点，远不及浙江省、江苏省。在注册资本上，东北三省合计约1649亿元，略高于山东省，远远低于浙江省、江苏省，仅为广东省的一半。正是由于东北私营经济发展严重滞后，对促进国有经济改革，优化经济结构，扩大就业及增加社会财富等方面都有很大约束。所以，大力加速私营资本积累，发展壮大私营经济，是实现东北经济腾飞的必然选择。结合东北三省目前的实际，有三个比较可行的措施：一是众多个体生产者联合起来，创办具有规模效益的私营企业。这是由分散的小商品生产经营者向集中的大商品生产经营者转变、实现规模经济、提高经济效益的客观需要。二是促进现有的私营企业实现集团化，打破东北三省行政区划界限，实行跨省跨区的联合，组成大集团公司。通过上述途径，可有效地将东北个体资本转化为私营资本，将大量中小私营资本迅速集中起来，这样不仅可较快地扩大东北三省的私营资本总量，而且能直接促进私营企业上规模、上档次、上质量、上水平。三是促进东北私营企业的国际化经营，东北三省应大力支持私营企业走出去，实行国际化生产与经营，参与国际市场竞争，并为此提供优惠政策及全方位的支持。东北三省私

营企业要在 WTO 规则下，夺取国际市场竞争的主动权，必须创品牌、创名牌，增加产品的科技含量，提高产品的国际竞争力。只有名优产品享誉世界，才算在国际化生产与经营上取得成功，私营经济才会真正成为东北经济腾飞的强力之翼。

（本文发表于《经济纵横》2007 年第 8 期）

振兴东北经济的战略对策

一 振兴东北：国家工业化的新战略

东北在改革开放前有着举世瞩目的成就与辉煌。第一、第二个五年计划期间，东北一直是国家投资建设的重点。在党和国家的正确领导下，在全国人民的大力支持下，东北人民经过20多年的努力，初步建成了国家重化工业基础，填补上许多工业空白，不仅拥有发达的冶金工业、电力工业、石油工业、煤炭工业，还有雄厚的机器制造业。当时，东北的汽车、石油、煤炭产量均居全国第一位，电站成套设备占全国1/3，冶金设备占全国1/4，机车车辆占全国1/3，机床产量占全国比例超过1/3多。直到1978年，东北三省的人均GDP仅次于京、津、沪三大直辖城市，在全国处领先地位。

然而，遗憾的是，自改革开放后，东北失去了"改革开放先行、投资建设重点"的机会，这样难免不日益落后。由于中国的改革开放首先是从东南沿海起步的，外国先进的技术及管理思想是从东南沿海地区引入的，国家的各种优惠政策又首先是在东南沿海地区实施的，因而东南沿海地区的经济快速增长是必然的。尤其是从20世纪90年代起，在邓小平南方谈话的强力推动下，中国改革发展的战略重点更是明显南移，资本、技术和人才一并"东南飞"，造成了东南沿海地区的经济繁荣。而此时的东北却几乎成了"被爱情遗忘的角落"。由于计划经济的长期统治与束缚，体制与政策环境很差，资本、技术和人力纷纷大量外流，又恰好被历史与社会包袱沉重的国有企业所拖累，以及产业结构落后的制约，发展步伐越来越落后于东南沿海各省份。到 2001 年，辽宁、吉林、黑龙江三省在全国的经济排位分别降至第 8、第 14 和第 10 位。1978 年，辽宁省、吉林省、黑龙江省的人均 GDP 均高于广东省、福建省、浙江省、江苏省；但到了 2002 年，广东省、福建省、浙江省和江苏省的人均 GDP 都先后超过了辽宁省，并明显高于吉林省与黑龙江省。

我们必须承认，作为曾经奠定了中国工业化基础并支撑了中国现代体系大厦的东北，在改革开放后出现了如此窘迫与落后，不得不说是我国国民经济发展战略上的一个"失算"。所说"失算"还不同于"失误"。战略上决策失误，是犯严重错误，而"失算"是战略抉择上丧失了一个好机会。即使是"失误"，马克思主义者也应老老实实承认。在这方面，邓小平同志早已为我们树立了光辉的典范。他在 1992 年春天南方谈话时说道："上海在人才、技术和管理方面都有明显的优势，辐射面宽。回过头看，我的一个大失误就是搞四个经济特区时没有加上上海。要不然，现在长江三角洲，整个长江流域，乃至全国改革开放的局面，都会不一样。"[①] 事实确如邓小平同志所讲，上海由于没有被列入改革开放先行区和第一轮战略发展重点，因此改革开放前 13 年相对落后了。突出表现是经济增长速度开始慢于各经济特区，城市基础设施陈旧落后，交通十分拥挤，居民收入水平低，住房十分困难。但从 1992 年邓小平南方谈话发表后，仅用 10 年工夫，上海经济就奇迹般赶了上来，一跃成为当代中国经济发展的领头羊。事实证明，中国经济基本上是投资拉动型经济。只要把哪一个地区列入经济发展的战略重点，列为改革开放先行区，这个地区经济肯定会获得超常规增长。

由此推理，我们完全可以断定，如果 20 世纪 80 年代初就将东北列入改革开放先行区，作为经济发展的战略重点，实施种种优惠政策对老工业基地进行改造，并率先引进外资进行技术升级与产品

---

① 《邓小平文选》第三卷，人民出版社 1993 年版，第 376 页。

创新，那么东北经济肯定不会是今天这个样子，中国工业化的进程不知要比今天快多少。东北经济的相对落后，无疑是中国改革发展战略抉择上"失算"的一个大代价。

"亡羊补牢犹未晚。"幸运的是，以胡锦涛同志为总书记的党中央审时度势，果断地将振兴东北老工业基地作为全面建成小康社会，实现国家新型工业化的新战略，可以说是非常及时、非常英明的，堪称一项凝聚远见卓识的战略决策。改革开放以来的实践越来越清楚地表明，一个国家尤其是像中国这样一个农业大国，要真正繁荣富强起来，以及实现现代化，必先工业化。而要实现工业化，必须有强大的物质技术基础。能够给国民经济提供并奠定强大物质技术基础的产业并不是轻工业，而主要是重化工业，其中主体部分则是机器设备制造业，亦即马克思所讲的生产资料工业。日本在第二次世界大战后仅用15年时间（1955—1970年）基本实现工业化，一跃成为世界第二经济大国，主要依靠重化工业。不可否认，依靠轻工业也可以实现工业化，如美、英、法等国便是如此，但这条工业化的道路比较漫长。依靠重化工业来实现工业化是一条已被实践证明的工业化捷径。

重化工业包括机器制造业，恰恰是东北地区的产业优势。经过20多年的改革与改造，这个产业优势得到了有效的巩固与发展。从现在开始再用10—20年时间，加大力度对东北地区重化工业产业优势加以改造、提升与创新，创造出一个"新东北工业区"的奇迹，无疑会大大加快整个中国新型工业化的步伐，全面的小康社会也会早日建成。

二　对振兴东北经济的几点决策建议

如何振兴东北经济呢？经济学界与经济界众说纷纭，见仁见智。有以调整产业结构为主的"结构说"，有以深化体制改革为主的"体制说"，有反对以上项目为主的"项目怪圈说"，还有以改变东北人落后观念的"观念说"，等等。这些说法都从造成东北经济落后的不同原因出发，提出振兴东北的对策，大有可借鉴之处。但笔者认为，造成东北经济落后的原因是多方面的，绝非"结构""体制""项目怪圈"以及"观念落后"等某个因素单一作用的结果，所以振兴之对策必须是多元化的。尤其值得指出，振兴东北经济必须走出"东北人论东北""就东北论东北"的误区，必须站在国民经济全局的高度，从全国经济总体发展战略上，提出切实可行的方针与政策。

第一，科学地审视和调整东北地区的产业结构。

我们一定要站在保证实现全国人民根本利益的高度，从国民经济全局及全国产业结构合理化的角度出发，正确对待与调整东北地区的产业结构。只从东北地区自身来看，其产业结构确实不合理，突出表现是重工业和农业比重过大，轻工业比重过小且很落后，农、轻、重结构严重失衡。但从全国来看，从国民经济全局及全国产业结构合理化的角度看，东北的产业结构未必是不合理的，需要重新审视。其一，全国经济就是"一盘棋"，每个地区切不可追求自身产业结构合理化。如果每个地区都追求自身结构的合理化，必然引起盲目竞争和重复建设，最终导致全国产业结构趋同化。其二，东北地区处在全国分工体系之中，各地区的产业具有互补性。东北地区见长的重化工业和农业可以弥补其他地区这两个产业上的不足。其三，保持本地区的优势与特色是区位优势理论的本质要求与内容，而重化工业与农业正是东北地区的产业优势。如果仅从东北地区自身考虑，调整产业结构必将压缩或消减重化工业与农业，而这样做就会破坏全国产业结构合理化，损伤全国人民的根本利益。所以，切不可孤立地追求东北地区产业结构合理化，东北地区的产业结构调整一定要服从全国经济发展的总目标与整体需要，尤其是要在全国各地区合理分工与协调发展的前提下，保持其重化工业及农业的优势与特色。

我们这样讲，绝不是说东北地区的产业结构毫无问题，不需要任何调整，而恰恰相反，务必按照国家整个国民经济合理布局的要求，合理调整东北地区农、轻、重结构及三次产业结构。我们反对的是搞一个所谓封闭独立的"东北产业结构"及孤立的"东北产业结构合理化"。

第二，加大对东北地区结构调整与深化改革的支持力度。

所谓支持包括两方面：一是资金支持，二是政策支持。这两种支持缺一不可。

首先，政策支持要到位。国家应把对上海浦东开发及各经济特区建设的所有优惠政策及措施给予东北。政策不是金钱，但胜过金钱，优惠政策的积极效应要远远大于金钱的作用，这是上海浦东开发及各经济特区建设实践证明的结果。当年，国家开放的所有经济特区靠优惠的政策措施，如今都发展得相当好，几乎全部位于全国经济前列；较晚开发的上海浦东，依靠各种优惠政策及措施，也后来居上，一跃成为中国经济发展的"排头兵"。我们完全有理由相信，只要把各种优惠政策及措施交到东北地区干部和人民群众手里，东北地区干部和人民群众一定会把它变成行动，转化为强大的精神力量和物质力量，创造出"三年一小变，五年一中变，十年一大变"的奇迹，早日实现东北经济的振兴与腾飞。

振兴东北经济无疑需要各种政策综合配合，但笔者认为关键是运用好收入分配政策。东北是受"先生产、后生活"理论影响最重的地方，分配与消费长时期被视为由生产决定的消极因素。实际上，在马克思主义理论中，分配与消费对生产有巨大能动的反作用，并在一定条件下起决定作用。依据马克思主义的原理，针对东北地区收入过低的实际，借鉴上海浦东及各经济特区的经验，东北经济要尽快突破"收入低—经济落后"互为因果的不良循环，摆脱困境，实现经济腾飞，必须大刀阔斧地进行收入分配体制的改革，实行以市场为导向、效率优先的高收入分配政策。

人才严重流失是造成东北经济落后的根本原因之一。改革开放以来，东北地区不仅科技人才、管理人才大量外流，而且连一些有专业技能的劳动者也大量外流，即人们俗称的"不仅孔雀东南飞，连喜鹊也东南飞"。人才外流固然有多种因素，但根本原因在于东北地区收入太低。2002年，全国城镇居民家庭人均年可支配收入排序，辽宁、吉林、黑龙江分别为第 20、30、27 位，已明显落后于中西部地区的一些省份，位于全国后列。面对如此困境，东北三省唯一的选择就是，大刀阔斧地进行收入分配体制改革，实行以市场为导向、效率优先的收入分配政策。

一是要大幅度提高经营者与科技人员的收入，实行与业绩挂钩的年薪制。资料显示，企业经营者年薪收入情况为，广东神龙电器公司为 800 万元，中兴通讯公司为 60 万元，"奥美的 A"为 60 万元，福建"耀华玻璃"为 150 万元，江苏"小天鹅"公司为 86 万元，"浙江广厦"公司为 80 万元；① 而北方各省（包括东北）企业经营者年薪很少有超过 10 万元的，国有企业经营者年薪更少，多数在 2 万—3 万元。东北地区企业经营者的收入达不到上述水平，但起码也应比现有水平提高 5 倍。按国家统计局统计，目前我国高收入职工群体与低收入职工群体的收入之比为 5.4∶1。企业经营者掌管企业经营管理大权，在很大程度上决定着企业兴衰，并承担着巨大的经营风险，理当属于高收入群体。东北地区的领导者必须明白，只有对企业经营者实行高收入，才能有效地遏制经营管理人才外流，吸引高素质的经营管理人才回流。什么时候把这一条做好了，东北经济的振兴便大有希望了。

目前东北地区科技人员的外流不仅没有缩减，反而还有增加的趋势。控制并扭转这一趋势的有效途径，就是大幅度地提高科技人员的收入水平。笔者认为，科技人员的收入水平，可大体上与经营者的水平相当。对科技人员不仅要通过高薪方式来留人，还要注重制度留人、政策留人、情感留人，即给科技人员创造良好的制度环境、政策环境及良好的工作氛围，以充分发挥他们的聪明才智。对科学技术是第一生产力绝不能只是停留在口头上，一定要落实到具体行动上，即对产生巨大经济效益与社会效益的科研成果及其完成者坚决实行重奖。东北三省尽管也出台了不少科研奖励政策与措

---

① 谌新民、刘善敏：《上市公司经营者报酬结构性差异的实证研究》，《经济研究》2003 年第 8 期。

施，但总体来说是"雷声大，雨点小"，或是"干打雷，不下雨"，起码没有一件在全国产生"轰动效应"的大奖。

二是大胆进行企业收入分配制度改革，实行效率优先的工资制度。通过改革，大幅度地提高劳动者的收入水平，尤其要提高国企职工的收入水平。2001年，东北地区国有企业平均工资为9549.33元/年，月平均工资仅为795.78元。这一年全国职工平均工资为1.09万元/年，月平均收入为908.33元。[①] 可见，东北国有企业职工收入明显低于全国平均水平。

长期以来，国有企业职工的工资收入一直由国家直接控制，只有国家下令调工资，企业才能给职工涨工资。经过多年的改革，国有企业由国家直接控制的"大锅饭"分配制被打破，平均主义倾向有所改观，但传统的国有企业分配制度并没有被根本废除，以市场为导向、效率优先的市场经济分配体制尚未建立。具体表现有以下两点：一是企业不能完全自主地决定收益分配，仍受行政机构的干预和约束；二是劳动者的收入与其投入不相适应，收入远远低于投入。正是由于东北企业分配制度改革不彻底，新的市场经济分配体制没有建立，因而劳动者收入低是必然的。工资收入是直接体现劳动者利益的机制，工资收入越高，劳动者的积极性便越高；工资收入低，劳动者的积极性便低。正是因为东北国有企业劳动者的工资收入过低，所以东北国有企业的劳动效率也必然低下。劳动效率低下是东北国有经济陷入困境、难以振兴的根本症结所在。打破"收入低—经济效率低"互为因果的不良循环，唯一的出路就是提高劳动者的工资收入水平。依据东北国有企业的实际情况，3—5年内，劳动者的平均工资应提高1—2倍，达到月平均收入2500—3000元。

其次，资金支持要有力度。一说振兴东北，立即想到向国家伸手要钱，这是不对的。把振兴东北的希望完全寄托于国家的资金支

[①] 谌新民、刘善敏：《上市公司经营者报酬结构性差异的实证研究》，《经济研究》2003年第8期。

持上，更是要不得的。但振兴东北没有国家强有力的资本支持是绝对不可能的。新中国成立以来，东北长期无偿支援国家及全国。仅1952—1994年，辽宁省累计上缴中央财政3234亿元，占同期地区财政预算收入的71.5%，扣除国家对辽宁的支出1037亿元，42年累计上缴中央财政2197亿元，相当于国家对辽宁投入的3倍，再加上调出人才与物资，有力地支持了国家建设。自20世纪60年代以来，仅沈阳、鞍山两市就向全国输出技术工人15万人。吉林、黑龙江更是如此。每次国内粮食供应趋紧时，国家都从吉林、黑龙江无偿或远远低于市场价格平调粮食，两省都作为政治任务来完成，从不讨价还价。40多年来，大庆油田上缴国家税金4061亿元，是国家对大庆投资的87倍。[①] 长春一汽对二汽及其他汽车厂的人才及技术支持更大。正是由于在东北长时期无偿奉献，到实行市场经济时其肌体已严重"缺血"，迫切需要国家及全国的支持。如果想要让它具备自生能力并强大起来，国家必须给予强有力的资金支持，进行必要的"输血"。

其一，东北地区的产业结构调整迫切需要国家的资金支持。为了扶持与发展东北重化工业包括机器制造业的优势，必须对现有产业进行优化重组与改造，许多企业的设备已陈旧老化，到了更新期，这项工作没有国家的资金支持是万万不可能完成的。另外，新产业的创造、新产品的开发、新材料的运用，由于投资巨大，单靠地方力量难以运作，迫切需要国家予以资金支持。在东北产业结构调整中，将有一大批夕阳产业和资源枯竭城市面临大批工人下岗失业。鸡西、双鸭山、鹤岗、七台河、抚顺、本溪、阜新、辽源、营城、蛟河都"煤都"大都资源枯竭或将要枯竭；大庆油田、辽河油田、吉林扶余油田等也面临资源枯竭的威胁；大兴安岭、小兴安岭、长白山林区经过几十年来的砍伐，林木资源早已消耗过度，亟待恢复与保持。东北现有成千上万座煤矿关闭、大量油井不出油，

---

① 林木西：《振兴东北老工业基地的理性思考与战略抉择》，《经济学动态》2003年第10期。

众多林业局被迫转产,仅辽宁省因资源枯竭导致失业的国企职工20多万人,加上集体职工及配套服务职工至少有60多万人失业。① 黑龙江、吉林两省的情况甚至比辽宁还严重。东北三省由于产业结构调整及资源枯竭导致下岗失业职工总数达300万—400万人,如果没有国家的资金支持,那是根本无法依靠自身力量消化与解决的。若让他们重新上岗就业,更可谓难上加难。

其二,国有企业深化改革需要支付巨额成本,更需要国家予以资金支持。到2001年,东北地区国有企业经过20多年的改革已大部分实现了"改制",其中,辽宁改制的比例为82%,吉林为70%,黑龙江为85%。尽管如此,改革的任务仍相当艰巨,因为这些名义已经"改制"的企业,实际上产权制度问题并没有根本解决,即所谓"产权失灵",企业产权主体照旧不明确,权责利关系仍然模糊不清,尤其是政企不分、债务负担、企业办社会等重大问题都没有根本解决。招牌换了企业机制并没有转换,人们对财产的关切度仍然很低,企业经济效益并没有明显改善与提高。要解决这些问题,还必须加大力度深化改革。而深化改革,搞政企分开化解债务、卸掉包袱、安置下岗职工、分离企业冗员等都需要国家为此支付巨额的费用及成本。东北一些地方采取让职工"净身出企"或"低价买断工龄",把职工一推了之的做法已经酿成了不少动乱,这种做法绝不可取。职工长期拿低工资,创造的大部分利润被国家无偿拿走,现在进行产业结构调整,让职工下岗失业一定要给职工足够多的补偿,否则,会让人心寒。

"九五"期间,国家为西部大开发投资6600亿元,这可以说是史无前例的投资力度。振兴东北比开发西部更具战略意义,因为当今国际政治、军事形势严峻,东北地区"共和国武装部"的作用更加突出,军工生产须倍加关注与重视。因此,对其投资需要更大的

---

① 王文林:《加速构建资源枯竭城市扶持政策体系》,吉林大学东北地区经济社会协调发展研究中心在北京召开的东北地区经济社会协调发展研讨会会议论文,2003年9月。

力度。可以断定，今后 5 年国家只要给予东北同样的投资，其回报率肯定比西部多，回报速度也快得多。因为东北地区的基础与条件远比西部好得多，其造血机制与功能也要强得多，自然投资效益也要高得多。

第三，东北的国有企业改革要取得重大突破与成就，必须以"政府改革"为重点。

深化国有企业改革是振兴东北经济的关键。东北地区国有企业数量多、规模大、比重高，到 2001 年年底，辽宁、吉林、黑龙江国有经济的比重分别达到 78.2%、86.2%、87.2%，分别高出全国平均水平 13.3 个、21.3 个、22.3 个百分点。东北国有企业的改革能否成功直接影响并决定着东北经济的振兴与繁荣。

加入 WTO 后，东北国有企业改革要进一步深化并取得重大突破与成功，必须转换改革思路，由"内部突破"转为"外部攻坚"。关于如何搞好我国国有企业改革，国内学术界及实际部门一直存在两种思路。一是"内部突破论"，即认为国有企业改革要取得重大突破与成功，必须在企业内部的产权改革上突破，明晰产权关系，建立企业法人制度，完善法人治理结构。二是"外部突破论"，即认为国有企业改革要取得重大突破与成功，关键在于实现政企分开，切断企业与国家之间的"脐带"，使企业真正成为自主决策的独立市场主体，并有一个平等竞争的环境。以往的东北国企改革一直在第一种思路支配下把主攻方向放在企业改制及内部结构完善上，这种内部改革目前已遏制了极强的"外部约束"，主要表现为，在改制的股份制企业中，国家占大股或完全控股，董事会在实际上由国家批准，董事长甚至连总经理都由政府选派和任命，众多的上市公司都是国家的"一股独大"，这表明政企并没有分开，政府对企业的干预与控制只不过是改换了方式。政企不分已成为制约国有企业进一步深化改革的障碍与瓶颈。因此，东北国有企业改革要取得重大突破与成功，必须由"内部突破"转为"外部攻坚"，把改革的主攻方向由"改企业"转为"该政府"上。

中国加入 WTO 后，"改政府"已成为解决国有企业政企不分问题的前提与关键。其一，中国"入世"首先是政府"入世"，"入世"的冲击与挑战首先是对政府的冲击与挑战。面对世界经济一体化和经济全球化大潮，我们的政府首当其冲。要想中国国有企业改革全面适应WTO规则要求，在世界经济一体化与经济全球化大潮中立于不败之地，必须改革政府，使之适应WTO规则的需要。其二，WTO规则林林总总，有几百条乃至几千条，但最根本的一条也是最本质的内容是建立一个全球范围的自由市场，目的是实现全球资源的市场配置与自由流动。为此要求各国政府必须消除各种贸易壁垒。这是各国政府必须贯彻执行的，没有商量余地的，不然就要受到WTO的惩罚。

由于"改政府"是深化中国国有企业改革无论如何也绕不开的难题，必须强力攻坚。不从根本上解决领导体制问题，振兴东北肯定化作泡影。东北三省政府应抓住国家振兴东北的大好时机，争取在政府领导体制改革方面取得重大进展与突破。因此，笔者建议抓好以下两个方面的改革。

首先，要坚决精减政府机构。鉴于以往机构改革的经验与教训，政府机构改革必须坚决"拆庙"和减人，把过度膨胀的"吃财政饭"的人降下来。这里的关键是大胆解放思想，把那些重叠的、阻碍市场经济发展的各种"庙"拆掉，让"庙里的人"自主地到市场经济中求生存，图发展，不再靠"吃财政饭"为生。这当然会有很大的阻力，但政策运用得好，还是可以办到的。只有建立一个精干高效、廉政务实的"小政府"，才有可能既适应WTO规则的要求又适应市场经济发展的需要。东北地区若能在全国闯出新路，振兴东北便可早日实现。

其次，要改变政府的职能。这种改革包括两个层次：一是要改掉政治职能与社会管理职能这两种国家行政管理职能对国有企业的干预和作用，因为这不是它们职能范围的事，是一种越界越权行为；二是政府的经济职能是提供政策，培育和规范市场，建立与维护经济社会的"游戏规则"。适应WTO规则要求，政府必须完成由"运动员"到"裁判员"的身份及职能作用的根本转变。地方政府职能转变完全可以自主地进行，不一定非要国家统一规定、统一步骤，要破除等、靠思想。实际上南方许多发达省份在这方面已经取得突破性进展。东北要振兴，一定要有"敢为天下先"的改革精神，主动"脱掉运动衣"换上"裁判服"。

第四，要改革政府管理企业的行为方式。

政府对国有企业的管理要由直接管理转变间接管理，要由"管理型"转为"服务型"，这是建立社会主义市场经济体制的基本要求。因为要保证市场对社会资源的配置起基础性作用，国家对企业就必须实行间接管理，任何直接干预与管理行为都会限制与破坏市场配置资源的基础作用。目前在东北存在大量审批制度，企业"找市长、不找市场"的现象滋长，建设项目及经理人员的确定普遍非市场化，这些都充分表明政府行为远未完成上述两个转变。间接管理与直接服务已成为 21 世纪政府行为顺应市场发展要求的大趋势。东北三省政府只有顺应这个大趋势，全力推进并加速实现这两个转变，才能保证国有企业改革取得突破与成就，振兴东北经济才有希望。否则，一切都成为空谈。

第五，加大吸引国内外资本的力度，大力发展民营经济。

资本短缺一直是制约东北经济增长的关键性因素。由于东北三省对内对外开放程度均较低，市场不发育，因而内资与外资的流入率很低。2001 年，辽宁、吉林、黑龙江三省实际利用外资分别 25.2 亿美元、3.38 亿美元和 8.61 亿美元，三省合计仅占全国 7.9%，与浙江、江苏、广东相差甚远。不仅如此，东北三省利用内资的水平也很低。东北三省对外省份资本的引进数量远远低于重庆、四川、湖北、湖南等中西部省份。资料显示，目前浙江省、江苏省、广东省、福建等省份均存在数额巨大的民间游资，有人估计仅温州地区就有游资 1500 多亿元，东北三省的政府与企业应抓住这个有利时机，实行更为优惠的政策，加大招商引资的力度。同时，国家也应采取倾斜政策，鼓励和引导民间游资向东北地区流动。

吸引国内外资本不仅要加速改造与提升东北国有经济，而且要大力发展与壮大民营经济。民营经济发展不仅可以扩大就业，增加社会财富，促进社会生产力发展，而且能促进公有制经济改革体制，提高效率，增强竞争力。东北地区民营经济落后，已经制约并影响东北经济振兴。东北民营经济不仅总量小、发展慢，而且具有竞争力的大企业也少。2001年，东北三省销售收入超过5亿元的民营企业共有33家，而浙江有167家，仅为浙江的1/5。因此，东北三省发展民营经济，不仅要加快速度提高总量，更要提高质量与效益，提升档次与水平。只有这样，才能形成与国有经济平等竞争，相互促进，共同发展的局面，从而实现东北经济的全面振兴与繁荣。

综上所述，笔者认为，上述几条建议对振兴东北经济是具有战略意义的。当然振兴东北经济的对策绝不止这几条，还可能有其他一些，但笔者认为只要抓好、用好这几条根本性对策，振兴东北经济的目标肯定可以达到。

（本文发表于《长春社会科学》2001年第1期）

私营资本的集团化与国际化是振兴老工业基地战略选择

在东北三省，国有经济均占有很大比重，甚至占有绝对优势。振兴东北经济，必须加速深化国有企业改革，重振国有经济雄风，然而这并不是振兴东北经济的唯一战略抉择。振兴东北经济，需双翼齐飞，即在重振国有经济雄风的同时，也让私营经济之翼展翅飞腾。没有东北私营经济的快速发展，东北经济结构绝不可能合理化，更不可能达到经济振兴与腾飞。因此，私营资本的集团化与国际化乃是振兴东北经济的一项战略选择。

一 东北私营资本集团化是振兴东北经济的现实需要与选择

实现东北私营资本集团化，首先，要加速推进个体经济向私营资本的转变。这是因为东北三省个体户数量较多，但规模小，实力弱。虽有的个体经济能积累较为庞大的资本，但无法同私营企业相比，因为私营企业无论是在注册登记还是在生产经营过程中，都必须拥有较大的资本，而个体工商户多为小本经营，政府应出台优惠政策，促进个体户联手创办规范的私营企业，不仅可以扩大东北三省私营资本总量，有利于上规模、上档次、上水平，而且可以增强东北个体工商户的整体实力。其次，加速东北三省私营中小资本联合，促进资本积聚与集中。资本积聚与集中是私营资本积累的一个重要途径与方法。与江苏、浙江、广东相比，东北三省大私营资本少，规模效益差，东北三省政府要打破省际行政区划限制并联合起来，促进东北三省中小私营资本合作与联合。最后，实现东北三省私营资本的集团化，组建以现有知名私营企业为龙头的私营企业集团，以尽快增强总体实力，参与国际市场竞争，实现国际化。东北私营资本实施集团化发展战略主要有三种模式。

第一，实施集中化战略。所谓集中化战略是指将企业所有资源集中于一个产业，或一种产品，或一个市场，坚持主营业务的"专、精、深"。坚持聚集式的经营方针，进而使企业有限资源集中于自己最擅长、最熟悉、最具有竞争力的细分市场，充分发挥企业相对领先的优势，实施一体化战略。如韩伟实施集中化战略构建的科技企业集团。

第二，实施一体化战略。一体化战略是指企业通过对内外部资源的整合，延长自身价值链，获得新的发展机会的战略模式。主要表现为业务规模的扩大或业务范围的扩大。一体化战略是在企业集中化战略的基础上，基于扩充企业的经营规模，提高产品市场占有率，增强企业抗风险能力等诸多因素而实施的一种战略。一体化战略又可分为横向一体化战略和纵向一体化战略。横向一体化战略是同行企业之间的联合，可极大地扩充企业的生产规模。纵向一体化战略是将生产与原材料供应或生产与产品销售联结在一起，使企业加强外部协作，实现协同效应。

第三，实施多元化战略。多元化战略是企业通过兼并、收购、参与等手段，向与本产业相关的领域扩展，或者直接投资与本企业相关的新产业。例如，黑龙江私营企业家张宏伟领导的东方集团，是靠建筑承包起家的。1984年创建东方建筑工程公司，1988年组建"东方企业集团"成为股份制国际化大企业。它通过控股一个国有上市公司，投资电信业和证券业，参股民生银行与保险公司，后又涉足国际贸易及信息产业，实现了多元化经营。在此基础上，东方集团还向国外扩展，施行国际化战略。1993年3月收购了美国联邦政府三家公司——美国进出口公司、美国国际联合运输公司和一家出版社，直接参与美国市场竞争，扩大了企业的国际贸易与合作。1994年9月还在西班牙成立欧洲分公司，在日本成立"东方产业株式会社"，在韩国成立了合资食品厂。东方集团现已成为一个国际化综合性的大跨国集团，可以说是东北地区私营企业集团化、国际化的典型与样板。

二 东北私营资本国际化的路径选择

2007年是中国加入世贸组织的第7年，大部分的行业过渡性保护措施已经终结。在外资大举进入中国市场和经济全球化的趋势下，国内企业将面对更加白热化的竞争，与此同时，国际保护主义抬头，配额制度死灰复燃，再加上层出不穷的反倾销税及其他贸易壁垒，给国内企业带来更为严峻的挑战。东北三省私营企业能否适应复杂的国内外市场环境将决定着东北经济的振兴。唯一的出路就是主动出击，迎接挑战。港商的成功经验值得东北私营企业参考。香港典型的经商模式是低投入高回报，操作办法是把公司和办事处设立在香港，把工厂开在内地，以内地的地价与劳动力优势降低经营风险。香港这种特有的营商模式，令香港的全球贸易排名由20多年前的第23位跃升至今天的第11位。在全球经济一体化，竞争日趋激烈的形势下，私营企业仍然有它的生存空间，可以与大型企业互补，甚至结成策略性伙伴，进军海外市场。私营资本国际化是东北经济振兴的重大战略选择之一。

（一）与外商开展合资合作，以提高自身的竞争力

通过与外商合资合作设立合资合作企业，可以改善投资质量，促进技术进步，降低技术引进的风险，对于提高私营企业的国际竞争力是有益的。不仅如此，与外商进行合资合作还有利于东北三省进行产业结构的优化与升级。与外商合资合作设立合资合作企业是私营企业参与国际竞争的重要途径，也是提高私营企业竞争力的重要战略。私营企业开展合资合作时的行业选择，除必须关注国家的产业政策之外，还必须注意外商的优势和自身的优势，实现优势互

补。随着我国改革开放的不断深入和海内外华商关系的不断增进，海外华商经常组团或个别回国进行直接投资，开展研讨，参观考察，洽谈商务的人数、机会与日俱增。东三省私营企业应积极主动地与之联系，向之咨询了解国际商务动态，把握商机，这对于东北三省私营企业及时了解国际市场信息，引进高新技术和设备大有裨益。

（二）扩大出口规模，增强出口能力

提升出口产品的海外竞争力，直接出口或间接出口是海外经营的主要模式。东北三省私营企业扩大出口可以采取以下三种方式。

第一，私营企业联合，扩大出口。为了扩大规模，增强出口产品的国际竞争力，私营企业要十分注重发展出口产品的横向联合。私营企业联合以后，充分发挥各成员企业的人才、设备、资金、技术和原料产地等优势，协作分工，共同生产具有出口能力的名优产品，在几乎不增加投资或少投资的情况下，增加产品的出口贸易能力。不断扩散老产品，腾出主要力量发展新产品，扩大名牌产品的国际市场覆盖面。

第二，选择载体，寄生出口。在国外拥有完备的销售网络，承担全部产品海外营销活动的企业为载体企业，而借载体企业实现产品出口贸易的企业为寄生企业。私营企业因其出口能力较弱，应当积极地选择载体企业，实现寄生出口。对寄生企业来说，选择载体，寄生出口的出口贸易方式不仅为其提供了现成的出口聚道，而且实现了载体企业和寄生企业产品之间的互补性，促进了双方扩大销售能力，降低了流通费用，实现了"双赢"。

第三，与大企业协作，借船出海。多年来在国内生产行业保持出口量、出口创汇稳步增长的私营企业，扩大产品出口的一条重要经验，就是抓住国际市场机遇，与国际性大企业协作，借船出海。

（三）开展海外直接投资

众所周知，大型跨国公司对外直接投资由来已久，由此带动了

世界经济的全球化。相比之下，私营企业在这方面就如同一只"丑小鸭"，形单力薄。不过，这种状况近年来正在逐渐发生变化，丑小鸭也会变成白天鹅。经验证明，理解私营企业对外直接投资，不能再局限于只看到这些企业与大型跨国公司相比规模很小，从而否定它们在对外直接投资方面的潜力和作用。事实上，从企业增长经济学的角度来看，企业的规模只是整个企业动态增长过程中一个时点的状态，相比之下，增长的态势更为重要。在经济全球化不断深化的过程中，私营企业面临着前所未有的国际竞争压力。产品的生命周期日益缩短，企业的研究开发费用却在迅速攀升，成本加大。在这种情况下，企业通过对外直接投资，开拓海外市场不仅可以使企业保持创新产品的合理生产规模，获得良好回报，而且可以绕过外国贸易保护，开辟新的国际市场，增加现有的市场份额。私营企业开展海外直接投资，达到当地产当地销的要求，与国外的上游企业或下游企业形成各种各样的关联性，使企业能够得到准时及稳定可靠的供货，及时地获得市场信息和技术知识，从而提高企业产品设计和营销水平，最终提高企业的经营成果，把私营企业竞争压力转化为竞争实力。

三 加快私营企业国际化经营的对策措施

随着我国加入 WTO，国内市场国际化，竞争更趋激烈。在新的历史条件下，要推动东北三省私营企业国际化经营迈上新的台阶，必须从东北三省的具体情况出发，借鉴成功经验，分别从宏观和微观两个层次入手，采取积极的对策措施。

在宏观层次上，政府应提供尽可能多的支持与帮助，为私营企业营造宽松的外部环境。

第一，把私营企业的国际化经营纳入东北三省发展的总体规划，制定相关的政策和配套措施，予以鼓励和扶持。对具备自营进出口条件的私营企业，经贸部门应及时授予进出口经营权；对广大中小私营企业，则应组织它们通过专业外贸公司进行涉外经贸活动。对私营企业的对外投资，经贸部门具体实行分类指导、协调和监督，支持企业外向产品的研究与开发，分步骤在境外设立投资贸易咨询、国际营销和海外投资促进会等机构，发挥涉外经济咨询、法律、会计、市场调查等中介机构的作用，加强海外市场信息交流和研究，进行市场调研、项目咨询、投资促进等，促进私营企业产品的出口。

第二，赋予私营企业平等的国民待遇。要清除长期存在于不同企业之间的不平等待遇，尤其在市场准入、出口融资等方面，私营企业应该与国有企业、外资企业一视同仁。政府和金融机构应当从长远战略出发，选择一些具有一定规模、发展前景看好、未来可能成长为外向型骨干的私营企业，进行重点扶持，特别在信贷政策上给予倾斜，以培育外向型经济的增长点。

第三，提供税收优惠。政府应在税收上为私营企业的出口提供双重扣税，即除了让涉外企业享有税收优待，另增加出口产品扣税优待。另外，还应考虑允许面向出口的私营企业与公司从应课税的利润中扣除若干年（可为三年）的投资费用，或申请海外投资津贴。通过这些财政税收上的支持，促进私营企业更好地参与国际竞争，开拓海外市场。

在微观层次上，私营企业必须切实提高自身的综合素质，增强企业的竞争实力。

第一，树立国际化经营理念，进行制度创新和管理创新。加入WTO后，为了适应激烈的国际市场竞争的需要，私营企业必须树立国际化经营的理念，彻底改变落后的企业制度、传统的管理模式和低层次的服务水平，建立既能适应本土文化和市场环境，又能和国际接轨，实现持续、高速发展的现代企业制度、科学的管理模式和规范化的服务水准。

第二，实施战略联盟，打造企业旗舰。东北三省私营企业要在WTO的平台上与跨国公司竞争，必须走强强联合、战略联盟的道路。通过建立多种形式的企业战略伙伴关系，以扩大企业规模和市场规模，最终使企业资源得到优化配置。同时，战略联盟的建立，也有利于企业资金的筹集，用雄厚的实力强化多角化经营功能，减少经营风险。

第三，以人为本，吸纳更多的国际化经营人才。为了适应国际化竞争的需要、私营企业必须以人为本，进行组织制度、管理体制以及用人机制等方面的改革与创新，注重培养和选拔诸熟技术、外语、经济商务、涉外政策的复合型人才和具有国际贸易、国际金融、国际投资、高新科技、法律、财务会计等知识的专业人才，组建一支适合国际化经营的人才队伍。

第四，着眼于国际市场进行产业结构调整。私营经济的产业结构调整，既要服务于我国经济增长的可持续性和安全性，又要着眼于国际市场，注重通过在资本市场上的成功运作，实现产业资本与金融资本的融合。通过网络化、数字化的手段提高企业的经营管理水平，提升企业的竞争力；通过技术革新研发新产品，拓展产业发展中新的经济增长点。

第五，加强新产品的研究与开发，提高产品质量和科技含量。私营企业既要充分利用科技创新发展高新技术产业，又要注重用高新技术改造传统产业，尤其要加大新产品的研究和开发力度，提高产品的质量和科技含量，同时不断改善售后服务质量，提高服务水平，以便在激烈的市场竞争中占有一席之地。

（本文载于《吉林省民营经济发展报告（2007）》，
吉林人民出版社2008年版）

大东北旅游圈框架下资源型城市旅游业发展研究

一 发展现状评估

近年来，东北地区的旅游收入以年均增长超过20%的速度迅猛发展。2008年国际金融危机爆发以来，东北地区的多数产业遭遇打击，但是旅游业不降反升，2009年甚至呈现了一枝独秀的局面，为东北地区的经济总体复苏作出了重要贡献。其中，"大东北"的魅力功不可没。在初步形成的大东北旅游圈格局之下，东北地区资源型城市正在加快抓住机遇，整合资源，深化合作，在突破城市转型发展危局和冲出国际金融危机的"双危"困境中发挥旅游业的独特优势。

（一）大东北旅游圈初步形成

据国家发改委等有关机构研究，截至2002年年底，我国有县级以上的资源型城市118座，其中东北三省就有38座，占全国的1/4强，其中地级资源型城市15座，占全国近1/3。[1] 东北地区地域紧密相连，一条由铁路、高速公路构成的南北大通道连接了绥化—哈尔滨—长春—四平—铁岭—沈阳—鞍山—大连等中心城市，包

---

[1] 张新颖主编：《东北蓝皮书——中国东北地区发展报告（2008）》，社会科学文献出版社2009年版，第64页。

括了哈尔滨、长春、沈阳三个省会城市和"哈长沈大"（连）四个副省级城市。以发达的交通网络为枢纽建构旅游圈、发展区域合作，东北地区具备了不亚于"长三角"地区的优越基础条件。近几年，东北各省为发展无障碍旅游、加强区域旅游合作做了很多开拓性工作。

辽吉两省联合打造丹东—集安—临江—白山旅游线，以便更好地把中朝边境游（丹东）—世界遗产游（集安）—中华名山游（长白山）联合推向市场；吉黑两省准备共同打造"冰雪香格里拉"，把"三地五方"（吉林市、延边州、牡丹江市及镜泊湖、长白山）的冰雪旅游资源整合起来，进一步做大做强冰雪旅游产业。2009年，在大连召开的第四届东亚国际旅游博览会上，东北旅游联盟首次推出"东北东线旅游"概念，大连、沈阳、长春、哈尔滨等市力图携手深化地区间无障碍旅游。内蒙古也在积极融入大东北旅游圈的构建，谋划区域联动和精品旅游线路设计。

大东北旅游圈的辐射和扩展功能也正在释放。东北亚区域跨境游正在更深层面与东北地区旅游产生叠加和放大效应。2009年9月，《"大图们江动议"2010—2012年旅游实施计划》获得批准，这标志着中、俄、蒙、朝四国多边无障碍旅游切实启动。受益于此，处于东北亚地区中心的大东北地区，既提升了对国内旅客的吸引力，也增加了作为国际旅游目的地的潜力。各地已经行动起来，积极建设跨境的旅游线路和相应的基础设施，开辟环日本海旅游路线和太平洋长途风光旅游线，以及长白山—金刚山—富士山—汉拿山旅游线；开辟连接中、朝、韩、日、俄等跨境的商务会展旅游、文化旅游和宗教旅游等。

（二）大东北旅游圈发展势头良好

在东北四省区的旅游业发展"十一五"规划中，黑龙江、吉林、辽宁三省都把旅游产业定位为支柱产业，内蒙古则把旅游产业定位为国民经济的重点产业和重要动力产业。在政府的大力推进下，其旅游业实际上都已成长为支柱产业，发展迅速。大东北旅游圈呈现良好发展势头。

2005年，东北接待入境的总人数为349.83万人次，占全国入境总人数的2.91%，2008年达到650.26万人次，占全国入境总人数的5.0%。2005年东北旅游外汇收入总计为14.5亿美元，占全国旅游外汇收入总额的4.95%，2008年达到31.56亿美元，占全国旅游外汇收入总额的7.74%。2005年东北国内旅游收入总计为1326亿元，约占全国国内旅游收入的24.89%，2008年达到2924.6亿元，约占全国国内旅游收入的33.43%。从目前掌握的数据来看，2009年东北的旅游业已率先走出国际金融危机影响的谷底，重新进入快车道。自"十一五"规划实施以来，东北地区的旅游业发展迅速，在全国的位置总体前移较大，对当地经济社会发展的贡献日益突出。

(三) 东北地区资源型城市的旅游业发展已成为战略性选择

东北地区是我国重化工业基地和资源型城市的集中分布区，诸多城市因煤炭、石油、木材、铁矿石等资源开采而兴起，在东北地区形成了众多资源型城市。在全国共118个资源型城市中，东北地区（辽、吉、黑加上蒙东地区）达到45个，占比为38%。其中，辽宁有15个（抚顺、本溪、阜新、鞍山、盘锦、葫芦岛、大石桥、海城、调兵山、瓦房店、南票、北票、清原、宽甸、凤城），黑龙江有13个（鸡西、鹤岗、双鸭山、七台河、大庆、伊春、五大连池、铁力、尚志、海林、穆棱、宁安、虎林），吉林有10个（辽源、白山、敦化、珲春、桦甸、蛟河、松原、舒兰、临江、和龙），蒙东地区有7个（赤峰、满洲里、牙克石、锡林浩特、锡林郭勒、根河、阿尔山）。随着不可再生资源需求量的剧增和开采进度加快，这些资源型城市逐渐矿产资源枯竭，城市产业结构单一、服务业发展滞后、人民生活艰难、就业困难、生态环境破坏、城市人居环境恶化等问题日趋严重，因而面临着转型与发展的严峻挑战。

二 深层问题梳理

东北老工业基地振兴战略的推进和大东北旅游圈的初步形成，给东北地区资源型城市旅游业发展提供了充足动力和巨大机遇，但是久病成疾，并无立竿见影的秘方。东北地区资源型城市旅游业发展依然困难重重，老病新疾叠加，深层问题缠绕纠结。

第一，"粗"。东北地区资源型城市旅游业粗放式管理和粗放式服务的问题比较普遍，缺乏权威的法律法规和统一有效的政策支撑。旅游企业的经济效益指标普遍较低。旅游商品包括纪念品，设计简单、粗糙，缺乏创意，缺少精品。旅游宣传主题缺乏号召力、震撼力、吸引力、亲和力。

第二，"散"。一是虽然有精妙的旅游产品，但旅游目的地分散，交通不便利，途中时间过长。二是对区域合作的重视停留在浅层次上，合作的范围和水平、深度和广度都不够。在口头上、会议上、规划中说得美妙动听，可是到了实际上，总想自己多捞成多占便宜，而在付出成本和代价上经常斤斤计较，打小算盘，很容易习惯性地陷入"单打独斗"，区域合作需要进一步深化。

第三，"俗"。"文化的张力是一种无形的磁场，优秀文化的思想智慧是博大精深、体系严肃的思想宝库。"[①] 很多东北地区资源型城市在旅游业发展中，依然坚持传统的资本中心取向和物化核心战略，短期利益和长远利益、局部利益和整体利益处理失当，经常陷入简单捞钱、圈钱的俗套。旅游业的发展缺失真正的文化特质和核心的价值取向定位，而同质化复制甚至简单模仿，尤其是对地域特色和文化特性的挖掘、整合大多停留在粗浅层面，缺乏文化想象、认同建构和文化创新，结果导致旅游形象的同质化复制潮流泛滥，文化的多样性、原生性减退，旅游产品的生命力不足。

[①] 孙浩进、樊欣：《哈尔滨发展"闯关东精神"文化产业品牌的思考》，《经济研究导刊》2009年第35期。

第四,"单"。东北地区资源型城市的旅游产品内容单薄、设计粗糙简单,旅游实体经营单一,导致旅游产品吸引力不强。优势旅游资源大多数还未转化成有市场竞争力的旅游产品,还未形成产业优势和经济优势。

第五,"同"。东北地区很多资源型城市旅游业发展的产业定位、区域定位和目标定位模糊不清或脱离实际,缺少统筹规划、创意策划和个性塑造。盲目开发旅游资源,胡乱上项目,重复性建设,低水平模仿,低层次竞争,同构化严重。产业取向、价值取向和综合取向盲目重复。

第六,"弱"。各旅游景区的经济实力较差,旅游实体的规模普遍较小,竞争力不强,市场开拓力不够,政府的支持、扶持力度不足。

三 深度原因解析

第一,系统拖曳。无论是大东北旅游圈的构建,还是资源型城市转型发展,都是庞大、长期的系统工程,受到系统内和系统外要素错综复杂的影响。大东北旅游圈的构建绝不是单纯旅游问题,在资源型城市转型发展中,旅游业想长久一枝独秀也是不可能的。东北地区资源型城市旅游业发展遇到的重重挑战,很多来自系统要素的综合作用,今后也还将长期因为系统拖曳而困难重重。[1]

第二,政绩冲突。源于行政区划的地方利益强化了行政区域意识,强烈的区域意识形成了狭隘的政绩意识,狭隘的政绩意识促成了激烈的区域政绩竞争与冲突。这种政绩竞争,一方面使单个资源型城市在旅游业发展以及其他工作中容易偏于形式、偏于短期目标、偏于功利取舍、偏于地方财富效应;另一方面使各城市之间在旅游业合作安排上经常受阻于"搭便车"意识、自利取向、自我中

---

[1] 刘畅、曹延明、马国巍:《政策对我国农产品出口影响的干预分析模型》,《苏州大学学报》(哲学社会科学版)2008年第6期。

心倾向、要素流动障碍。

第三，体制消耗。我国体制改革还远远没有完成，由于现有行政体制的条条制度分割与块块体制隔离，在东北地区包括资源型城市旅游业的发展中形成严重的体制消耗，造成体制的合力下降与体制的分力增强。东北地区城市之间的旅游业合作拖累于这种体制内耗，就是单独一个资源型城市的旅游业发展也经常深深受困于体制障碍。

第四，规划空泛。无论是东北地区资源型城市本地旅游业的发展规划，还是地区旅游发展规划以及区域间的旅游合作规划，都是形式大于实际内容。各相关规划大多空洞无物，追求形式效果，重视宣传效应，缺乏实质性的、具体的、具有可操作性的政策措施和手段。这样的规划必然流于纸面化，新概念、新词语、新提法堆砌，指导作用远远达不到预期。

第五，人才制约。东北地区各资源型城市普遍缺乏高层次复合型旅游人才，关键人才稀缺，各专业人才也严重不足，人才在质量上也是参差不齐，就是高水平的导游都很匮乏，相应的制度、体制和机制还未建立起来，旅游人才资源共享还没形成，人才流失也比较严重。要实施旅游业发展的人才带动战略，基础条件还有很大差距，难以形成人才高地效应。

四　对策述要

第一，实行旅游业发展的差异化战略和个性化战略。要保护、增强多样化的文化生态。在东北地区资源型城市旅游形象的设计中，要按照地方特色、错位发展和突出亮点原则，注重打造文化个性和地域特质。在旅游促销宣传中，要充分发挥文化力在旅游竞争力中的灵魂作用。必须搞好个性化要素的统一整合和内涵匹配，不能破坏整个东北的区域个性和整体个性。

第二，在塑造和增强个性差异的基础上，加强和深化区域旅游合作，强化区域内外的整体协调。不断完善合作机制，发挥产业集聚和区域叠加效应，使东北地区资源型城市旅游业的发展融入东北振兴和区域合作的大格局，实现共同发展。优势来自比较，差异推动竞争，个性形成活力，合作成就共赢。

第三，实行价值理性和非物质取向倾斜战略，促进东北地区资源型城市旅游业的经济形态由传统工业经济、资源经济向生态经济、文化经济、知识经济、体验经济转换，达到经济、生态和社会三者可持续发展的和谐统一与协调共进，使旅游业的可持续发展得到永续保证。东北地区资源型城市旅游业要抓住当下整体经济向绿色经济转型和低碳经济兴起的机遇，灵活转身，乘势而上。

第四，更好地开发利用优势旅游资源，打造旅游精品，加快发展东北地区资源型城市自身的旅游生产力。旅游产品是旅游业的核心竞争力。[①]

要进一步优化旅游产品结构，努力打造出在国内外旅游市场上有声誉、有影响、管理和服务上乘的精品旅游区（点）作为领头品牌，形成旅游产业集群，促进旅游产业大发展。以品牌和质量为中心，提高旅游企业的核心竞争力。

第五，政府要发挥主导作用，大力抓好旅游业发展。在总体规划、市场环境、区域协调、公共服务、安全保证、人才培养、引进使用等方面起到主导作用，加大资金投入，加快实施人才带动战略，并注意总结旅游业发展的经验教训，切实用好后发优势。注意保持旅游资源的原生性、完整性、可持续性以及可塑性，不胡乱上项目。对某些旅游资源来说，有时"不开发"是最好的开发。"限制性开发"是实现资源的可持续利用，走保护—开发—增值的良性道路的保证。

第六，重视旅游组合策略。东北地区资源型城市要把多种旅游形式科学合理而又富有创造性地组合起来，推向市场，形成竞争合

---

① 刘畅、曹延明、马国巍：《政策对我国农产品出口影响的干预分析模型》，《苏州大学学报》（哲学社会科学版）2008年第6期。

力，增强旅游业的多重效能。在旅游业内部不断进行结构优化与调整的同时，要树立新的资源观、优势观、竞争观、民生观、改革观、发展观、财富观和政绩观，搞好经济、政治、法律、社会、文化等系统变革，为旅游业的可持续发展提供支撑和保证。

（本文与周琳合写，发表于《学习与探索》2010年第2期）

中国东北地区能源生产的发展及投资分析

一 东北地区能源生产的发展

（一）辽宁省的能源生产状况

辽宁省位于中国东北地区的南部，陆地面积 14.57 万平方千米，海岸线全长 2178 千米，人口 3680 多万。它是东北地区的门户，战略地位十分重要。新中国成立 40 多年来，经过全省广大地质工作者的不懈努力，辽宁省已探明的能源矿产有煤、石油、天然气、油页岩、泥炭、铀、钍和地热能 8 种。辽宁省坚持"开发与节约并重"的方针，实行"一煤炭、二水电、三石油与天然气"的发展能源政策，使辽宁省的能源生产有了突飞猛进的发展。现在，全国五大煤矿，在辽宁省就有 2 个；辽宁的电力产值已占全国的 8.4%；石油产量占全国的 19.8%；辽宁省的发电量已达 380 多亿度，占全国的 8.6%；辽宁省六大炼油厂的原油加工能力已占到全国的 1/3，辽宁省已成为全国重要的能源生产基地之一。

1. 煤炭

在辽宁省的能源结构中，煤炭是第一能源。新中国成立后，辽宁省为了加快煤炭工业的发展，满足东北地区乃至全国工业化建设对能源的需要，成立了煤田地质局，对全省的煤炭资源进行普查与摸底，并开始对抚顺、本溪、阜新、北票矿区扩大勘探，同时开展全省性找煤工作，先后发现铁法、沈北、红阳、南票等大煤田。国家也十分重视辽宁省的煤炭勘探工作，总共投入煤田勘探事业费3.2亿元，施工勘探工程量达500万米，提交各类煤田地质勘探报告330件次，基本掌握了全省含煤地层的分布与年代。

现全省拥有六大矿务局，即抚顺矿务局、阜新矿务局、北票矿务局、铁法矿务局、南票矿务局、沈阳矿务局。这六大矿务局所属生产矿井52对，设计能力3416万吨；在建矿井4对，设计能力510万吨。还有一定比例的地方煤矿，生产矿井58对，设计能力343万吨；在建矿井9对，设计能力68万吨。近10年来，辽宁省地方煤炭工业也有较大增长，尤其是乡办、村办的小煤矿以及个体私营煤窑也迅猛发展。

辽宁省的煤质齐全，但不平衡。炼焦用煤占全省总储量的1/3，以气煤为主；非炼焦用煤占全省总储量的2/3，以长焰煤与褐煤为主。生产矿井开采难度大、强度大，开采深度一般在标高-200—-800米，开拓延伸最深的本溪煤田彩屯矿标高为-950米。这在一定程度上制约了煤炭产量的增长。由于辽宁省是全国闻名的重工业基地，对能源需求量极大，因而煤炭一直处在供不应求的状态，每年都要由国家统一调入2000多万吨。

2. 电力

40多年来，辽宁省的电力工业有了长足的发展。共新建了3座水电站，10座火电站和5座较大的企业电厂，还扩建了阜新和抚顺两个大电站。现在东北地区装机2万千瓦以上的水火发电厂共有22座，其中在辽宁省内有11座，占50%；东北电网内50万千瓦以上的发电站共有8座，在辽宁省内有4座，也占50%；东北电网第一条50千伏元（宝山）—锦（州）—辽（阳）—海（城）送电线路602公里，绝大部分地段在辽宁省境内。这些大电厂主要是清河发电厂装机110万千瓦，是目前全国最大的火力发电厂；辽宁发电厂现装机65万千瓦，最终装机可达125万千瓦；锦州发电厂已装机40万千瓦，最终可达12020万千瓦；阜新电厂装机55万千瓦；朝阳发电厂装机40万千瓦。全省发电设备总容量达600.38万千瓦，是解放初期的14.66倍。16个发电厂比较合理地分布于全省各地，形成了以高温高压电厂为骨干和以220千伏送电线路为主的电力网络系统。辽宁电力是东北主电网的中坚骨干力量，对东北地区经济的发展和人民生活水平的提高，起着巨大的作用。

3. 石油

辽宁省的石油工业包括原油生产和石油炼制两大部分，原油生产主要在辽河油田，石油炼制主要在一些大型石化企业。辽河油田是个典型断块油田，位于辽河盆地。它从1970年3月展开全面会战，到目前已建成投产了兴隆台、黄金带、于楼、热河台、曙光、欢喜岭、双台子、高升、古潜山、牛居、青龙台11个油气田。"七五"期间原油年产量已达到1500万吨，天然气达15立方米，原油产量每年都以12%以上的速度递增，已成为国家重要的石油生产供应基地。辽宁省炼制石油的大企业主要有抚顺石化公司、锦州石化公司、大连石化公司、辽阳石化公司、鞍山炼油厂和盘锦炼油厂等。现在一次石油年加工能力达2700万吨，二次加工装置也较齐全，拥有各种炼油设备100多套，可生产石化产品350多种。

目前，辽宁已形成1000多万吨原油生产能力，产量居全国第4位，天然气产量居全国第3位，石油加工产量居全国首位。全省8个大中型炼油厂，年加工能力近3000万吨，其中上面提到的6大炼油企业均在全国18家大炼油厂之列，是全国建设最早、规模最大的石油加工基地。其加工设备较先进，加工品种较齐全，加工方法也较现代化，加工油耗已接近国际先进水平。

（二）吉林省的能源生产状况

1. 煤炭

吉林省的煤炭资源分布很广，现已探明的原煤保有储量为203082.1万吨，其中，正在开采的有106872.4万吨，正在建井准备开采的32035.7万吨。另外，还有部分地区正在勘探，预计储量可达42551.4万吨。在这些煤炭资源中，烟煤数量最多，有122463.0万吨，占63%；无烟煤有4067.33万吨，占2%；褐煤有76551.8万吨，占37.7%。烟煤主要埋藏于东部长白山区的通化煤田和中部的辽源煤田；褐煤主要分布在北部的舒兰煤田、东部的珲春煤田和东南部的梅河煤田等地；无烟煤储量较少，零星地分布在东部和中部。煤田的地质构造比较复杂，大多数为倾斜或急倾斜煤层，煤炭质量除辽源煤田以外，都不够理想，煤炭中灰分一般在30%左右。这对吉林煤炭工业的发展有着天然不利的影响。

吉林省的煤炭生产具有以下几个特点：第一，资源分布广。在全省47个市县中，有32个市县有煤。这样广泛的分布有利于就地就近开发，有利于各市县的工业发展。第二，品种比较齐全。在国家标定的10种煤炭品种中，吉林省能出产的就有8种。这样齐全的品种，有利于满足全省工业发展及人民生活对不同种类煤炭的需求。第三，交通运输条件好。国家统配煤矿均有铁路专用线，地方矿中9个重点矿也有铁路专用线，其他地方矿和乡镇小煤矿也都距铁路站点较近，并且公路交通也很便利。第四，地方煤矿的作用越来越大。吉林省大煤田较少，但供地方建井的小煤田却颇多。改革开放以来，全省各地小煤矿迅猛发展，地方小煤矿的煤产量年均增长速度大大超过统配大矿的增长速度。第五，煤炭科研及一些产品在全国占有一定的优势，名列前茅。例如，长春煤田地质科研所的遥感技术应用研究，在大兴安岭北坡找煤中发挥了巨大的作用，获得国家"六五"科技攻关奖。

2. 电力

新中国成立以来，吉林省实行水电、火电并举的方针，大力发展电力工业，为工农业生产和城乡人民生活输送了强大的电能，促进了全省经济的发展与人民生活水平的提高。吉林省的水电建设主要分布在丰满、云峰、白山三大电厂。新中国成立后，对丰满电站进行了改建扩建，新安装6台大型水轮发电机组，加上原有2台机组，总容量为55.4万千瓦，于1960年12月竣工。经过近30年的维护、挖潜、改造，年发电量已达到60多万千瓦，成为东北电网中的骨干电厂。云峰电厂于1959年由中、朝两国合建，地处鸭绿江上游集安县青石镇。设计安装4台（中、朝双方各2台）10万千瓦水轮发电机组，总容量为40万千瓦，于1967年4月建成发电，年平均发电量为17.5亿千瓦小时。电厂运行与管理由我方负责，双方共同受益。白山电厂坐落在松花江上游白山镇，于1975年开始建设，是一座以发电为主，兼有蓄洪等综合经济效益的大型水电站。它设计安装5台30万千瓦水轮发电机组，总装机容量为150万千瓦，到1988年5台机组全部投产发电，年发电量达20.37亿千瓦小时。经过40多年的开发建设，吉林省已建成500千瓦以上的水电站50多座，总装机容量达180多万千瓦。吉林省火力发电起步较晚。20世纪50年代，作为国家重点工程之一的吉林热电厂开始兴建，到1966年共装机57.54万千瓦。经过四十多年的努力，全省火电新装机为146.92万千瓦，是新中国成立时的16倍。目前，吉林省电力工业已发展成为发电、供电、调度、基建、修造以及科研、设计和教育等部门比较齐全，结构完整的工业体系。

3. 石油

石油是吉林省的新兴工业部门。吉林省的石油工业以人造石油为起点。新中国成立后，经过10多年的建设与发展，桦甸县页岩油公司生产能力达年产油母页岩100万吨，年炼制人造石油5万吨。由于大庆油田的发现，利用油母页岩炼制人造石油在经济上已不划算，因此，1961年6月桦甸页岩油公司停产下马。1959年9月，扶余县境内发现工业油流，从此，揭开了吉林石油工业的第一页。1961年1月正式成立扶余油矿，在石油部和地质部的支持下，全面展开扶余油田的开发与建设。扶余地区含油面积达80多平方公里，石油储量上亿吨。从1970年5月开始经过三年多的会战，油田发生了根本性变化，随着勘探成果的扩大，扶余油田先后进行了新立、乾安、英台地区的开发建设，建成了年生产能力50万吨的新立油田。到1985年，扶余油田的原油产量已达213万吨，现已接近300万吨。

(三) 黑龙江省的能源生产状况

黑龙江省总面积为45.4万平方千米，人口为3300多万，是一个多民族省份。全省的地理环境主要由山地、台地和平原三部分构成。其中，山地面积占58%左右，台地面积占14%左右，平原面积占28%左右。这种地理环境中蕴藏着丰富的煤炭、水利及石油资源，为全省能源生产的发展提供了良好的自然条件。

1. 煤炭

黑龙江省是全国十大煤炭基地之一。该省煤炭储量多，煤质优良，品种齐全，分布面广。全省80个市县中，有一多半以上的地方有煤炭，煤种有气焦煤、长焰煤、弱黏土及无烟煤等9种。在保有储量中，煤焦用煤达63.5%，现探明的储量为121.5亿吨，远期储量达346亿吨以上。煤田主要分布在东部地区，以鸡西、鹤岗、双鸭山、七台河为主，构成了密集度较高的煤炭工业带。

黑龙江省的煤炭生产主要分为两部分：一是国家统配煤矿，二是地方煤矿。由于国家统配煤矿的生产占主体，而统配煤矿的生产集中在鸡西、鹤岗、双鸭山、七台河四大矿，因而我们要着重考察这四大矿的生产状况。

鸡西矿是一个具有70多年开采历史、以产焦煤为主的综合发展矿区。党的十一届三中全会以后，改革开放的春风，给鸡西矿的生产带来了巨大的生机与活力。从1975年起，该矿连续15年以40多万吨的速度递增，到1990年煤炭产量已达1500万吨，预计到2000年可达到1750万吨。另外，该矿生产的煤炭品种不断增加，质量不断提高。它生产的冶炼精煤以及其他精煤、精块、洗混中块、洗混煤、中煤、煤泥等品种，特别是它生产的主焦煤，不仅在本省的工业发展中起到举足轻重作用，也有力地支持了全国的冶金、化工、机械、电力等工业的发展。鹤岗煤矿位于小兴安岭南麓的鹤岗市，也有70多年的历史。煤田南起峻德，北抵梧桐河，南北走向42千米，东西宽6千米，面积252平方千米，煤储量大，煤层厚，主产理想的动力煤，洗选加工后的低灰精煤是优良的冶炼配煤，畅销国内外。近十多年来，煤炭生产每年以70万吨的速度增长,到1990年原煤产量达1750万吨,1995年力争达到2000万吨。双鸭山矿始建于1947年,40多年来,尤其是党的十一届三中全会以来,该矿坚持挖潜改造与扩建新建并举的方针,使煤炭生产有了长足的发展,到1989年实现了年产原煤1000万吨的目标。现在,该矿在邓小平南方谈话精神鼓舞下,真抓实干,争取到2000年年产煤达1500万吨。七台河矿位于黑龙江省东部的七台河市,整个煤田面积为8000平方公里,共有煤矿5处,保有储量13.07亿吨。该矿始建于1958年,通过技术改造和择化企业体制改革,调动了职工的生产积极性,1986年生产原煤突破600万吨。由于富强立井和铁东斜一井于1988年投产,使该矿1990年产量上升到800万吨。七台河矿是一个"壮年"矿,潜力颇大,发展前景十分可观。

黑龙江省的地方煤炭工业,在新中国成立以后也有很大的发展。1985年,黑龙江省地方煤炭产量达2359万吨,占全省煤炭的比重由1957年的0.7%上升为38%。目前煤炭产量已提高到2900多万吨,成为全省煤炭工业的重要组成部分。

黑龙江省是煤炭调出省份。新中国成立以来,共调出煤炭近3亿吨,有力地支持了兄弟省份的经济建设。

2. 电力

黑龙江省河流较多,水资源比较丰富,有名称的河流有1700多条,真正能建电站的却不多。因此,黑龙江省的水电站较少。黑龙江省电力工业贯彻以火电为主,水电为辅的方针,大抓火电建设。"七五"时期,在东部地区建成双鸭山电厂一期工程、牡丹江电厂三期工程、佳木斯电厂五期工程、亮子河电厂二期工程等;在西部地区建成富拉尔基二电厂二期工程、富拉尔基热电厂、大庆乙烯自备电站工程;在哈尔滨地区建成哈尔滨三电厂一期工程、哈尔滨发电厂,新增装机容量274.5万千瓦;全省装机容量由1985年的339.7千瓦增加到587.2千瓦,增长72.9%。1990年发电273亿千瓦时,比1985年增长46%,年平均增长7.9%。五年内,全省新建22万伏输电线路2000公里,新增变压器

301.4万千伏。

黑龙江省虽然是一个缺电省份,但其发电设备制造业比较发达。哈尔滨和富拉尔基是全国闻名的"动力之乡"。它们制造的发电设备畅销全国各地。40年来,黑龙江省共向国家提供发电设备1990兆千瓦,占全国新增发电设备装机容量的30%,有力地支援了全国电力工业的发展。

3. 石油

黑龙江省是目前我国最大的原油生产基地之一。黑龙江省石油工业的大发展,是从大庆的开发建设起步的。1961年,国家在大庆兴建了"大庆石油化工总厂"(原名黑龙江第一炼油厂),从此黑龙江省现代化的石油加工工业迅速发展。大庆石油化工总厂经过改建扩建,1980年建成投产了25万吨成品润滑油的全套装置,从而成为一个年加工500万吨原油的石油化工联合企业,30万吨乙烯工程,也已经全部建成投产。目前省的原油加工能力已达到750万吨,占全国原油加工总能力的7.1%。

随着大庆的开发建设,原油生产能力日益提高。1976—1985年,大庆连续10年创造出年产原油5000万吨的好成绩,1993年产量将达到5590万吨。到目前为止,大庆累计完成工业产值1000多亿元,生产原油突破10亿吨,对国家建设作出了重大贡献。

二 东北地区能源投资环境分析

(一) 能源需求量大,总量短缺与结构性短缺并存,能源投资有广阔的市场

从上分析可见,东北三省的能源生产都获得巨大的发展,取得了举世瞩目的成就。不仅能源总量几倍、十几倍地增长,而且能源结构也日益改善与日趋合理。但是,由于改革开放十多年来,东北地区的经济增长远远超过能源生产的增长,能源生产仍相对滞后,能源供给满足不了日益增长的需求,存在着明显的总量短缺,并且供求的缺口有扩大的趋势。此外,由于各省的资源状况、生产技术

水平、经营管理状况等不同，能源生产的发展水平呈现明显的不平衡，所以各省之间不可避免地存在着结构性的供求不平衡。具体来说，四十多年来，辽宁、黑龙江的煤、油发展较快，电力发展相对缓慢一些；而吉林省电力发展更快一些，煤、油却较慢一些。正因如此，辽宁、黑龙江"缺电"问题比较突出，吉林省则"缺煤少油"问题比较突出。总量短缺与结构性短缺的存在，充分表明东北地区能源生产仍是一个薄弱环节。尤其是近年来，这种短缺日益扩大，使能源生产成为制约全东北经济增长的"瓶颈"。促进各省之间的能源交换，在一定程度上可以弥补结构性缺陷，却不能从根本上解决能源总量供给不足的问题。解决这个问题的根本办法，就是要增加能源投资，扩大能源生产规模。在中国东北进行能源投资，有着十分广阔的市场。改革开放后的中国东北，已敞开大门，竭诚欢迎海内外投资者，到东北来合建电站、合开煤矿和油田。东北三省都将提供优惠的政策和服务，创造宽松有利的投资环境，保证投资者在发展能源生产中取得丰厚的利润。

（二）煤炭、石油、水力资源丰富，储藏量大，可长久开采，有良好的发展前景

东北地区煤炭资源丰富，产煤地多达600多处。各种炼焦用煤与非炼焦用煤分布广泛。其中，含量最多的是褐煤、长焰煤和炼焦煤，具有重要的开采价值和较高的经济价值。现已探明，东北地区共有煤炭保有储量近700亿吨。在现有储量中，尚未利用可供建矿的储量为97.67亿吨，可进一步勘探的储量为387.55亿吨。这巨额储量可供开采几百年时间。因此，投资于东北地区的煤炭开发和建设，会有长远的发展前景，可实现长久的经济利益。

东北三大油田——大庆油田、吉林油田、辽河油田都有极为丰富的石油储量，可供长久开采。经过地质勘探，现大庆油田已先后探明并发现萨尔图、杏树岗、喇嘛甸、葡萄花等23处油田，探明含油面积2351平方公里，石油地质储量达46亿吨，为大庆的长期稳产高产提供了可靠的物质资源条件。到目前为止，在松辽盆地南

部已经找到 4 个生油凹陷、17 个油气构造、5 套油气组合、8 个油气层，共查明含油面积 540 平方公里。在此基础上，逐渐走出松辽盆地进入伊通盆地，并在伊通盆地找到 4 套油气组合。这为吉林油田的长远发展，准备了广阔的后备战场和物质基础。到 1985 年，辽河朔田已发现 13 套油层。近几年，油田广大职工解放思想，运用新理论、新方法，积极探索辽河盆地复式油气藏的形成条件及富集规律，又相继发现了古潜山油藏、稠油油藏和高凝油油藏，从而使辽河盆地预测石油资源储量比过去预算的结果增长了 1.4 倍。随着我国勘探理论的发展及新勘探方法的运用，必然能够找出更多的油气构造，发现更多的油气田。这不断被发现、日益扩大的石油资源，要转化为经济发展的"动力"，需要巨额投资来开发。因此说，投资于中国东北地区的石油资源开发，是东北经济发展的一种客观需求。

东北地区河流较多，水力资源十分丰富。全地区表径流总量约为 1556 亿立方米，为发展水电提供了良好的自然条件。东北地区各水系理论蕴蓄量为 1512 万千瓦，相当于年发电量 1325 亿千瓦时。东北全区已建成或在建的水电站（单站装机 1 万千瓦以上）有 17 座，装机容量为 375 万千瓦，年发电量为 100 亿千瓦时，已开发的水利资源仅占可能开发的 23%。这表明，东北地区水电资源的开发建设有着十分广阔的前途，如果进行水电投资，那么必有可观的收益。此外，如前文所述，东北地区有丰富的煤炭资源，利用煤炭发展火电，更是大有可为。

(三) 公路、铁路形成发达的网络，交通运输十分便利

东北地区铁路四通八达，公路纵横交错，几乎所有的煤矿、油田、电站都通公路、铁路。松花江、黑龙江、嫩江、浑江、图们江等形成了发达的内河航运，并且有一些可以直达出海口。输油管道长达几千公里，原油可以在大连等港口直接装船出海。十分便利的交通运输，可以将开采出来的煤炭、石油运往全国各地及输出国外。此外，东北地区已建成巨大的东北电网，地跨辽宁、吉林和黑

龙江中西部以及内蒙古自治区东部；南北纵长2000多公里，东西横贯800多公里，供电面积达90万平方公里。这十分便利的交通运输和发达的输电网络，为进行能源投资，发展能源生产提供了十分可靠的便利条件。

(四) 能源生产设备陈旧、工艺落后，亟须大力更新、改造

从纵向来看，新中国成立40多年来，中国东北地区的能源生产确实有了巨大的发展，这是连西方国家都无可否认的事实。但是，从横向来看，与发达国家相比，就显得比较落后了，尤其是与世界上的一些先进能源生产大国相比，差距就更大了。同东北地区乃至全国经济发展的需要，更是不相适应。新中国成立后，长时期追求新建扩建，忽视原有企业设备的更新、改造，许多煤矿、电站和油田还在使用20世纪三四十年代的机器设备，五六十年代的设备占较大比重，80年代的先进设备只占少数，但其设备陈旧，生产工艺也比较落后。西方国家的采煤早已实现机械化、自动化，而我们的采煤仍主要使用手工打眼、放炮的方法。要加速中国东北地区能源生产的发展，除了要深化体制改革外，更要加大能源投资，尽快地进行设备更新，进行挖潜、革新、改造，使企业生产技术水平迈上一个新台阶，提高企业的经营管理水平。只有这样，东北地区的能源生产才能有持续增长的后劲。

(五) 资金短缺，需要大量引进外地资金和外国资金

能源工业已经成为制约中国经济发展的"瓶颈"产业，它作为一个重要的基础工业部门已经被列为中国经济发展的战略重点。东北作为中国的一个重要能源生产基地，国家在今后一个时期无疑要加大对它的投资比重。但由于国家资金有限，东北三省各自的积累基金又很少，因此能源建设资金严重短缺。而能源生产建设一般具有投资多、规模大、周期长、近期难以取得效益的特点，这就使能源建设资金更难以筹集，进而更加剧了能源建设资金的短缺。为了解决这个问题，东北三省除了在本省内千方百计筹措资金，还迫切

需要引进外地（其他兄弟省份）资金，尤其需要引进外国资金。因为引进外国资金不仅缓解了国内资金的供需矛盾，而且还可以引进外国的先进生产技术、先进设备和先进的管理方法。有眼光、有见识的外国投资者应抓住这个有利时机，到中国东北地区进行能源投资。

（本文发表于《中国工业经济研究》1993 年第 12 期）

振兴东北经济四要素：结构·体制·资本·人才

如何振兴东北经济？振兴东北经济主要抓什么？无论是对国家领导层、东北三省领导层来说，还是对全体国民，尤其是对东北人民来讲，都必须形成明确的共识，心往一处想，劲儿往一处使，"步伐一致，才能得胜利"。有些同志认为，东北经济问题的症结是"结构不合理"，只要把经济结构调整好了，东北经济就会振兴；还有些同志认为，"东北问题的根子在体制"，只要把计划经济体制改掉，将市场经济体制建立起来，一切问题就会迎刃而解；也有些同志认为，东北已陷入"投资怪圈"，"投资怪圈不破，东北老工业基地难兴"，因此，东北经济振兴不能依赖于国家投资；又有些同志认为，东北人观念落后，传统计划经济观念厚重，市场经济观念淡薄，这是致使东北经济落后的根本因素，因此，振兴东北经济的关键在于转变东北人的观念。笔者觉得在学术讨论层面出现上述不同意见与观点是正常的，也是容许存在的。但在指导经济发展理念上，则必须化分歧为统一，形成共识，否则，就难以步伐一致，齐心协力实现东北经济振兴。

笔者认为，上述几种说法从不同角度和侧面指出振兴东北经济的关键因素，具有一定的合理性。但影响与制约东北经济振兴的因素绝非单一的，而是多元综合的。所以振兴东北经济绝不能采取单打一的方针，而必须采取综合配套、整体推进的战略策略。其核心是抓住振兴东北经济的四大关键要素，即结构、体制、资本、人才，推动这"四轮"齐动快跑，东北经济振兴才能驶入"快车道"。

一 结构调整与优化——振兴东北经济的重要基础

(一) 合理调整农、轻、重结构

东北地区产业结构是否合理与优化，是东北地区经济能否实现振兴的基础与重要前提。东北产业结构调整的核心是如何调整好物质生产结构，即农、轻、重的比例关系。现在其突出表现是重工业比重过大，轻工业比重过小，农业基础落后，农、轻、重结构严重失衡。正是这种不合理的产业结构，导致东北三省在市场经济中处于不利地位，严重影响和制约了东北经济的发展与振兴，所以，必须着力调整。

调整东北产业结构，使之合理化与优化，并不是简单地压缩或削减重工业、加大轻工业与农业的问题，而是要对农、轻、重三大产业进行具体分析，采取行之有效的对策与策略。

第一，关于重工业比重过大及其调整问题。东北是我国重化工业基地，重工业在农、轻、重产业结构中所占比重肯定要大一些，但是比重过大，必然挤压轻工业与农业。因此，调整重工业的路径主要有以下三个方面。一是调控总量，把这过大的部分压缩或削减下来，即把超过市场需求的部分调整下来，使市场供求基本保持平衡。二是调整其内部结构。首要的是分清重工业内部谁是短线，谁是长线，然后果断压长线，保短线。目前，结构调整的困难在于，谁也不承认自己是长线，谁也不肯被调整下来。只有"长线"真正被压下来了，内部结构才能得以优化，同时，总量也能得以控制。所以，东北重工业的调整主要应在内部结构优化上下功夫。三是坚决把那些能耗高、破坏生态、污染环境、产品滞销、经济效益差的产品或生产企业调整掉，这是提高东北重工业质量与效益的必要途径，更是东北重工业结构乃至东北地区产业结构合理化的理性选择。

第二，关于轻工业比重过低问题。由于我国历史、体制、地理环境及政策等方面原因，东北地区轻工业发展迟缓，水平也较低。

其突出表现就是轻工业品的市场大部分被广东、福建、上海、浙江、江苏、天津等所占领。人所共知，轻工业具有投资小、建设周期短、见效快、产品利润率高等特点，相对于重工业投资大、建设周期长、见效慢、产品利润率低等特点，在市场竞争中具有明显的优势。所以，轻工业比重过低，又不甚发达，成为影响和制约东北经济发展的一个重要因素。东北经济要振兴，必须振兴轻工业。其比重提高起码要达到与重工业发展要求相适应的程度与水平，能够实现轻、重工业相互促进、协调发展，那就是结构优化了。

第三，关于农业基础薄弱的问题。这可以说是东北产业结构的一个根本性缺陷，必须尽快、尽全力改变。吉林、黑龙江均是农业大省，是国家的重要商品粮基地，辽宁虽然是工业大省，但农业所占比重也较大。农业基础薄弱的突出表现有以下三点。一是改革开放以来，农业投入锐减，农业基本建设严重落后，抵御自然灾害的能力大大削弱；二是农村劳动人口文盲和半文盲增多，素质低下，青壮劳动力绝大部分外出打工，直接在第一线从事农业生产的基本是儿童、老人和妇女；三是农业科技人员大量流失。由于政策不落实，待遇低下，绝大部分农业科技人员（包括农业高校、中专毕业生）不愿去农村工作，已去农村工作的又都离开农村，造成农业科技网络"网破、线断、站无、人散"的局面。所有这些，从根本上说，是物质利益规律自发作用的结果，是由于农业生产比较收益过分低下造成的。从事农业生产不赚钱，甚至要赔本，这是问题的症结所在。现在，党中央、国务院及时发现并开始解决这一问题，提出建设社会主义新农村伟大战略，落实发展农业，解决"三农"问题的一系列新举措，包括取消农业税，实行种粮直补等惠农措施，尤其是中央财政加大支农扶农力度，增加巨额资金投入，加强农村基本建设，无疑会对东北农业的发展起到重大的促进作用。但东北农业要在市场经济中取得优势，必须自主地提高自生能力，实行农业产业化经营，建设品牌农业、生态农业、效益农业，以农业科技的不断进步，推动农业可持续增长与发展。

（二）不可盲目孤立地追求东北地区产业结构合理化

东北地区产业结构作为全国产业体系的一个重要组成部分，其调整的根本原则就是一定要站在国民经济发展全局的高度，以保证全国人民根本利益的实现为出发点和落脚点，切忌盲目追求区位利益最大化而损伤国民经济全局发展和全国人民根本利益。衡量东北产业结构是否合理，也要以此为标准。只要能充分保证国民经济全局协调可持续发展，实现全国人民根本利益最大化，即使是东北地区局部利益受到一些影响，其产业结构也应认为是合理的，否则，那就应视为不合理的。第一，全国经济是"一盘棋"，每个地区切不可孤立片面地追求自身结构合理化。如果全国六大经济区或31个省份都从自己的本位出发搞所谓优长合理的产业结构，势必引起各地区盲目投资，重复建设，过度竞争，其结果必然导致全国产业结构趋同化、畸形化，造成重大浪费与损失。20世纪90年代的"电器大战"，就是一个很好的证明。如今，许多省份均以自身没有汽车产业为借口，认为本地区产业结构不合理，纷纷争上汽车生产线，展开了空前的"汽车大战"，全国30多个省份都建汽车厂，这不是正在"重复昨天的故事"吗？盲目孤立地追求地区产业结构合理化，这不是真正意义上的社会主义市场经济，而是无政府状态的新自由主义型的市场经济。第二，分工与专业化理论要求，各省份要实行合理分工，专业化协作，没有必要追求自我封闭的"小而全、大而全"的产业体系。东北地区处在全国分工与专业化的整个体系，与其他省份之间在产业上具有紧密依赖性和很大互补性。尤其是在互补中，可保持自己的优势与特色。东北地区见长的是重化工业和农业，可弥补其他地区这两个产业上的不足。同时，东北地区的轻纺工业不足，亦可由其他地区的优势轻纺工业予以弥补。保持本地区的优势与特色，是区位优势理论的核心内容与本质要求。在全国产业体系中，重工业与农业正是东北地区的产业优势，产业结构调整绝不是简单消减重工业和农业，也不是简单地降低其比重，而是为了在全国各地区合理分工、协调发展的前提下，更好地保持与发挥其优势与特色。

二 深化体制改革——振兴东北经济的根本因素

(一) 以改革推动东北经济振兴

把东北经济落后的一切原因皆归结为体制问题，认为所有的问题"根子在于体制"，只要体制改好了，一切问题都解决了，东北经济自然而然也就振兴了。笔者认为这是不全面的，过于简单化与偏颇。这种观点失误在于，只注重体制改革，忽视甚至取消其他因素对东北经济振兴的重大影响与作用。良好的经济体制对经济发展是起重大作用的，但并非唯一的决定因素。

东北经济振兴必须有良好的经济体制保障。良好的经济体制可以保质量、出效率、出效益。对东北地区来讲，深化体制改革有许多方面的工作要做，但主要还是紧紧抓住深化国有经济改革和农村经济体制改革，尽快走出计划经济体制，建立起良好的市场经济新体制。只有这样，才能使东北经济振兴具备良好的体制环境。

第一，深化国有企业改革，仍是振兴东北经济的重中之重。东北地区是全国国有经济比重最大的地区之一。截至2002年，东北三省国有及国有控股工业增加值在规模以上工业的比重为：黑龙江89.34%，吉林77.8%，辽宁62.7%，均高于全国52.8%的平均水平。东北地区国有企业改革的深化步伐及改革的成败，直接关系东北经济能否振兴及振兴进程。加入WTO后，东北地区国有企业改革进程明显加快，但随着各种深层次矛盾日益凸显，受到改革成本难以支付与结构调整费用补偿等资金瓶颈的硬性约束，难以取得实质性进展与突破。

第二，农业实现规模经济与产业化经营，是振兴东北经济的必由之路。农业是基础产业，亦是弱质产业，东北地区农业又占相当大比重，东北经济若振兴必先振兴农业，从根本上改变农业基础脆弱的状况，必须实行规模经济与产业化经营。

首先，要突破承包制局限，创办各种形式的租地农场。中国农村改革由于实行家庭联产承包责任制取得了巨大成功。家庭联产承包责任制一举打破了人民公社的旧体制,使土地所有权与使用权相分离,广大农民通过签订承包合同,与集体和国家建立起土地租约关系。土地租约期长达30—50年,这就使农民拥有长期的经营使用土地的自主权,极大地调动了农民的生产经营积极性。家庭联产承包责任制实行"交够国家的,留足集体的,剩下全是自己的"分配原则,使广大农民通过勤奋劳动与经营,大幅度提高了自己的收入水平。但是,在农村经济向市场经济过渡和转轨过程中,家庭联产承包责任制的种种局限性便明显暴露出来:其一,土地分散与农业机械化相矛盾。家庭联产承包责任制把土地分割得十分零散,张家五条垅,刘家二分地,一整片土地往往归10—20户分包耕种,大型农机具根本进不了地,农业机械化遇到了土地经营权过于分散的阻力。其二,一家一户的小农业与现代大农业相矛盾。家庭联产承包责任制下的农业是以农户为单位的小农业,不能实现规模化耕作,难以取得规模效益,这与现代大农业的规模经营是相矛盾的。其三,土地经营权难以流转与市场经济要求要素优化配置相矛盾。家庭联产承包责任制使土地经营权分归许多分散的农户掌握,在很大程度上固化了土地经营权,使土地经营权流转日益困难,这就阻碍了农村土地向"种田能手"和种植大户合理集中,不利于农业集约化耕作与经营,不利于先进耕作方式与经营方式在农业的推广应用,更不利于各种要素资源的优化配置与利用,农村市场经济发展遇到了障碍和阻力。家庭联产承包责任制的上述弊端集中表现为阻碍农业劳动生产率的提高,阻碍农民收入水平提高与脱贫致富,若不尽快突破,势必影响东北经济的发展与振兴。

兴办家庭农场、发展"租地农场主"经济,是振兴东北农村经济的必然选择。改革开放以来,农村一部分先富裕起来的种田能手、种植大户、养殖大户,一方面通过承租或购买土地经营权等方式,扩大土地承包面积,使土地向他们手里集中;另一方面购置大型农业生产机械,并采用先进的农业生产工艺与技术,实行土地连片耕作,机械化生产,采用现代管理方法进行管理与经营。这样,依靠其家庭自身所拥有的劳动力是远远满足不了生产经营需要的,雇工生产经营便应运而生。开始是少量的、季节性的，但随着生产经营规模不断扩大，雇工越来越多，并且变为常年性的。这种以雇工为基础的种植大户、养殖大户就发展成为典型的家庭农场，相当于马克思讲的"租地农场主"。农业雇佣工人和租地农场主的产生，标志着农业资本的产生，它是中国改革开放后农村出现的一种崭新的经济关系。租地农场主和农业雇佣工人，均是当今中国农村先进生产力的代表。租地农场主原本都是农村里的"种田能手""经营能人"，他们熟悉农业生产，又善于管理经营，有文化，懂科技，了解市场，也善于抓住致富机遇，是农村发展商品经济和市场经济的先锋。农业雇佣工人一般都是农村青壮劳动力，绝大部分为农村知识青年，既懂农业生产，且能吃苦耐劳，他们同"租地农场主"相结合，是真正的农业人力资源的优化组合，是生产要素的最佳配置，必定促进农业生产力的快速发展。所以，东北经济振兴，发展农村"租地农场主"经济是"帕累托最优"。

其次，实行"公司+农户"模式，加速实现农业产业化。农村经济改革的目标是农村经济市场化和农业产业化。农业产业化是农村经济市场化的主要内容和必经之路。推行农业产业化，目前较为可行的模式是"公司+农户"。以国家资本组建农产品加工与贸易公司，或由民间资本组成农业相关产业股份公司为"龙头"，带动相关农户联合生产，由公司对产品进行深加工，统一推向市场进行销售，实行农工贸一体化，既解决了农民不了解市场、农产品难卖问题，又解决了农户信息不通、缺乏科技指导、不善于按市场需要进行科学种植、养殖等问题。一个业绩优良的公司，可带动众多农户共同致富。吉林的德大集团、华正畜牧加工集团，辽宁的韩伟集团等，都是通过"公司+农户"实现农业产业化的典范。

（二）国家应加大对东北经济体制改革支持的力度

首先，政策支持要到位。优惠政策或倾斜政策的积极效应要远远大于金钱的作用。给钱是一种支持，但其效应有限，而政策支持的效应则可能是无限的。如果国家能将开发四个特区及开发浦东新区的优惠政策或倾斜政策给予东北,东北则幸甚矣。四个特区靠国家优惠政策或倾斜政策都实现了经济腾飞,经济发展位居全国前列;较晚开发的上海浦东新区,依靠国家给予的优惠或倾斜政策也后来居上,一跃成为中国经济发展的"排头兵"。我们完全有理由相信,只要把各项优惠或倾斜政策切切实实地交到东北地区干部和群众手里,必将转化为强大的精神力量和物质力量,实现东北地区的跨越式发展,创造出"三年一小变、五年一中变、十年一大变"的奇迹。

其次,支付改革成本,构建东北"造血机能"。深化国企改革,精减政府机构,转变政府职能,化解国有企业债务,卸掉企业办社会包袱,安置失业下岗职工,分离企业冗员,等等,都需要支付改革成本。东北三省地方政府财力有限,无力承担起如此庞大的财政支出。现东北地区国有企业改革已进入实质性攻坚阶段,国家支付改革成本起着决定性的关键作用。因为,只有完成这一"输血"改革,才能构建东北国有企业的"造血"机能,使之步入自主振兴之路。

三 加大投资——振兴东北经济的有效途径

(一) 聚集资本,加大投资是振兴东北经济的现实迫切需要

东北经济发展落后的一个明显表现是速度慢,经济总量不足。东北三省总面积近 80 万平方公里,是广东的 4 倍多;东北三省人口总量 1 亿多,远高于广东的 7000 多万。但东北三省创造的 GDP 比广东要少。可见,东北三省的经济总量与其重工业基地与商品粮基地的重要地位的要求极不对称或不相适应。要提高东北三省的经济总量,必须加快经济发展速度。为此,最有效的办法就是扩大投资。

投资是推动经济增长最有效、最有力的因素。古典经济增长理论是如此,现代新经济增长理论亦是如此。一般来说,投资推动经济增长属外延粗放型增长,但它并不排斥与否定内涵集约增长。提

高单位投资的使用效率或提高总投资的使用效率，都会实现内涵集约型经济增长。因此，扩大投资与转变经济增长方式、提高经济发展的质量与效益并不相矛盾。那种认为扩大投资与转变东北经济增长方式相矛盾，现在不宜实行的观点是站不住脚的。长时期以来，中国经济主要是实行投资推动型经济增长，实践证明是有效的。针对东北经济总量明显不足的实际，东北经济要快速振兴，不能不主要依靠投资的强力推动。

加大投资需要充足的资本供给。资本的短缺已成为严重制约东北经济振兴的瓶颈。解决资本需求增大与供给短缺的矛盾，根本的出路就是多方筹措和聚集资本。

一是争取国家投资。振兴东北老工业基地是国家实现工业化、现代化的重大发展战略，国家必须不断加大资本投入。国家为开发西部，1998—2002年累计发行国债660多亿元，所筹资本基本上用于西部加大投资，加强西部基础设施建设及环境改善，而振兴东北老工业基地远未达到开发西部这个力度。

二是吸引国内民间资本投资。1998—2001年，国内投资平均增幅分别为20.4%、11.8%、22.7%和20.3%，不仅高于同期国有经济投资的增幅，也高于全社会投资的增幅。至2001年，国内民间投资与国有经济投资占全社会投资比重分别为47.3%和44.6%。目前，中国民间资本存量远远超过10万亿元，其中县域城乡的民间资本在4.5万亿—5.1万亿元。据人民银行武汉分行估算，到2003年年末，就湖北省而言，以储蓄、手续现金、国债、外汇等形式存在的民间资本就达430亿元。东北地区的民间资本投资率很低，不仅低于江苏、浙江、广东等民间投资增长很快的地区，也低于全国平均的投资增幅。所以，东北地区广泛吸引社会民间资本，扩大民间投资总量，提高民间投资水平，大有可为。只要东北能真正成为中国民间资本投资的热点地区，东北经济振兴便指日可待。

三是加速自身的资本积累、资本积聚和资本集中。所谓资本积累就是靠其自身"滚雪球"来增大资本。东北依靠自身的资本积累来实现经济振兴，不仅受许多条件局限，速度慢得多，甚至是不可能的。资本积聚和资本集中则比资本积累快得多，它通过将现有分散的中小资本集中起来形成大资本，可以尽快地使经济上规模、上档次、上水平、上效益，实现东北经济振兴。

（二）扩大对外开放，增加外商投资，是实现东北经济振兴又快又好的路径

东北的对外开放，无论是从广度上还是从深度上，都远低于珠三角、长三角及环渤海地区，甚至低于中部一些省份。正因为对外开放度低，投资软硬环境较差，因而外资流入率很低。2001年，辽宁、吉林、黑龙江三省实际利用外资分别为25.2亿元、3.38亿元和8.61亿元，三省合计仅占全国的7.9%，与福建、浙江、江苏、山东、广东相差甚远。所以，东北三省应进一步解放思想，扩大对外开放，放手吸引与扩大外商投资。

东北三省政府应着力优化外商投资环境，吸引外资参与东北产业结构调整与重组，促进产业更新与升级；吸引外资参与资源枯竭城市转型，开辟新的经济增长带；吸引外资参与国有企业改革，加速分离企业办社会的职能，以使企业真正成为独立的市场主体；吸引外资参与社会主义新农村建设，以便引进国外的先进农业种植技术及现代农业管理方法，加速东北农业产业化。引进外资不仅不会强化东北经济对外资的依赖，反而会大大提高东北经济的自主能力，促进我国民族经济的发展。东北经济吸引外资水平跃上新台阶之时，便是东北经济发展进入新阶段之日。东北地区人民要齐心协力，开拓奋进，共同促进和迎接这一天早日到来。

四 重用人才——振兴东北经济的关键

（一）变"孔雀东南飞"为"百鸟东北鸣"

人才不同于人口，它是有"才能"的人口。"才能"有各式各样，如某种生产技能、交易才能、科研才能、管理才能、发明创新才能等，故有各式各样人才，如生产能手、商贸高手、科技精英、管理大师、发明家、创新人才等。总而言之，所谓人才是指具有一定知识和才能的劳动者。

改革开放以来，东北地区人才严重外流，人称"孔雀东南飞"。目前这种局面不仅没有根本扭转，反而还有进一步增长和加剧的趋势，人才大量外流是东北经济建设最大的损失，也是造成东北经济落后的根本原因之一。

东北地区为什么会发生人才大量外流，出现"孔雀东南飞"的局面呢？归根结底是由物质利益规律所决定的。具体地说，是由东南沿海地区经济发达，人才收入水平高，而东北地区经济落后，科技人员、管理人才乃至一般职工收入水平过低所致的。资料显示，广东、福建、江苏、浙江等地企业经营者年收入一般在十几万元以上。而东北地区企业董事长、总经理们年薪收入超过十万元者都比较少。2002年，全国城镇居民家庭可支配收入排序，广东、江苏、浙江、福建、山东等发达省份均排在前列，而辽宁、吉林、黑龙江分别是第20、第30、第29位，可见东北地区居民家庭收入水平之低，甚至比许多中西部省份还低。物质利益规律支配人们自动地追逐高收入和高福利，人往高处走，鸟往亮处飞，东北人才外流确属必然。

东北地区要从根本上扭转"孔雀东南飞"的局面，实现"百鸟东北鸣"，使成千上万的各种能人及人才到东北施展才华，大展创业创新宏图，必须大刀阔斧地进行收入分配制度改革，突破"收入低—经济落后"互为因果的不良循环，大幅度提高人才的收入水平。按国家统计局统计，目前我国高收入职工群体与低收入职工群体的收入之比为5.4∶1。这个比例不应是固定不变的，而应随着经济发展水平的提高而不断提高，并且在不同地区亦应有所差别。科技人员与经营管理者是第一生产力的载体及代表，在很大程度上决定企业的兴衰，并承担科研风险及经营风险，理当属于高收入群体。市场经济条件下，物质利益激励是促进经济发展的恒久动力。只有他们的收入与他们的付出相适应，使他们的价值得以最大体现，他们才会充分发挥自己的聪明才智，为经济发展建功立业。

（二）人才是振兴东北经济的决定性因素

人是生产力要素中最活跃的因素。人才由于是具有一定知识与技能的劳动者，能自觉主动地运用生产资料改造劳动对象，因而是促进生产力发展与提高的能动力量，越来越成为生产力中起决定作用的因素。因为历经多次科技革命的作用，生产工具日益现代化，劳动对象也发生革命性变化，作为人才的劳动者必须高智能化、科技化，而这样就使生产力发生革命性变化，人才已经成为生产力发展、经济增长的内在的决定性要素了。所以，当今世界经济的发展，尤其是进入信息社会知识经济时代，经济的增长与发展越来越依赖于人才。

世界各国之间及中国各省份之间的经济竞争，归根结底综合为人才的竞争。谁拥有更多掌握先进科学技术，并能创造更多具有独立知识产权、高附加值产品的人才，谁就会在激烈市场竞争中夺取优势，在经济发展中就会占得先机，获得领先地位。所以，东北经济振兴必须广纳人才，重用人才。除了用高物质利益吸引与激励以外，还要用制度留人与用人，也要感情留人与用人。什么时候东北地区真正成为人才济济之地，变"孔雀东北飞"为"百鸟东北鸣"，东北经济的振兴与繁荣便开始了。

五　结语

振兴东北经济，绝非只是以上四个要素，还有如政策、科技进步等因素。但本文认为，政策、科技进步等因素融汇于上述四大要素之中，只要抓住以上四大要素便可带动之。振兴东北经济是一个错综复杂的系统工程，影响因素众多，工作千头万绪，不能"胡子眉毛一把抓"，必须突出重点，抓实质，抓关键。

还必须明确，以上四大要素是互相关联、互相结合、互相促进的，切不可孤立片面地单项推进，而一定要"四轮"联动。当然，这四要素也不是简单平行并列、可以等量齐观的，在不同时期或不同省份可以依据自身的实际情况，有所侧重。但无论如何不能偏废其中某一要素。

（本文发表于《东北亚论坛》2006 年第 4 期）

长春市上市公司在地方经济发展中的地位与作用*

一 对长春市上市公司发展状况的分析

(一) 总量分析

1. 上市公司数与全国15个副省级城市的比较

截至2000年12月31日,包括中直4家公司和省直6家公司在内,长春地区共有19家国内上市公司,其中沪市13家,深市5家,香港1家。除大成玉米在香港上市外,其余18家占沪深两地1121家上市公司的1.6%,占全省31家上市公司的58%。18家国内上市公司总股本为64.56亿股,比1999年增长7.6%;资产总额达299.86亿元,平均每家为16.66亿元,比1999年增长9.4%。截至1999年年末,在全国15个副省级城市中(省级国资背景的上市公司注册地在上述城市的,也包括在内),共有266家公司在沪深两地挂牌上市(不包括发行B股和基金),长春市名列第五位。深圳市因其在中国证券市场的特殊地位,有65家上市公司,占总数的24.44%,高居榜首;武汉市和成都市各以20家占总数的7.52%,名列第二位。

---

* 本文系长春市科委软科学课题项目成果。课题组长为潘石,参加人员为孙晔伟、吕日、赵惠敏、齐艺莹、杨大光等。

2. 股本总额、资产总额、净资产总额和流通股与全国 15 个副省级城市的比较

从股本结构来看，截至 2000 年年底，长春市 18 家国内上市公司总股本为 64.56 亿股，比 1999 年增长 7.6%，平均每家 3.59 亿股。具体来看，总股本超过 10 亿元的只有一汽轿车、东北高速 2 家，分别为 16.275 亿元和 12.132 亿元；超过 3 亿元的有 4 家，分别是亚泰集团 4.7 亿元、长春长铃 3.73 亿元、吉林森工 3.105 亿元、长春经开 3.06 亿元，其余上市公司的股本规模都在 1 亿—3 亿元。从流通股本数量上看，超过 1 亿股的有 8 家，其中一汽轿车 5.46 亿股，东北高速 3 亿股，亚泰集团 2.755 亿股，吉林森工、一汽四环、长春长铃、吉发股份、北方五环 5 家在 1 亿—2 亿股，其余公司都在 1 亿股以下，而且长春热缩和离合器两家在 5000 万股以下。

从资产总额来看，这 18 家上市公司总资产约为 299.86 亿元，平均每家为 16.66 亿元。其中总资产规模超过 40 亿元的有一汽轿车、东北高速和亚泰集团；资产规模在 10 亿—30 亿元的有长春经开、吉林森工、一汽四环、长春长铃、吉发股份和长春高新；其余企业资产规模均在 10 亿元以下。从企业的净资产总额来看，这 18 家公司的资产总额为 180.51 亿元，平均每家为 10.03 亿元。净资产规模在 10 亿元以上的有吉林森工、长春经开和亚泰集团。

3. 融资额与全国 15 个副省级城市的比较

从上市融资所筹资金额来看，1993—2000 年年末，18 家上市公司共筹集资金约为 120.3 亿元，其中市属 8 家上市公司筹集 34.47 亿元。1996 年是上市公司的高峰期，共有 5 家公司上市，其中一汽轿车股本规模较大，筹集资金较多，达 25.4 亿元；1998 年仅离合器 1 家公司上市，筹集资金为 0.91 亿元；1999 年 9 月长春经开上市，筹集到资金约 7 亿元。同时，各上市公司充分利用自身优势进行增资扩股，仅 1998 年长春市就有 6 家上市公司进行配股，共筹集资金达 18.6 亿元，大大缓解了资金紧张状况。1999 年，长春市通过长春经开新股发行 6.96 亿元，欧亚集团配股 1.13 亿元，共计在证券市场筹集资金 8.09 亿元。截至 1999 年 6 月，全国 15 个

副省级城市通过沪深两市上市发行股票共筹集资金总额达515.07亿元，长春市的筹资数额名列第2位。在配股方面，1995年至1999年6月，全国15个副省级城市的每家上市公司实现配股次数的平均数，长春市位居第4位。由于配股上市公司数量比较多，使长春上市公司从二级市场配股筹集资金位居第3位。

（二）行业分布

从行业分布来看，在18家上市公司中，国家重点支持的国有大中型企业占有较大比重，汽车、农畜产品深加工和高新技术三大支柱产业都有上市公司，其中汽车产业4家，农产品深加工1家，高新技术2家，轻工2家，机械1家，商业2家，生物制药1家，房地产和建材行业1家，基础设施开发1家，体育产业1家，林业1家，公用事业1家。这些上市公司在行业中较好地发挥了排头兵作用，为带动长春市经济发展打下了良好的基础。其中，代表长春市支柱产业的一汽轿车、吉发股份和长春高新等第一批上市公司，有力支持了红旗轿车、百万吨玉米深加工和生物等重点工程的建设，充分体现了长春市利用上市公司促进全市经济结构调整和带动全市经济发展的总体思路和战略部署。

（三）资产状况和业绩分析

1. 资产状况分析

（1）变现能力分析

变现能力反映了上市公司的支付能力，也可以衡量出其短期偿债能力。从总体上看，长春市上市公司的变现能力较强，各项变现能力指标基本处于合理的水平。从流动比率上看，18家上市公司的平均流动比率为1.934，处于理想的财务水平。个别来看，东北高速、长春热缩、离合器、吉林森工、长春经开、长春燃气、一汽四环、一汽轿车等均超过平均水平，其中东北高速为4.208，长春经开为3.293，长春燃气为3.013，均远远超过理想水平，说明这些公司资金充足，支付力强，具有较强的投资潜力，预示着这些公司正在积聚能量,可以在市场上寻找可观的投资项目,以求更高的投资回报率。同时也应看到,还有多数公司流动比率有待提高,特别是长春集团、北方五环、PT 吉轻工 3 家,流动比率均低于 1,极易给公司造成紧张的财务状况。再从速动比率上看,长春上市公司平均水平为 0.74,比理想水平低了 0.26,表现出上市公司在资产支付能力上较弱;速动比率高于 1 的企业只有东北高速、长春热缩、吉林森工、长春燃气、一汽四环和一汽轿车,其余企业速动比率均低于平均水平。

(2) 偿债能力分析

流动比率虽然能衡量出企业的变现能力和短期支付能力,但要考察企业长期债务的支付能力,还需要分析企业的资产负债率。总体来说,长春市上市公司的债务比率处于一种稳健经营水平,平均资产负债率为 42.804%,多数公司的资产负债率处于合理的范围内,见表 1。

表 1　　　　　　　　上市公司负债比率分布情况

负债比率范围(%)	0—30	30—60	60
数量(家)	6	11	1

(3) 资产管理水平分析

可以从应收账款周转率这个指标大致分析企业资产的管理水平。从应收账款的管理上看,18 家上市公司的平均应收账款周转率为 19.719,说明应收账款周转率比上一年度有所加强,资产管理水平总体有所提高。一些公司应收账款管理得比较好,如欧亚集团、吉林森工、一汽轿车等;而另一些公司应收账款周转率管理仍需进一步加强,特别是东北高速、北方五环等公司,其相关指标低于 1,有待加强资产的管理,提高资产的运营效率,为企业带来更高的经济效益。

2. 经营业绩状况

从经营业绩上看,长春市上市公司总体经营业绩稳中有升,经营稳健，各项经营指标明显优于长春市其他类型企业。从纵向上看，截至 2000 年年末，这 18 家国内上市公司实现主营业务收入 102.585 亿元，比 1999 年增长了约 6.8 亿元，增长 7.1%；实现利润 25.49 亿元，比 1999 年增长 8.22 亿元，增长 47.62%；每股收益 0.1536 元，比 1999 年减少约 26%；每股净资产 2.777 元，较 1999 年上升了约 5 个百分点；净资产收益率 4.576%，改变了 1999 年为负的情况。从横向上看，长春 18 家上市公司除每股净资产略高于全国平均水平外，每股收益和净资产收益率都低于全国平均水平。从个股来看，每股收益除一汽四环 0.52 元外，其余都在 0.5 元以下。吉发股份、北方五环、PT 吉轻工甚至亏损，每股收益为负，在一定程度上影响了长春市上市公司的整体经营业绩。除个别企业外，上市公司大都成为知名品牌和行业龙头，充分发挥了上市公司在全市经济运行中的带动作用，体现了上市公司在长春市经济运行体系中的主导地位，见表 2。

表 2　　长春市上市公司 2000 年经营业绩与全国平均水平比较

主要财务指标	长春市	全国平均
每股收益(元)	0.15	0.20
每股净资产(元)	2.78	2.61
净资产收益率(%)	5.53	7.72

(四) 治理结构

在长春市上市公司中，国有大中型企业、传统企业占有相当的比重，"一股独大"的现象还比较严重，内部人控制现象也时有发生。从股权分散的程度来看，18 家上市公司中被绝对控股的企业共有长春长铃、长春燃气、吉林森工和一汽轿车 4 家，其他企业虽无"一股独大"现象，但相对控股的现象也比较严重，股权分散程度不够理想。

从内部经营机制和管理层的建立来看，上市公司在资本市场和政府的监督下，大多加快了建立现代企业制度的步伐，形成了股东大会、董事会、监事会、经理等多层监管治理机制。除个别企业在经营机制与管理上尚不完善外，长春市上市公司治理结构的总体情况还是相当不错的。这为上市公司在长春市经济发展中发挥更大作用奠定了良好的基础和条件。

二 长春市上市公司在长春市经济发展中的作用

从长春市来看，证券市场对长春市经济的推动作用主要体现在以下几个方面。

（一）资本贡献

资本短缺一直是困扰国有大中型企业发展的关键问题。证券市场的基本功能之一就是融资功能。证券市场的兴起，改变了企业过去仅仅依靠财政拨款和银行贷款的单一融资结构，开辟了企业通过证券市场直接融资的渠道。企业通过资本市场发行股票、债券进行直接融资具有多种优势，如融资额大、成本低廉、灵活性强等。企业通过证券市场既可以直接融通所需资金，又可以降低筹资成本。对于投资者来说，在为其提供投资渠道及获得较高投资收益的同时，也分担了投资风险。截至2000年年末，长春市18家上市公司通过发行股票在资本市场共筹集了资金约120.4亿元。如一汽轿车1997年上市时筹集资金达25.4亿元，1998年又通过配股募集资金7.97亿元。这些资金的获得，除了为企业发展提供了必需的资金外，还为企业重组和地区经济结构的调整起到了巨大的作用，为上市企业注入了巨大的活力和动力。

从上市公司用所募集资金投入项目的情况来看，大多为资金、技术密集的项目。如一汽四环通过对原有企业进行改造，包括对橡胶件原料分库、原车厢装配厂油库等五项基建项目投资365万元，对冲压件喷涂线改造、闭磁路线圈自动检测系统等共计22个技术改造项目投资272万元，等等，大幅度提高了产品生产质量，同期小轿车、轻型车的生产量与销售量也相应增加。

(二) 行业拉动作用

上市公司往往是该地区的优势产业、支柱产业。规模大、业绩优的上市公司可以成为本地区本行业的龙头，带动相关行业及地区经济腾飞，进而改善经济环境，促进经济的良性循环。

以长春市汽车工业为例，该行业是一个资金密集、技术密集、原材料消耗大、综合性强、经济效益高的产业部门，而且产业关联效应极强，可以有效带动机械、电子、冶金、化工、石油、煤炭、电力、建筑和交通等行业的发展。目前世界各主要汽车生产国，汽车工业创造的产值约占制造业产值的10%，并带来约2.5倍的波及效应；包括相关产业在内，其提供的就业机会占总就业人数的10%—12%。据世界经济专家最保守估计，汽车工业每增加1个产值单位，各相关工业至少增加2.67个产值单位。

长春市汽车工业一直在全国汽车行业中居领先地位。长春市汽车工业是伴随着一汽的建设，是从无到有，从小到大，不断发展壮大起来的。在长春市18家上市公司中，就有4家处于汽车产业（一汽轿车、长春长铃、一汽四环、离合器）。2000年，这4家公司生产的汽车车辆总额为32.3万辆，比上年同期增长了17.5%，实现的工业总产值为440亿元，占长春市工业总产值（749.7亿元）的58.7%。这些企业在自身发展的同时，带动了长春市机械业、冶金、石油、交通等多个行业的发展，从而有效利用了行业比较优势，实现了资源配置的优化，并推动了长春市经济和社会的发展。

但值得注意的是，随着全球汽车生产过剩，中国汽车工业由于在技术、规模、价格上都与国际水平存在较大差距。如何支持长春市汽车工业、动员长春市各种资源向汽车产业配置，将是长春市政府在未来长春经济发展中面临的最大课题。借助资本市场大规模筹集资金以及引导企业进行大跨度资产重组，将是解决这一问题的较好途径。

（三）经济结构调整

资本市场的运转法则是资本能够及时流动，自动趋向有效的运营场所。通过资本市场调节，可以实现资本本质要求，调节优势企业兼并收购弱势企业，调节优良资产改造不良资产，调节优势产业替代劣势产业，进而实现产业结构的优化与升级。

近年来，随着长春市上市公司资产重组的进行，长春市的经济结构调整取得了积极进展，经济保持了快速健康发展。如代表长春市支柱产业的一汽轿车、吉发股份和长春高新等一批上市公司，有力支持了红旗轿车、百万吨玉米深加工和生物等重点工程的建设，充分体现了长春市利用上市公司促进全市经济结构调整和带动全市经济发展的总体思路和战略部署。

以吉林汽车制动器厂为例。该厂从1993年开始连年亏损，累计亏损达1亿多元，严重陷入困境。1997年，长春市积极促成生产汽车离合器产品急需扩大生产规模的东光离合器股份有限公司将其整体兼并，成立了吉林东光离合器零部件有限责任公司，一举卸掉了债务包袱，当年实现扭亏为盈，从而顺利实现了资源优化配置和生产要素的优化组合。目前，长春市汽车工业产值由1995年的231.2亿元跃为2000年的440亿元；农产品加工业产值占工业产值的比重达到17%左右；高新技术产品产值占工业产值比重达20%左右，形成了几个超10亿元的大项目。长春市三大支柱产业（汽车、粮食深加工和高新技术）规模进一步发展壮大，产值占全市工业总产值的比重超过80%。

尽管如此，结构性矛盾仍然是制约长春市经济发展的主要矛盾。我国已经加入WTO，这对长春市的农业、汽车工业等将会产生较大冲击。因此必须坚持以市场为导向，通过证券市场推进国有企业的战略性改组，依靠科技进步，推进产业升级，从而不断提高产业竞争力和经济增长质量。

（四）转换上市公司经营机制，提高管理水平

目前国有企业改革的目标之一是建立现代企业制度。通过在资

本市场中进行股权和产权交易，对企业进行股份制改造，可以把非国有经济成分引入国有经济，可以将不同国有经济法人主体引入同一国有企业，随之引入适应市场经济竞争的产权清晰、权责明确、政企分开、管理科学的现代企业运行机制，从而加快国有企业的经营机制向现代企业制度的转变。

长春市上市公司在实行股份制改造后，都纷纷建立了法人治理结构，使企业实现了所有权与经营权的分离，成为相对独立的商品生产者和经营者，拥有管理权、经营决策权、生产指挥权和监督权。这四种权利既有明确的划分，分别由不同的管理机构或人员来行使，又有合理的制约，如通过企业经营绩效和财务的公开，保证了所有者和市场力量对经营者的约束。这种约束既是压力又是动力，促使各上市企业改善经营管理，不断提高经济效益。

经过几年的发展，上市公司的运作日益规范，规模不断扩大，效益大幅度提高，并在政府的支持下积极推动了长春市国有企业的公司制改造、公司制企业的规范运作和内部经营机制的转换。亚泰集团在成立之初就严格按照《公司法》的要求规范运作，建立了法人治理结构和以"产权清晰、权责明确、政企分开、管理科学"为核心的现代企业制度，并推出以计划管理为主、审计调研为辅，约束激励并重的具有亚泰特色的科学管理模式，从而最大限度地调动了员工的积极性，经营规模不断扩大，经营领域日益拓宽。

（五）城市改造

包括城市能源、城市给排水、城市交通运输、邮电通信、城市防护、城市环境六大系统的城市基础设施建设，不仅对改善城市功能、优化投资环境、促进社会进步、提高人们生活水平具有重要意义，而且对经济增长有较强的乘数效应和推动作用。据有关资料表明，在人均收入40—1120美元阶段，基础设施的全要素生产率对产业增长的贡献将由16%提高到30%。近年来，长春市在经济连续增长的同时，城市基础设施建设也取得了较大的成绩，成为长春市经济持续、稳定、快速增长的重要基础与动力。在这方面东北高速作为长春市唯一一家基础设施开发行业的上市公司，对利用资本市场进行长春市基础设施建设起到了重要的带动作用。亚泰集团则通过大力扶持房地产、建材产业对长春市的城市建设起到了推进作用。长春"亚泰大街"的建设，便是一个很好的证明和范例。随着亚泰集团水泥三期工程的启动，将进一步增强亚泰水泥参与市场竞争的能力，进一步改善长春市交通条件和区域经济环境。

城市基础设施建设是一项资本系数高、配套性强、建设周期长、沉没成本高、投资回报稳定的活动，其发展水平与投入的资金量直接相关，因而支持基础设施行业的公司上市，可以带动城市基础设施建设、加强城市改造，这对长春市未来的发展，有着至关重要的作用。

（六）示范效应

与长春市传统的国有企业相比，这18家上市公司从总体上看具有以下特点。

1. 上市公司通过在资本市场上进行融资，运作日益规范，使自身发展的规模逐渐扩大

五年来，亚泰集团总资产由4.5亿元增至40多亿元，增长了8倍；净资产由1亿多元增至17亿元，增长了15.8倍；总股本由5040万股增至4.7亿股，增长了8.43倍。

2. 资产质量比较好

由于上市公司在上市前都进行了改制和或多或少的资产重组，上市后又通过募集资金对企业资源进行了优化组合，所以无论是从资产负债率上看，还是从变现能力、现金流量等方面的指标上看，多数上市公司的资产质量都比较好，盈利能力较强。

3. 经济效益比较好

上市公司由于实行自负盈亏的产权管理机制、自主经营的决策机制、自我发展的积累机制、自我约束的利益和风险机制，因而在经营方面比传统企业更具有优势和绩效，其经营利润往往比传统企业要好。

4. 监管严格，股东权益有保障

企业上市后，由于接受政府与证券管理当局的强制性监管，接受强制性的社会公众监管和强制性的中介机构审计，对企业的经营管理绩效更为重视，从而更有利于国有资产和其他股东资产和权益的保值和增值。

5. 上市公司有长期资本金的来源，资本结构决策的选择余地大

由于上市公司可在资本市场上不断持续融资，对于资本结构的选择比别的企业要大。上市公司可充分利用资本市场低成本筹资的优势，减少投资风险。

尽管个别企业在经营中出现了或多或少的问题，长春市上市公司在经营总体上表现突出，起到了模范带头作用，对长春市企业的经营与发展起了示范作用。这种示范作用将会有力促进和带动长春市传统企业的改造与重组，从而使长春市经济发生根本性变化。

(本文发表于《长春市委党校学报》2002 年第 5 期)

本文以"课题组"名义发表，课题组长为潘石，副组长为吕日、孙晔伟，参加人员为赵惠敏、齐艺莹、杨大光、高秀芳。

四

世界经济问题研究

论资本主义经济政治发展不平衡规律及其在战后作用的新特点

七十一年前,列宁科学地分析了垄断时期的资本主义经济特征及第一次世界大战前后的世界经济政治形势,在马克思主义发展史上第一次明确提出资本主义经济政治发展不平衡规律,为无产阶级的社会主义革命提供了强大的理论武器,丰富和发展了马克思主义。七十多年来,特别是第二次世界大战以来,资本主义世界发生了巨大的变化,无论是在经济方面还是在政治方面,都出现了许多新情况和新问题。在新的历史条件下,我们研究资本主义经济政治发展不平衡规律,尤其是认识它在战后发生作用的新特点,对于我们认识资本主义发展的规律性,自觉地运用这个规律去创造和争取和平的国际环境,加速我国的"四化"建设,无疑有重要的现实意义。

一 资本主义经济政治发展不平衡规律的基本内容

资本主义经济政治发展不平衡的规律,是1915年列宁在《论欧洲联邦口号》一文中首先明确提出来的。他指出:"在资本主义制度下,各个经济部门和各个国家在经济上平衡发展是不可能的。在资本主义制度下,除了工业中的危机和政治中的战争以外,没有别的办法可以恢复经常遭到破坏的均势。"① "经济政治发展的不平

---

① 《列宁选集》第二卷,人民出版社1972年版,第708页。

衡是资本主义的绝对规律"。① 列宁的这个论断，是对帝国主义时代资本主义经济政治发展状况的科学概括和理论总结，是对马克思主义政治经济学理论的新贡献。

为什么说经济政治发展不平衡是资本主义的绝对规律呢？从根本上说，资本主义经济政治发展的不平衡，是资本主义制度本质的反映，是剩余价值规律与竞争和无政府状态规律在国内乃至国际范围发生作用的必然结果。资本主义制度是建立在生产资料资本家私人占有的基础上的。资本主义私有制决定资本主义生产的目的是获取更多的剩余价值。追求剩余价值的贪欲，驱使资本家们展开了激烈的竞争，使得社会生产处于无政府状态。在竞争中，那些资本雄厚、生产条件优越的企业，能够获得较多的剩余价值，从而增加资本积累，扩大生产规模，使自己的企业不断地扩大和发展起来；而那些资本力量薄弱、生产条件差的企业，则由于在竞争中只能获得少量剩余价值或根本得不到剩余价值，因而无力扩充自己的资本，无力扩大再生产，以至于最后衰败破产。在竞争中，一些企业急剧扩大，另一些企业衰败破产，这就不可避免地造成各企业之间的发展不平衡。再从各部门来看，资本主义社会各部门的利润率是高低不同的。利润的平均化只是一种趋势，只是竞争的结果。在竞争中，资本总是随着利润率的高低而变化的。由利润率低的部门向利润率高的部门自发转移。这样，利润率高、利润量大的生产部门就会不断地有新资本流入，这类部门就能得到较迅速的发展；而那些利润率低、利润量小的部门则由于资本不断流出，其发展规模和速度都会大大放慢，乃至下降。同时，在超额利润的诱惑下，资本家竞相改进技术，采用先进的机器设备和生产方法。哪个部门最先最多地采用先进的生产技术和生产设备，这个部门就会得到迅速的发展；而那些没有采用先进生产技术和生产设备的生产部门，其发展速度就要慢得多。正是由于剩余价值规律与竞争和生产无政府状态规律的自发调节，才造成了各企业和各生产部门之间的发展不平

---

① 《列宁选集》第二卷，人民出版社 1972 年版，第 709 页。

衡。而恰恰是这两种发展的不平衡又引起了资本主义各国之间发展的不平衡。那些拥有资本雄厚、生产条件优越的大企业较多的国家，会比那些拥有这类大企业较少的国家经济发展得更快一些。同样，在一定时期内，一个国家如果先进的生产部门在其所有的生产部门中占主导地位，那么这个国家的经济发展就要快些；反之，这个国家的经济发展就要慢些。总之，资本主义世界在其发展运动中，总有一些国家发展得快，处于领先地位，而另一些国家则发展较慢，处于相对落后的地位。它们根本不可能以同样的步伐和同样的速度前进，更不会处于绝对平衡状态。正如列宁所说："因为在资本主义制度下，各个企业、各个托拉斯、各个工业部门、各个国家的发展不可能是平衡的。"① 只要存在资本主义制度，资本主义各国发展的不平衡，就是一种客观的必然，这是不以人们的意志为转移的。

那么，我们又如何理解列宁提出的资本主义经济政治发展不平衡的规律呢？

顾名思义，它既包括经济方面的不平衡，又包括政治方面的不平衡，是这两方面不平衡的辩证统一。其中，经济方面的不平衡是基础，它决定和制约着政治方面的不平衡；而政治方面的不平衡则是经济方面不平衡的表现和结果，它影响和反作用于经济方面的不平衡。我们绝不能把这两方面的不平衡平列起来，等同看待。斯大林指出："把资本主义国家发展不平衡的规律的政治方面和经济方面同等看待，这显然是错误的。"② 经济方面的不平衡，主要是指经济发展速度上的不平衡，如上所述，它主要包括资本主义国家内部各企业之间发展的不平衡和各部门之间发展的不平衡，尤其是资本主义各国之间发展的不平衡。政治方面的不平衡，是指政治力量、军事力量、阶级矛盾和阶级斗争以及无产阶级的成熟程度等方面的不平衡，这两方面的不平衡是互相联系、互相作用、不可分割

---

① 《列宁选集》第二卷，人民出版社1972年版，第837页。
② 《斯大林全集》第九卷，人民出版社1954年版，第147页。

的，二者的有机统一构成资本主义经济政治发展不平衡规律的基本内容。

在经济方面的不平衡中，主要是资本主义各国之间在经济发展速度上的不平衡。资本主义各国经济发展速度的不平衡，使后进的资本主义国家赶上或超过发达的资本主义国家，从而引起它们的发展水平趋于均衡化。

发展速度的不平衡与发展水平的均衡化，是辩证统一的关系。发展速度的不平衡是发展水平均衡化的前提，没有发展速度的不平衡，就不会有发展水平的均衡化；而发展水平的均衡化既是发展速度不平衡的结果，又是发展速度不平衡进一步加剧的新起点。发展速度的不平衡，是指经济增长速度快慢不等；而发展水平的均衡化，则是指经济实力的差距逐步缩小，趋向于平衡。可见二者是有区别的，不能混为一谈。否认二者的差别，把它们混为一谈，就是否定资本主义经济政治发展不平衡规律。在20世纪20年代，马克思列宁主义的凶恶敌人托洛茨基一伙，以帝国主义时期资本主义各国经济发展水平的差别日益缩小为根据，否定资本主义各国发展不平衡的规律，反对列宁关于社会主义可能首先在一国获得胜利的理论。斯大林批判了托洛茨基一伙的谬论，明确指出，绝不能把帝国主义时期资本主义发展不平衡问题同各资本主义国家发展水平的均衡化混为一谈。[1]

但是，把发展速度的不平衡同发展水平的均衡化完全割裂开来，认为二者毫无联系、截然对立，也是不适当的。斯大林指出："均衡化的上升是不是和帝国主义时期发展不平衡的加强相矛盾呢？不，不相矛盾。相反地，均衡化正是帝国主义时期发展不平衡作用可能加强的背景和基础只有像我们的反对派那样不懂得帝国主义实质的人，才能把均衡化和帝国主义时期发展不平衡的规律对立起来。"[2] 发展速度不平衡与发展水平均衡化是紧密相连的，否定它

---

[1] 《斯大林全集》第九卷，人民出版社1954年版，第94页。
[2] 《斯大林全集》第九卷，人民出版社1954年版，第94—95页。

们之间的联系,同样是对资本主义经济政治发展不平衡规律的否定。

当然,资本主义各国发展水平的均衡化,在任何时候都是相对的。恩格斯指出,世界上"一切平衡都只是相对的和暂时的"①。这是因为资本主义的发展运动是绝对的,均衡或平衡必然被经常的永恒的运动所打破,尽管打破均衡的形式可能会发生变化。

在第二次世界大战以前,资本主义国家之间发展水平均衡化的打破,一般是经过战争的形式。战争既是资本主义国家经济发展速度不平衡,引起经济发展水平均衡化的结果,同时又是打破经济发展水平均衡化,加剧发展速度不平衡的重要条件和杠杆。

第二次世界大战以后的经济政治发展实践告诉我们,资本主义经济政治发展不平衡所引起的帝国主义各国发展水平的均衡化,可以长时期地维持,并且,它也不一定非经过战争的形式来打破。过去,我们经济学界包括世界经济领域,把列宁关于资本主义经济政治发展不平衡的规律理解得过于狭窄,过于绝对,认为帝国主义各国发展水平均衡化的打破,只有经过战争这个唯一的形式,根本不可能也不会有其他的形式,这显然是不符合实际的,也是不恰当的。现在看来,革命可以不靠战争来实现,在和平的国际环境下,在反战的斗争中,革命照样能前进和发展。这样,我们就可以得出一个与过去有所不同的新公式。过去的公式为,不平衡—战争—革命;现在的新公式为,不平衡—和平/战争—革命。

帝国主义各国之间的发展不平衡仍可能导致战争,我们绝不能根本否定和排除这种可能性,否则,就会丧失应有的警惕与戒备。但是,也应看到,在战后的特殊历史条件下,帝国主义各国之间的发展不平衡也可以不发生世界大战,从而使世界保持和平。这主要是因为,第二次世界大战后,整个世界经济政治形势发生重大变化,社会主义体系在世界产生并日益强大,它广泛地团结世界上一切和平力量、反战力量,迫使帝国主义者不敢轻易发动世界战争。

---

① 《马克思恩格斯全集》第二十卷,人民出版社1971年版,第590页。

总之，世界资本主义就是在发展速度与经济发展水平的平衡与均衡化的矛盾运动中不断循环地向前发展的。每一次循环都会有不同的特点，但都不可避免地引起两种趋势或前途，即和平或战争。我们要争取和平，反对战争，这不仅有利于我国的"四化"建设，也有利于推动世界革命的发展。

二 资本主义经济政治发展不平衡规律在战后作用的特点

资本主义经济政治发展不平衡的规律是随着社会经济条件的变化而变化的。在资本主义的不同发展阶段，由于社会经济条件的变化，资本主义经济政治发展不平衡的规律必然具有不同的表现形式和特点。

在垄断前资本主义时期，资本主义各国的经济发展呈现缓慢、平稳、上升的特点，没有产生急剧的跳跃，一些国家赶上或超过另一些国家，需要很长的时间。虽然发展不平衡规律的作用也改变着资本主义各国的经济政治力量对比，但变化并不急剧。并且，由于当时世界上还存在大片"无主"的土地，因而也并没有导致重新瓜分领土和势力范围的世界战争。

可是，到了19世纪末20世纪初，情况就不同了。随着自由竞争的资本主义过渡到垄断的资本主义，资本主义经济发展不平衡规律具有了新的表现形式和特点。对此，斯大林做了一个精辟的概括，他指出："帝国主义时期发展不平衡的规律就是：一些国家跳过另一些国家，一些国家很快地被另一些国家从世界市场上排挤出去，以军事冲突和战争灾祸的方式周期性地重新分割已被瓜分的世界，帝国主义阵营内部的冲突加深和加剧起来，世界资本主义战线削弱，个别国家的无产阶级可能突破这条战线，社会主义革命可能在个别国家内获得胜利。"[①]

[①]《斯大林全集》第九卷，人民出版社1954年版，第95—96页。

第二次世界大战以后,科学技术的发展日新月异,社会生产高度社会化、国际化,国家垄断资本主义获得前所未有的大发展,被压迫民族和被压迫人民的民族解放斗争风起云涌,帝国主义的殖民体系崩溃瓦解,许多原来属于帝国主义管辖的殖民地、半殖民地及附属国纷纷取得了独立,一大批发展中国家正在崛起。所有这些世界经济政治状况的新变化,不得不使资本主义经济政治发展不平衡规律的作用产生新的形式和特点。

笔者认为,战后资本主义经济政治发展不平衡规律的作用,较之战前更广泛,更剧烈,更深刻。它具体表现为三种形式的不平衡:一是发达资本主义国家之间的不平衡;二是发展中国家(这里指资本主义性质的国家)之间的不平衡;三是发展中国家与发达资本主义国家之间的不平衡。这三种不平衡既有区别,又有联系,它们互相影响、互相交错、互相作用、互相依赖,统一构成资本主义世界的发展不平衡。

那么,战后资本主义经济政治发展不平衡规律的作用,具有哪些新的特点呢?笔者认为,主要有以下几点。

第一,经济发展速度明显加快,经济发展水平趋于均衡化的时间大大缩短。在垄断前的自由资本主义阶段,一个国家赶上或超过另一个国家,实现经济发展水平均衡化的时间是比较长的。一般来说,大约需要一个世纪的时间。例如,荷兰发展成为经济上的强国,取代葡萄牙、西班牙的领先地位,用了近百年时间。英国在工业生产、对外贸易等方面走在其他各资本主义国家的前面,也长达一个世纪多。进入垄断阶段以后,资本主义国家经济发展出现明显的跳跃,但直到第二次世界大战以前,主要资本主义国家经济发展水平的均衡化也要40—50年的时间。第二次世界大战以后,由于日本、西德等一些后起的资本主义国家以惊人的速度向前跳跃,仅用20年左右的时间,就实现了同美、英、法等发达资本主义国家的经济发展水平的均衡化。第二次世界大战后主要资本主义国家经济发展水平均衡化时间大大缩短,无可辩驳地说明资本主义再生产周期的循环较之战前大大加快。这是由于资本主义经济发展存在两种趋势——迅速发展的趋势和停滞的趋势,尤其是发展的趋势在战后的一段时间里占上风所决定的。

第二,主要资本主义国家之间经济发展水平或经济实力均衡的维持时间相对延长。19世纪末20世纪初,美、英、法、德、日、奥等主要资本主义国家的经济实力大体趋于均衡,特别是德国的经济实力已经超过了英、法两国。但当时,英、法占据了世界上绝大部分的殖民地与势力范围,而德、日、奥等国却很少有殖民地。于是,帝国主义之间重新瓜分殖民地和势力范围的战争——第一次世界大战,很快就打破了它们之间的均衡。从经济力量均衡的建立,到经济力量均衡的破坏,总共不超过10年左右的时间。特别是20世纪30年代末,大约在1937年,德国、日本的经济实力就赶上或超过了英、美、法等国,主要资本主义国家的经济实力大体上相均衡。但没有多久,到1939年年底就爆发了第二次世界大战。其间,经济实力的相对均衡,只不过维持3—4年时间。令人瞩目的是,第二次世界大战以后,主要资本主义国家美、英、法、西德、日本等,在70年代就基本上达到实力相当,经济上的均衡已经建立。美、日、西欧共同体三足鼎立局面的形成,就是战后资本主义世界经济达到相对均衡的真实写照。到目前为止,这种均衡的态势已经维持15年了,今后还会维持较长时间。因为,世界性战争的危险虽然依然存在,并且近几年来超级大国之间的军备竞赛又有新的升级,但我们可以确信,世界性战争在短期内仍不会发生。社会主义体系的力量不断增长,各国人民反帝、反殖、反霸斗争进一步高涨,广大第三世界的崛起与进一步团结,这些都会遏止或延缓战争的爆发。况且,有资格有条件发动世界大战的两个超级大国还都没有达到除了战争外别无选择的地步。即使在两个超级大国内部,人民反战的呼声也越来越高。只要世界上革命的力量、和平的力量、反战的力量占上风,世界战争就不会爆发。而只要世界战争不爆发,主要资本主义国家之间的均衡态势就会持续下去,不会从根本上被破坏。

第三,由经济发展不平衡所引起的主要资本主义国家之间争夺投资场所、争夺市场的矛盾，比战前更尖锐、更激烈，更"短兵相接"了。第二次世界大战后，主要资本主义国家之间争夺发展中国家的投资场所和市场的斗争并没有减弱，与此同时，它们之间争夺对方国家中投资场所和商品市场的斗争空前激烈起来。进入80年代，外国在美国的直接投资，发达资本主义国家约占90%，其中欧洲经济共同体占57.8%，日本占6.4%。1970—1980年，西德对美国的直接投资就增长了近7倍；同期日本对美国的直接投资也增长了17.3倍。① 1981—1983年，日本对美国直接投资增长80亿美元，几乎增长50%，预计到1985年对美国的投资将达220亿美元。② 长期以来，美国也一直想把日本作为自己的重要投资场所。日本从60年代开始限制外国资本输入，美国一再对它施加压力。1984年，日本政府在美国的种种压力下，开始让美国资本大量进入日本。它们争夺对方的国内市场的斗争也愈演愈烈，日本依靠廉价商品这门"重炮"，轰开了欧美市场，其廉价的小汽车、电子产品、机床等在欧美市场畅销无阻。这样，它对美国和西欧的贸易顺差日益增大。1970—1981年，日本对美国和西欧的贸易顺差分别达644.5亿美元和498.2亿美元。近两年又有新的增长。对此，美国一方面采取保护贸易政策，遏止日本产品的长驱直入；另一方面又对日本施加压力，迫使日本自动限制对美国的出口，美国同西欧的矛盾也日益尖锐化。美国认为西欧国家对苏联的能源依赖性过大，唯恐其投入苏联怀抱，对自己不利；而西欧国家则由于能源短缺，继续同苏联保持密切关系。与此同时，西欧国家还极力鼓励对美国的出口，对向美国出口农产品、钢材等实行补贴，以此夺取美国国内市场。对此，美国则针锋相对，采取了限制西欧国家商品进口的政策，美、日、西欧这"三大家"如此短兵相接，彼此向对方国内市场进行渗透与扩张，这就不可避免地导致它们之间的矛盾尖锐化。

① ［苏］《美国政治、经济、意识形态》1982年第3期。
② ［美］《幸福》杂志，1984年8月20日。

第四,战后资本主义经济发展不平衡的又一个突出特点是,资本最雄厚的美国经济地位日益下降。1948 年,美国工业生产在资本主义世界工业中占绝对优势,比重高达 5G.4%,当时英国只占 11.7%,法国占 4.1%,西德占 4.3%,日本仅占 1.5%。[①] 这一年,美国的煤、石油、电力、汽车等重要工业品产量,在资本主义世界都居第一位。进入 20 世纪 50 年代以后,美国经济虽然也有发展,但其工业生产在资本主义世界工业中所占的比重到 1958 年已降为 47%,[②] 1970 年更降到 40.8%,1975 年进一步降到 37.6%. 而在此期间,日本则由 1948 年的 1.5% 上升到 1970 年的 9%,西德也由 1948 年的 4.3% 上升到 1970 年的 8.6%。黄金外汇储备方面,美国从 1950 年的 46.8% 急剧下降到 1970 年的 15.5%,而日本则由 1950 年的 1.4% 上升到 1970 年的 5.2%;欧洲共同体由 1950 年的 15.7% 上升到 1970 年的 36.5%。由上可见,至 70 年代,美国在资本主义世界的霸主地位已经丧失了,其经济实力大大削弱。就连美国的经济学家也坦率地承认这一点:"第二次世界大战以来其他国家的经济增长速度超过了美国,美国的相对地位下降了。在 1960 年,美国的国民生产总值几乎占了世界的 30%,到 1980 年只占 20% 多一点了,在这 20 年时间,美国的出口在世界总出口中的比重,从 16% 降至了 11%。"[③]

战后,资本主义经济政治发展不平衡之所以会出现上述一些新的特点,原因是多方面的,例如,军费开支与局部战争的影响。战后美国军费开支数额一直很庞大,这就使美国经济发展速度受到影响。而战后日本军费开支很少,节省出大笔费用发展基础设施,保

[①] 苏联科学院世界经济与国际关系研究所编:《第二次世界大战后资本主义国家经济情况(统计汇编)》,国际关系研究所翻译组译,世界知识出版社 1962 年版,第 58 页。
[②] 苏联科学院世界经济与国际关系研究所编:《第二次世界大战后资本主义国家经济情况(统计汇编)》,国际关系研究所翻译组译,世界知识出版社 1962 年版,第 59—61 页。
[③] [美] 哈德·雅各布逊,《美国的政策、国际机构与世界政治经济的发展》,《世界经济》1985 年第 1 期。

证了国民经济的增长。再如，经济危机的不平衡性，也对资本主义各国发展的不平衡有影响。战后，美国受经济危机的打击最重，而日本、西欧等国受经济危机的打击较轻。笔者认为，上述两条固然是影响战后资本主义经济政治发展不平衡的因素，却不是起决定性作用的基本因素。起决定性作用的基本因素主要有以下两点。

第一，从生产力方面来看，科学技术发展不平衡，是促使战后资本主义各国经济发展不平衡的决定性因素。战后，日本、德国的经济之所以获得高速度发展，一个重要的原因是它们都高度重视科学技术。战后初期，日本的科技水平较美国落后20—30年。为了改变这种状况，日本大量从国外引进先进技术。1950—1970年，日本共引进技术2.6万项，支付引进费用58亿美元。1971—1978年，又引进1.6万项，支付费用达1.75万亿日元。新技术的大量引进和广泛采用，大幅度提高了日本的劳动生产率。仅从1950—1973年，日本制造业每小时产量增长率就高达9.7%，高于同期美国的2.7%，法国的5.3%，西德的5.8%，英国的3.3%。1973—1978年，日本制造业每小时产量增长率为3.5%，而同期美国仅为1.7%，英国仅为0.2%。[①] 至今，日本的劳动生产率也是世界上最高的。战后，西德通过国家的调节，也加速科学技术的发展与应用，它的科研与发展经费占国民收入的比重，自1975—1980年在主要资本主义国家一直名列前茅。[②] 1973—1978年，西德制造业的每小时产量增长率为5.1%，高于其他主要资本主义国家。[③] 战前，英国经济发展速度缓慢，其中一个重要的原因是英国对科学技术革命的反应比较迟钝，对引进外国的先进科学技术又比较保守，同其他主要资本主义国家相比，它的科研与发展经费总额低得多，引进技术的费用也少，这就不得不影响国内劳动生产率的增长。

第二，从生产关系方面来看，国家垄断资本主义发展的不平

---

① 《现代行业概览》1979年8月，第二部分
② ［日］《经济人》，1983年第2期。
③ 《现代行业概览》1979年8月，第二部分

衡，是造成战后资本主义各国发展不平衡的根本原因之一。国家垄断资本主义作为垄断资本主义生产关系的一种形式，其发展变化能够在一定程度上适应和促进社会生产力的发展。战后，美、英两国的国家垄断资本主义形式比较古老，对社会经济发展进行干预的手段也是"传统式"的，英国主要是采取"国有化"，而美国甚至连"国有化"也做得很少，主要靠推行凯恩斯主义、货币主义等政策及经济杠杆来调节经济。这就是说，它们两国对垄断资本主义生产关系的调整是很有限的。相比之下，日本、法国和西德三国的国家垄断资本主义的发展都采取了新的形式，日本和法国采取了"计划调节"，以此来抑制社会生产无政府状态，缓解经济危机，确实都收到一定的成效。战后西德为了医治垄断给经济发展带来的停滞腐朽的趋向，给经济发展注入活力，让竞争规律和市场机制充分发挥作用，政府出面用法律和政策来禁止人们限制竞争，大力提倡和鼓励自由竞争，这也在一定程度上促进了经济的迅速增长。

通过上述对资本主义经济政治发展不平衡规律及其在战后作用特点的分析，给我们两点非常重要的启示：第一，运用先进的科学技术，可以使后来者很快居上。那就是，后进的国家依靠自己的力量，积极引进外国先进的科学技术，广泛地应用于生产，就能够在一个不太长的时期内赶上或超过先进的国家。资本主义国家尚且如此，我们社会主义国家比资本主义国家有许多优越性，就更能做到这一点。第二，要掌握战后资本主义经济政治发展不平衡的新特点，利用资本主义国家之间的种种矛盾，团结一切革命力量及和平力量，维持世界均衡的态势，防止世界战争的爆发，以便为我国的社会主义现代化建设争取到和平的国际环境。

（本文发表于《世界经济》1986年第4期）

英国产业革命起始年代辨析

18世纪的产业革命首先是从英国开始的，这已毫无疑义。但是，英国的产业革命，究竟发生在18世纪什么年代？这个问题似乎早有定论，其实不然。笔者最近在查阅英国产业革命史资料过程中发现，我国史学界、经济史学界及经济学界对英国产业革命起始年代的说法很不一致，感到有进一步辨析的必要。故不揣冒昧，书就此文，略陈陋见，以求专家们赐教。

一 "30年代说"与"60年代说"

迄今为止，我国学术界对英国产业革命的起始年代，主要有以下两种不同的说法。

（一）英国产业革命起始于18世纪60年代

这种说法比较流行，在我国史学、经济史和经济学的著作中均有所见。不妨择其要者录下。

著名历史学家周一良、吴于廑讲到英国产业革命时说："英国的工业革命从18世纪60年代开始。到19世纪30—40年代，各主要部门都采用机器，大机器生产在纺织工业中已取得主导地位。"①

外国经济史专家樊亢、宋则行指出："在18世纪60—70年代

---

① 周一良、吴于廑主编：《世界通史》（近代部分，上册），人民出版社1962年版，第119页。

以后，各主要工业部门开始出现了从手工生产过渡到机器生产的趋势，英国资本主义的发展进入了工业革命时期。"① 樊亢、宋则行等指出："18世纪60年代，英国各主要工业部门先后出现了从手工生产过渡到机器生产的趋势，英国资本主义的发展进入了工业革命时期。"②

《辞海·经济分册》指出："资本主义工业化是资本主义大工业在国民经济中取得统治地位的过程。18世纪60年代始于英国，以后在其他主要资本主义国家也相继出现。"③ 该书在解释"产业革命"条目时写道："产业革命在18世纪60年代始于英国，首先从纺织业开始，80年代因蒸汽机的发明和采用而得到进一步发展。"④《世界经济年鉴》记载："从18世纪70年代前后的产业革命起，英国开始了工业化进程，大约经过100年，到19世纪60年代基本上建成了工厂制度。"⑤

（二）英国的产业革命起始于18世纪30年代

著名经济学家许涤新阐述"产业革命"条目时说："产业革命最早发生在英国，工具机的发明和使用是它的起点。18世纪30年代英国约翰·怀亚特宣布发明纺纱机从此揭开了产业革命的序幕。60—70年代，纺纱机被普遍采用，到80年代制成了各种实用的蒸汽机。随着蒸汽机应用范围的扩大，产业革命迅速扩展到各个部门。"⑥ 该书在解释"资本主义工业化"条目时明确地写道："产业

---

① 樊亢、宋则行主编：《外国经济史》（近代现代，第一册），人民出版社1980年版，第71页。

② 樊亢、宋则行等编著：《主要资本主义国家经济简史》，人民出版社1973年版，第55页。

③ 《辞海·经济分册》，上海辞书出版社1980年版，第36页。

④ 《辞海·经济分册》，上海辞书出版社1980年版，第36页。

⑤ 中国社会科学院、世界经济研究所主编：《世界经济年鉴（1979）》，中国社会科学院出版社1980年版，第245页。

⑥ 许涤新主编：《政治经济学辞典》（上），人民出版社1981年版，第426页。

革命是资本主义工业化的开端，它始于18世纪30年代的英国。"①

以上两种说法，相差30年时间，可谓严重不一致。确定产业革命起始，年代固然不能分毫不差地认定某年某月，但总不该相差这么长时间吧？

并且，以上两种说法，基本上都出自我国学术界有较大影响的著作，具有一定的代表性和权威性。这样，孰是孰非，就更值得进一步辨析了。

二　产业革命起始的标志

确定产业革命起始的年代，必须明确产业革命的内容及其起始的客观标志。

产业革命，亦称工业革命，它是资本主义由工场手工业向工厂大机器生产过渡所经历的一次伟大变革，是机器劳动代替手工劳动的一个历史过程。它首先从技术革命开始，使社会生产力和社会关系发生了巨大的革命性变革。列宁指出："从手工工场向工厂过渡，标志着技术的根本变革，这一变革推翻了几百年积累起来的工匠手艺，随着这个技术变革而来的必然是：社会关系最剧烈的破坏，参加生产者的各种集团之间的彻底分裂，与传统的完全分裂，资本主义一切黑暗面的加剧和扩大，以及资本主义的使劳动大量社会化。"②列宁还十分明确地说，产业革命乃是"在机器的影响下，……全部社会关系开始受到急剧的改造，这种改造在经济学中通常称为产业革命（industrial revolution）"③。可见，产业革命是由机器的发明和使用引起的，机器是产业革命发生的起点。

那么，是不是任何一种机器都是产业革命的起点呢？不是的。

---

① 许涤新主编：《政治经济学辞典》（上），人民出版社1981年版，第426页。
② 《列宁全集》第三卷，人民出版社1959年版，第411页。
③ 《列宁全集》第二卷，人民出版社1984年版，第204页。

机器作为一种体系，是由三个本质不同的部分组成的，即由发动机、传动机、工作机所组成。发动机和传动机不是产业革命的起点。曾经广泛流行的关于"蒸汽机的发明和使用，引起了产业革命"的说法，是很不科学的。蒸汽机作为动力机，并不是产业革命的起点。马克思曾明确指出："十七世纪末工场手工业时期发明的、一直存在到十八世纪八十年代初的那种蒸汽机，并没有引起工业革命。"①

作为产业革命起始的标志的机器，只是工作机。马克思在《资本论》中明确指出："仅仅是把运动传给工具机，是十八世纪工业革命的起点。在今天，每当手工业或工场手工业生产过渡到机器生产时，工具机也还是起点。"② 产业革命最早是从解放工人手工劳动开始，而工具机的出现，则首先使工人摆脱了手工操作。为了证实这一点，马克思在《资本论》中还举例说："例如，在纺车上，脚只起动力的作用，而在纱锭上工作即引纱和捻纱的手，则从事真正的纺纱操作。正是手工工具的这后一部分，首先受到了工业革命的侵袭。"③

以18世纪60年代出现的珍妮机作为产业革命起始的标志既无理论根据，也不符合史实。有的同志说，恩格斯把珍妮纺纱机的发明作为英国工业革命开端的重要标志。这即使不是强加于恩格斯，也是对恩格斯有关论述的误解。诚然，恩格斯是最先估计到产业革命全部深刻意义的人。他在《社会主义从空想到科学的发展》《英国工人阶级状况》等著作中，多次论述了产业革命，但他并没有明确产业革命从何年代开始，更没有把珍妮机作为产业革命开端的标志。请看恩格斯的有关论述：

"使英国工人的状况发生根本变化的第一个发明是珍妮纺纱机。"④

---

① 《马克思恩格斯全集》第二十三卷，人民出版社1972年版，第412页。
② 《马克思恩格斯全集》第二十三卷，人民出版社1972年版，第410页。
③ 《马克思恩格斯全集》第二十三卷，人民出版社1972年版，第411页。
④ 《马克思恩格斯全集》第二卷，人民出版社1957年版，第284页。

"英国工人阶级的历史是从18世纪后半期,从蒸汽机和棉花加工机的发明开始的。大家知道,这些发明推动了产业革命,产业革命同时又引起了市民社会中的全面变革……"①。

"这架最初的很不完善的机器(指珍妮纺纱机——引者)的出现,不仅引起了工业无产阶级的发展,而且也使进了农业无产阶级的产生。"②

以上恩格斯讲的是珍妮纺纱机对工人阶级状况发生的深刻影响,及英国工人阶级的历史是从18世纪后半期开始的,并没有讲英国产业革命于18世纪后半期开始。并且,他说蒸汽机和棉花加工机的发明"推动了产业革命",这说明产业革命在这些机器发明之前就已开始了。再说,产业革命的起始与工人阶级历史的开始是两码事,不能直接等同。不错,恩格斯在《英国工人阶级状况》一书中是从珍妮纺纱机的发明来开始叙述英国产业革命历史的,但不要忘记他在1882年德文版上附加的注:"这里所描写的工业革命的历史轮廓在某些细节上是不准确的,但是在1843—1844年没有更好的资料。"③ 恩格斯在这本书中还明确地指出:"从1760年开始的英国工业的巨大高涨……"④ 这清楚地说明,在18世纪60年代,英国产业革命已大规模展开,处于迅速发展过程中。如果把它比作赛跑,那就是说它已经离开了"起点",正在奔跑中。因此,只有产业革命经历了一定的时期,才会出现"工业的巨大高涨"。谁也不会认为产业革命一开始就立即出现"工业的巨大高涨"。所以,认为产业革命从18世纪60年代珍妮纺纱机的出现开始,与产业革命的发展史也是不符的。

---

① 《马克思恩格斯全集》第二卷,人民出版社1957年版,第281页。
② 《马克思恩格斯全集》第二卷,人民出版社1957年版,第285页。
③ [德] 弗里德里希·恩格斯:《英国工人阶级状况》,中共中央马克思恩格斯列宁斯大林著作编译局译,人民出版社1956年版,第41页。
④ [德] 弗里德里希·恩格斯:《英国工人阶级状况》,中共中央马克思恩格斯列宁斯大林著作编译局译,人民出版社1956年版,第45页。

三　英国产业革命始于 18 世纪 30 年代

马克思在谈到产业革命时，是以约翰·淮亚特发明的纺纱机为其开始的标志的。他在《资本论》中明确指出："当1735 年约翰·淮亚特宣布他的纺纱机的发明，并由此开始十八世纪的工业革命时，只字未提这种机器将不用人而用驴推动的，尽管它真是用驴推动的。淮亚特的说明书上说，这是一种'不用手指纺纱'的机器。"① 这里，马克思极其明确地指出产业革命开始于 18 世纪 30 年代。

18 世纪 30 年代，约翰·淮亚特发明的纺纱机是一种工作机，它已经做到了"不用手指纺纱"，即直接代替了工人的手工操作。因此，以它作为产业革命开始的标志，是合乎产业革命发展的历史逻辑的。

在约翰·淮亚特的纺纱机出现之前，英国产业革命的序幕已经拉开，其标志就是 1733 年飞梭的发明和使用。18 世纪初，棉纺织工业作为当时英国的新兴工业部门，是受中世纪行会种种限制和影响最小的一个部门。新式生产工具的发明，最早是从这个部门开始的。当时，英国对外贸易出口急剧发展，对布料的需求量大量增加，迫切要求织布速度加快。于是，飞梭便应运而生。"1733 年兰开夏的钟表匠约翰·开伊发明飞梭，提高织布效率 1 倍。使用飞梭后，造成纺与织之间严重不平衡，长期发生纱荒。"② 为了解决纺纱落后于织布的矛盾，当时许多人致力于纺纱机的发明。这样，约翰·淮亚特的纺纱机很快就诞生了。关于这一过程，不少外国有关世界史的书籍都有前记载。卡尔登·海士、汤姆·蒙合著的《近代世界史》第 303 页写道："18 世纪初期，英国的出口日益增加，贸易上所需要的，是巨量布料，所以急需要把纱的应产法能够加快，

---

① 《马克思恩格斯全集》第二十三卷，人民出版社 1972 年版，第 409 页。
② 张友伦、李节传：《英国工业革命》，天津人民出版社 1980 年版。

且又增多。迫于这种实际需要，有人致力于纺纱机的发明了。到1738年如此一部机器出现了（作者注为约翰·淮亚特和路易·保罗共同发明的）并且得到政府所特许的专利权。这个机器不必用于接触，它能自动抽纱。最初尚用两只轮子旋动机轮；后来却用水轮替代了。"① 这段记载，除了纺纱机的年代与马克思讲的相差三年以外，其余史实与马克思讲的基本吻合。这就充分地证明，马克思关于产业革命从约翰·淮亚特发明的纺纱机开始，是符合产业革命发展历史的，是有史实根据的。

综上所述，笔者认为，英国产业革命起始于18世纪30年代，飞梭的发明和使用为其拉开了序幕，而约翰·淮亚特发明的纺纱机则标志着它的真正开始。据此，应当纠正"英国产业革命开始于18世纪60年代"的说法，以免以讹传讹，造成不应有的混乱。

（本文发表于《世界经济》1987年第7期）

---

① 此说法只是年代与马克思的说法有不同。马克思说是1735年，这里及其他许多史料都说是1738年，笔者认为应以马克思的说法为准。当然尚可继续考注。

战后日本国有企业私有化的特点、后果评析及启示

一 "国有企业"概念及"私有化"之界定

在日本并没有"国有企业"概念，一般都使用"公有企业"范畴。关于"公有制企业"的确切定义，在不同的学者或不同的经济学文献中有着十分不同的表述。日本著名学者植草益认为，"公有制企业是中央政府或地方政府拥有其全部或部分资本的企业"，它大体上包括以下三种类型的企业：第一，"政府企业"。属于中央政府官厅的或地方政府的部、局的由官厅长（大臣）或地方政府（知事、市长等）负有最终经营管理责任而经营的事业，可称为国有企业。第二，"公共法人"。根据特别法所设立的，由中央政府或地方政府出资并具有法人资格的企业，委托给企业经营者进行经营（日本的电话电信公司最为典型）的企业。第三，"股份公司"。采取股份公司或有限责任公司形式由中央政府或地方政府拥有其全部资本的企业（如日本的烟草产业股份公司），或者拥有部分资本的公私混合企业（如日本的电话电信公司）。[①] 上述三种类型按设立主体划分基本上可分为中央政府设立企业和地方政府设立企业两大类，相当于中国的中央直属国有企业和地方政府所属国有企业。本文所讨论的日本国有企业就是上述两种国有企业。

---

① ［日］植草益：《市场经济与公有制企业的作用》，载陈建安编《日本公有企业的民营化及其问题》，上海财经大学出版社1996年版，第3—4页。

在国内研究战后日本国有企业改革时，多数文献讲国有企业"民营化"，而不讲"私有化"，我们不赞成这种说法。"民营化"与"私有化"是两个范畴，二者是有区别的。"民营"与"官营"相对应，讲的是企业的经营方式；"私有"与"公有"相对应，讲的是所有制关系。"民营化"是指企业经营方式的变化，即由官办官营变成民间经营；"私有化"是指企业所有制关系变化，即由公有制变成私有制。战后日本国有企业变革只用"民营化"来概括，似不科学。因为它不仅仅涉及企业经营方式的变化，而是触及企业所有制关系的深刻变化，最明显的特征是企业财产所有权主体发生了根本性改变，由官厅所有变成了民间法人所有或个体所有。因此，我们认为讲日本国有企业"私有化"更为科学。

二 日本国有企业"私有化"的背景与特点

若要对日本国有企业"私有化"的后果做出客观公正的分析与判断，必须对日本国有企业"私有化"的历史背景与特点有所了解与认识。

第二次世界大战后，日本经济凋敝，但在美国资本的扶持下，日本很快恢复了经济，平复了战争的创伤，于1956年经济开始起飞，到1970年便一跃成为仅次于美国的世界第二经济大国。然而好景不长，1973—1975年发生的战后最严重的一次经济危机，使得刚刚开始繁荣的日本经济遭受了重创，日本经济陷入前所未有的生产停滞与通货膨胀交织在一起的"滞胀"泥潭。应对生产停滞，需要国家的财政货币政策双双扩张，而财政、货币政策的双双扩张客观上又加剧了通货膨胀，"医头医不了脚，医脚头又疼"，日本经济犹如被困的野兽，在"滞胀"的泥潭中疯狂地挣扎。

直至20世纪70年代末，英国前首相撒切尔夫人为了摆脱经济危机，走出"滞胀"困境，率先在英国推行了国有企业私有化，由此引发了世界私有化浪潮。这个浪潮很快波及日本。为了走出"滞胀"的泥潭，日本及时效仿英国，于80年代初开始大力推行国有企业"私有化"。1982年7月，作为当时权威咨询机构"第二届临时行政调查会"向执政的铃木内阁呈报的有关行政改革的第三次报告中明确提出，要对"日本铁道公社"（简称"国铁"）、"电信电话公社"（简称"电电"）和日本专卖公社（如烟草公社）等国有企业实行"私有民营企业"的形态。到1984年8月，日本政府通过了《日本烟草产业股份公司法》等所谓"专卖改革五项法案"，从1985年4月1日起正式对"日本专卖公社"实施了私有化。1984年12月，日本政府又通过了《日本电信电话股份公司法》《电信通信事业法》和《相关法律整备法》3个法案，法律规定从1985年4月1日起正式对电话、电信业务全部实行私有化。为了加速推进日本国有企业私有化进程，于1986年日本国会又通过了《日本国有铁路改革法》等8项相关法律，并从1987年4月1日开始对国铁进行分割、重组，实施私有化。至1987年8—9月，日本国会废除了旧的《日本航空事业法》，对原有的日本航空业（简称"日航"）进行重新整合，又推行新的日本航空法案，于同年11月18日正式实施了私有化改革法案。至此，日本对电报、电信、电话、铁路、航空、烟草等原来国家垄断并直接规制的国有企业基本上完成了私有化。

日本国有企业私有化的一个显著特点是对第二次世界大战后一个时期曾大力推行国有化战略的矫枉过正。第二次世界大战结束以后，西方主要发达国家包括英、美、法、德、日等均在凯恩斯主义政策支配下大肆进行国有化。一时间，国家垄断资本主义干预与调节社会经济过程风靡世界，企业国有化尤其公共事业与社会基础设施的国有化更是时兴。1947年，英国成立国家煤炭局及国有铁道公司，1967年又设立英国钢铁公司，到1980年私有化前夕，这3家国有大公司的职工人数分别达到30万人、24.3万人和19万人。1979年5月，撒切尔保守党政府上台前，国有企业几乎遍布于国民经济所有部门，据《经济学家》1978年12月30日的资料，国有企业在英国采煤、造船、电力、煤气、铁路、邮政和电信等部门的比重达100%，在钢铁和航空部门达75%。日本也不甘落后，于

1949年设立国家钢铁公司，后又成立国家煤炭株式公社，在经济恢复时就向这两大部门实施"倾斜生产方式"，进行国家重点投资。然而，伴随科学技术进步，钢铁、煤炭等传统工业在国民经济中的地位逐渐降低，现代汽车公路运输业发达起来，电子信息等高科技产业愈来愈成为国民经济的主导力量。这种产业结构的变化，使得对于传统的铁路运输和钢铁及煤炭的需求大幅下降。例如，1950—1980年英国的煤炭产量由2.2亿吨减少为1.3亿吨，此间日本煤炭在能源供应总量中所占的比重由58.4%骤降至17%。1955—1983年在日本货运总量中公路运输所占比重由11.7%上升为45.8%，沿海航运所占比重由25.5%上升到47.5%，而铁路运输所占比重则由52.8%下降为6.5%。[①] 总而言之，英、美、法、德等国通过私有化对以前国有化过度问题进行矫正是适时的，基本上符合产业结构演进规律的要求，对经济发展是有利的；而日本通过私有化对其国有化过度问题的矫正，显然是过激和过头的，不符合国家经济发展实际需要，可以说是矫枉过正。

　　日本国有企业私有化的另一个显著特点是虽然起步比英、美等国晚，但它"化"的程度远比英、法等国要厉害得多。具体表现是它"化"的范围大，"化"的程度深，因而使国有企业在经济中所占的比重大幅度降低，除了必须保留的军事、电信外，绝大部分国有企业，尤其是一些基础设施及关系国民经济命脉的自然垄断行业中的国有大企业以低价拍卖、分期付款等优惠的办法被卖给私人或民间资本。战后在美军占领的特殊历史条件下，甚至一些军需企业也作为战争赔偿拍卖给美国，一些"国策企业"也难以支撑，更是为美国或私人资本所购买。这使得日本国有企业的数量及比重均大幅下降。1975年的资料显示，日本中央政府及地方政府所有和管理的企业，在纯资产总额中所占的比重为9.2%，在总固定资产形成中占11%，在总就业者中只占4.7%，这些比重比欧洲的英、

---

　　① 江瑞平：《日本民营化与英法私有化之背景比较》，载陈建安编《日本公有企业的民营化及其问题》，上海财经大学出版社1996年版，第360—361页。

法、意等国低一半还多。① 正是由于日本国有企业私有化"化"得厉害，使国家失去了直接干预社会经济运行的重要依据和主要手段，因此其后果是相当严重的。

三 日本国有企业私有化评析

中外学术界和实际部门普遍认为，战后日本国有企业的"私有化"取得了相当大的成功，对经济社会发展产生了显著的积极效应。

第一，促进了经营方式的转变，经济效益明显提高。在私有化之前，日本国有企业普遍是一种官僚管理体制，不仅机构臃肿，人浮于事，而且效率低下。私有化打破了这种官僚体制，一方面做到了减员增效，另一方面同时使企业的经营方式也发生了改变，即由官僚决策变为经理层民主决策。例如，国铁职工人数由1985年的27.7万人减少到1992年的19.1万人，减少了31%，职工平均每人运送的人数由1.65万人增加到4.92万人，生产效率提高了3倍。改革前无论是什么都由中央总公司决定后向下一级一级传达执行，使基层没有灵活性、自主性，基层及劳动者的积极性得不到有效发挥。现在领导直接到现场指挥，听取群众的合理化建议，实行"现场第一主义"，充分调动了基层及劳动者的积极性，使经济效益明显提高，人工费占运价收入的比率由1985年的73.6%降低到1992年的32.3%，明显低于大型私铁的39.7%和中小私铁的60.6%。②

第二，扭亏为盈，减少了国家的财政负担。私有化之前，日本国有企业普遍亏损严重，靠国家财政补贴过日子，大大加重了国家的财政负担。改革后的国有企业由于生产经营方式的改变和劳动生

---

① 伍柏麟、焦必方：《关于日本国有企业民营化若干问题的理论思考》，载陈建安编《日本公有企业的民营化及其问题》，上海财经大学出版社1996年版，第386—387页。

② [日] 广冈治哉：《日本铁道民营化的经验与教训》，载陈建安编《日本公有企业的民营化及其问题》，上海财经大学出版社1996年版，第217页。

产率的提高，普遍扭亏为盈。例如国铁，1985 年，政府对它的补贴达到 6001 亿日元，其税负为 478 亿日元，相抵后的纯负担为 552 万亿日元；1991 年，私有化之后其各公司向政府支付 4443 万亿日元法人税，政府对它的补助金为 1082 亿日元，政府获得 3361 亿日元的纯收入，使政府的财政收入状况大大改善。

第三，使企业劳动者的财产关切度提高，产权收益率明显提高。改革前，国有企业产权主体虚置并严重缺位，生产经营者和企业劳动者对企业财产关切度极低，企业财产运营好坏，与生产经营者和劳动者没有直接利益关系，因此他们对企业财产好坏及运营状况漠不关心。私有化改革最成功之处，是使企业财产由原来"公有"变为法人（包括社团法人）私有，按照科斯定理，私有产权是产权主体明确、产权边界清晰的最有效率的产权关系，所以能够实现产权收益最大化。

如今，有必要对战后日本国有企业私有化真实后果进行全面的剖析与思考。笔者经冷静思考后认为，战后日本国有企业私有化还有以下不良效应。

第一，急于转让或出卖国有企业，导致国有资产大量流失。日本的国有企业，尤其中央政府（官厅）直属国有企业的资产基本上都是优质资产，且科技队伍人才荟萃，结构合理，经验丰富。因为它们的主体部分是战后初期在美国资本直接扶植下由国家投资建起来的，或者是由国家从民间直接收购优质民营资本而形成的。日本国有企业尤其是中央政府所属国有企业之所以长时期亏损，一个十分重要的原因在于官僚领导体制，企业由政府官僚说了算，决策往往违背市场规律，官员只对上级负责，对企业盈亏漠不关心，这必然导致企业经营管理混乱，经营效益很差。这些问题本应通过国有企业体制改革来解决，但是日本政府没有这样做，反而"一转了之"和"一卖了之"，其结果难免不造成国有资产严重流失。据日本权威人士估计，在整个国有资产拍卖和转让过程中所造成的国有资产流失，起码有几十万亿日元。

第二，日本出卖国有资产的收入，大部分用于偿债和非实体经济方面。日本于 20 世纪 80 年代出卖国有企业的收入，有一大部分被用于偿还美国资本的利息和债务，还有一部分用于偿还日本政府向国内民间的借贷。因为日本在 60—70 年代经济起飞阶段向国内外举了大量债务。此外，日本政府将出卖国有资产的收入的另一大部分用于发展第三产业或非实体经济方面。这部分资金使用可以被认为有相当的合理性，如发展第三产业，使第三产业在国民经济中的比重大幅度上升。1984—1987 年，日本第三产业的国内所得依次为 1562730 亿日元、1661630 亿日元、1737440 亿日元、1794060 亿日元，它们在三次产业经济活动的国内所得构成比例，分别达到 62.4%、62.7%、63.2%、63.2%。[1] 但必须看到其中也蕴含着非实体经济发展过度，出现了产业空心化及金融泡沫化的问题。

第三，下岗失业人数增多，一些科技和管理人才流失海外。日本国有企业出卖以后，新企业为了"减员增效"，大量裁减管理人员，重新整编工序流程，使大量工人失业。在 1981 年 5 月运输部长许可的情况下，国铁于 1985 年削减职工 7.4 万人，确立 35 万人的体制，但到 1984 年又裁减 3 万人，实际变成 32 万人的体制。[2] 国铁和电电两大企业私有化后，使大量铁路工程技术人员及电话电信管理人员自谋生路，这些人凭着自己的技术，不少流失到日本周边国家；因为周边不少国家（包括中国、韩国）正在进行工业化建设，急需这方面人员。

第四，国有企业退出自然垄断行业，使国家失去了应对自然灾害等突发事件的有力支撑与物质保障。战后日本国有企业私有化后，国有企业几乎完全退出垄断领域，国家手里没有属于自己直接支配的物资、技术和人才，应对突发事件的能力大为降低。自 20 世纪 90 年代以来，日本发生多次严重地震，如阪神大地震、福岛大地震及海啸等，都给日本人民的生命财产带来无比巨大的损失。

---

[1] 程绍海：《日本国有企业民营化的背景、状况及启示》，载陈建安编《日本公有企业的民营化及其问题》，上海财经大学出版社 1996 年版，第 191 页。

[2] ［日］广冈治哉：《日本铁道民营化的经验与教训》，载陈建安编《日本公有企业的民营化及其问题》，上海财经大学出版社 1996 年版，第 213 页。

倘若国家拥有一批重要的国有企业，直接掌握应对严重自然灾害的战略物资、技术和人才，及时对灾区人民进行救助，同时在灾后重建中还可以发挥主力军作用。相比之下，中国四川汶川大地震、青海玉树大地震，伤亡人数和财产损失都不亚于日本福岛大地震，但由于国家直接拥有国有大企业的支撑，所以在国家统一调动下，各地国有大企业纷纷鼎力相助，不到3年时间便完成汶川、玉树两地灾后重建工作，灾区人民过上了比灾前还美好的幸福生活，与日本福岛地区灾后状况形成了鲜明的对照。

四　日本国有企业私有化给我们的启示

启示之一，对国有企业改革一定要循序渐进，进行分类改革。日本经济学家们虽然对国有企业进行了理论上的分类，划分为中央官厅企业和地方政府知事、市长负有经营管理责任的企业，但在改革实践上日本政府并没将国有企业依据规模大小以及在经济中的地位作用程度来进行渐进式的改革。中国对国有企业改革之所以取得重大成功，十分重要的原因有以下两点。一是循序渐进，先通过承包、租赁、放权让利等经营管理方面进行改革，尔后再深入企业产权关系改变的体制机制改革；二是将国有企业划分为中央大企业及地方中小国有企业，进行分类分层次的"抓大放小"改革。对中央大企业施行战略性调整、重组优化的改制改革，成立国有资产监督管理委员专门负责中央大企业的改制改革，任务是在国有中央企业中推行股份制，建立现代企业制度，而对中央和地方的大量中小企业则实行兼并、破产、拍卖、转让等多种形式实行转制，即私有化。1998—2003年，国家对5000多户国有大中型困难企业实施了破产重组，有900多万职工下岗再就业。到2003年成立国资委时，中央只抓196家大型企业，经过近10年战略重组改革，中央企业现已优化为117家了。这些大型企业，涉及国民经济命脉的战略行业和新兴产业，中央政府直接掌握在手里，就控制了整个国家经济命脉和战略性新兴产业，使国家政权有了可靠的经济基础。对那些大量的中小国有企业国家则完全放开，任由市场去调节，宜搞股份制者实行股份制，宜搞私人所有的则进行私有化。真正做到"大"的抓住抓牢，"小"的放开搞活，这是中国国有企业改革最成功的经验之一。

启示之二，对国家垄断企业切不可一律"私有化"，必须对垄断性客观正确对待，不要简单一律"反垄断"。主张将国有企业改掉的一个重要原因在于中央大国有企业（在日本即中央政府直属的官厅企业）在国民经济中居于垄断地位，甚至居于自然垄断地位。在传统经济学理论中，垄断被认为是自由竞争的否定和替代物，是一种市场失灵，会使市场经济丧失活力，导致国民经济发展停滞与僵化。这实际上是一种片面化的理解与认识，即只看到垄断不利的一面，没看到垄断的积极一面。垄断是自由竞争引起并在自由竞争基础上形成的，但它并不完全否定和排斥竞争，垄断和自由竞争可以同时并存。从单个国家来看，某国有企业是垄断企业，它垄断了某一行业的生产和销售；但从国际来看，它不仅不居于垄断地位，反而自由竞争能力还较弱。目前，中国许多垄断型国有企业都属于这种情况。在中国加入WTO后，中国经济已融入世界经济体系，实现世界经济一体化的情况下，中国市场与世界市场融合为一个统一大市场，中国国有企业还能轻易断言垄断吗？1994年，中国最大的500家企业，其年销售收入总和还不如美国通用汽车公司一家的销售收入，① 美国施行反垄断法，不仅未把通用汽车反掉，反而还千方百计加以保护，令其继续发展壮大。垄断企业特别是大跨国公司由于规模巨大，实际上不仅不会产生停滞与僵化，反而更有利于科学技术的应用与进步，更有利于采用先进生产工艺及方法，实现规模经济效益。创新主义经济学家熊彼特指出："垄断者能得到优越的生产方法，一大批竞争者根本得不到这些方法或者很难得到它们。"②

---

① 邵宁：《珍惜"来之不易"，稳步推进改革》，http://theory.people.com.cn/GB/49154/49155/17633855.html。

② [美] 约瑟夫·熊彼特：《资本主义、社会主义与民主》，吴良健译，商务印书馆1999年版，第196页。

启示之三，中国国有企业改革绝不以新自由主义理论为指导。日本国有企业私有化之所以产生上述严重的负面效应和后果，完全是新自由主义理论指导偏误的必然产物。20世纪70年代末至80年代初兴起的以英国前首相撒切尔夫人为领头羊的私有化浪潮，完全是矛头指向凯恩斯国家干预主义政策的。[①] 1929—1933年的世界经济大危机，无情地击碎了资本主义经济会自动调节平衡的神话。第二次世界大战后，以国家干预主义为标志的凯恩主义开始兴起。一时间国有化浪潮波及世界，西方主要发达国家运用凯恩斯主义为理论指导，纷纷在国内实行企业国有化。由于国家对市场的频频干预，市场竞争受到抑制，经济运行缺乏活力，不仅生产出现了停滞，同时又出现了通货膨胀，经济运行出现了"滞胀"的新现象。自由主义学派经济学家一致认为，"滞胀"现象的出现完全是由于推行凯恩斯国家干预主义政策所造成的。因此，摆脱"滞胀"困境，必须否定凯恩斯主义，反对国家干预市场，反对国有化，推行崇尚市场的新自由主义理论指导。国有企业私有化，就是英国、日本等发达资本主义国家，推行崇尚自由市场的新自由主义的结果。中国实施经济体制改革绝不能以新自由主义为指导，切不可全盘否定国有化，把国有企业统统改掉，尤其垄断领域的国有企业更不能统统改掉。重要的是转变其发展方式，调整内部结构及优化股权结构，如何进一步引进市场竞争机制等问题，而不是像日本那样完全彻底地将国有企业私有化。

（本文与李莹合写，发表于《现代日本经济》2012年第6期）

[①] 许纯桢、吴宇晖、张东辉编著：《西方经济学》，高等教育出版社2008年版，第206页。

五

名家学术思想评述、传记与书评

20世纪中国知名科学家学术成就概览之关梦觉

关梦觉（1913—1990），吉林怀德人，经济学家和教育家。1929年入沈阳东北大学经济系，1933年于北平毕业。九一八事变后，即投身于抗日救亡运动，曾任北平《外交月报》编辑，"东北救亡总会"宣传部副部长，中国工业合作协会（简称"中工合"）晋豫区经济研究所所长，国民参政会经济建设策进会西北区办事处总干事，《秦风工商日报》联合版主笔（社论委员）。解放战争时期，任东北行政委员会社会调查所副所长，嫩江省教育厅厅长。新中国成立后，任民盟东北总支部秘书长，东北人民政府监察委员。1954年9月，调入东北人民大学（现为吉林大学）历任经济系主任、经济管理学院名誉院长、教授、博士生导师，吉林省社科联副主席，还任国务院学位委员会（第一届）经济学科评议组成员等职。他抗战时期就开始研究世界经济和社会主义经济理论问题，社会主义建设时期更是对这两个方面研究作出重大贡献。

一　成长经历

关梦觉，1913年1月18日出生于吉林省怀德县（现公主岭市）杨大城子一个普通的满族农民家庭。由于家境贫寒，他七八岁时一直在家放羊，9岁时因哥哥当了私塾老师，有了一些收入开始供他上学读书。1929年，16岁时他以优异成绩考取了沈阳东北大学经济系。

1931年，九一八事变爆发，日本帝国主义占领了沈阳，东北大学被迫迁入北平。此时，关梦觉已是一个热血青年，积极参加东北学生抗日救亡运动。1933年后，他大学毕业不久便进入北平《外交月报》任编辑，开始关注国际经济问题，撰写抗日文章。

抗日战争全面爆发后，1938年年初，他到武汉任"东北救亡总会"宣传部副部长，参与创办其机关刊物《反攻》半月刊。这是东北抗日救亡团体专门揭露日本侵略中国罪行的刊物。他在《反攻》半月刊上，先后发表了《东北对日本侵略者的牵制力》《在侵略战中，东北军需资源对日本能够有多大帮助？》《抗战中的城市与乡村》《日寇榨取东北经济的新阶段》《论日寇"以战养战"的新阴谋》等文章，着重从经济学角度揭露日本帝国主义的侵华罪行。

1939年5月，关梦觉辗转到重庆，任抗日救亡刊物《时与潮》杂志编辑。这是一个国际问题的翻译杂志。他凭借自己良好的英语水平，翻译了不少外国进步学者分析日、德两国经济矛盾的文章，如《日趋严重的日本财经危机》《当前德国经济危机》《欧战对日本经济的影响》等。这些文章揭露了德、日法西斯发动侵略战争使自己陷入内外交困的境地，有力地鼓舞了中国人民抗击日寇侵略，打败日本帝国主义的决心与信心。其间，他还翻译了苏联著名学者瓦尔加的《两个制度》一书。

特别值得一提的是，他还与当时在沙坪坝的南开大学经济研究所当研究生的我国著名学者陶大镛合译一本国际问题的"小册子"，专门揭露了英国保守党首相张伯伦向希特勒屈膝的绥靖主义。1941年元旦前后，他从陶大镛处借到《资本论》三卷英译本，开始研究马克思的鸿篇巨制《资本论》，从此走上了学习、研究与宣传马克思主义政治经济学的道路。

1941年3月，关梦觉离开《时与潮》杂志社到河南洛阳，任中国工业合作协会晋豫区经济研究所所长。为了解战时的民生疾苦，他深入巩县回郭镇西侯村一带进行农村经济调查，撰写《洛河下游的手工纺织业》一文，约5万字，由"工合"刊印。1942年春,他又对鲁山的丝绸业进行了调查,写出调研报告《鲁山丝绸业》,在《战地工合》上发表。1942年秋,他对豫西农村的受灾状况进行专题调研,写出《豫西灾区农村状况》一文,在桂林出版的《中国工业》上发表。这些报告与文章,对研究战争时期中国农村经济状况具有非常重要的价值。他在担任中国工业合作协会晋豫区经济研究所所长的同时,还被河南大学聘为经济系副教授,时年仅29岁。此时,他开始运用马克思《资本论》的理论与方法,分析与研究国内外经济问题。他在河南大学讲授政治经济学及商业经济等课程,由于理论紧密联系实际,又能把外国情况介绍进来,且讲课生动活泼,深受广大师生欢迎。

1943年1月,关梦觉离开洛阳到西安,任国民参政会经济建设策进会西北区办事处总干事。面对国统区物价飞涨,通货膨胀日益严重,官员腐败,他深感经济建设难以"策进",半年后便离开到陕西省商业专科学校任教授,主讲政治经济学、国际贸易、经济地理三门课程,每周9—12学时。此外,关梦觉每周还要给学生做课外辅导与专题学术讲座。他把抗日救国思想贯彻于自己的教学与学术讲座,以激发学生们的爱国热情。在此期间,他还兼任《秦风工商日报》联合版主笔,每隔一天写一篇关于经济问题和国际问题的社论,分析与揭露国民党统治区经济上腐败和政治上独裁的现象,在西北地区影响越来越大。由于该报反对国民党打内战,主张民主和平,于1946年5月3日被国民党当局查封。关梦觉在国民党特务追踪下离开西安。

1945年,关梦觉加入中国民主同盟。在共产党和民盟组织的帮助下,关梦觉几经周折,躲过特务的追踪,于1946年10月进入东北解放区。先到哈尔滨,由东北行政委员会任命为东北社会调整所副所长,对解放区的社会问题展开调查。不久,他又被派往齐齐哈尔,任嫩江省(后改黑龙江省)教育厅厅长,一直到1950年3月离开为止。在3年多的时间里,他主抓了全省的中小学校的恢复与建设问题,写了不少教育的方面的论文与调查报告,为全省的教育工作做出了重要贡献。在此期间,他仍十分关注国际问题与经济学研究。1947年，他翻译了一本揭露第二次世界大战的期间美英垄断资本与德、日法西斯相互勾结的著作《第二次世界大战秘录》，1948年由东北新华书店出版，在社会上引起很大反响。1950年3月，他被调到沈阳，任民盟东北总支部秘书长及东北人民政府监察委员。此时，他翻译出版了两部著作。一是英国著名经济学家约翰·伊顿的《政治经济学教程》，二是《英国经济问题》。

1954年9月，关梦觉从沈阳调到长春，任东北人民大学（后改吉林大学）经济系主任，教授，兼任吉林大学社会科学委员会主任委员，主编《吉林大学社会科学学报》。此外，他还兼任民盟吉林省委员会副主任委员（后为主任委员）、全国政协委员（后为常委）、吉林省经济学会理事长、吉林省社科联副主席。尽管社会兼职工作繁重，但他始终奋战在教学第一线。从1954年9月到1966年6月"文化大革命"开始，是他成果卓著的时期。他狠抓基础理论的教学与研究，亲自登台给本科生讲授《政治经济学》《世界经济》《资本论研究》《社会主义经济理论研究》等课程，言传身教，带出一大批知名经济学家，使吉林大学经济学科在全国保持领先地位。他还在吉林、辽宁、上海等地区出版个人专著有十多部，在《经济研究》《新建设》《红旗》、《吉林大学社会科学报》等刊物发表论文近百篇。

"文化大革命"中，关梦觉被扣上"反动学术权威"等帽子，受到迫害，并于1969年年底被下放到吉林省磐石县农村"劳动改造"。在农村，他除了从事一些力所能及的劳动以外，每天还尽可能查阅一些外国文献资料。所以，在1973年春一抽调回学校，便很快写出《美国跨国公司》一书。这是国内第一本分析与揭露美国通过跨国公司掠夺别国资源、控制别国经济命脉、干涉别国内政的著作。由于当时的社会环境，该书不能署名，只能以集体编著的名义由吉林人民出版社于1975年出版。

粉碎"四人帮"后，尤其是党的十一届三中全会的召开，使关梦觉迎来了第二个学术春天。1978—1979年，他应许涤新之邀参加了《政治经济学辞典》的审稿与定稿工作，又应钱俊瑞之邀参加《世界经济概论》的编撰及定稿工作。在此期间，他在《吉林日报》（1978年2月23日）发表长文《试论政治与经济的关系》批判了"四人帮"篡改政治与经济关系的谬论，同年（1978年10月3日）又在《吉林日报》发表长文《实践是检验经济理论和经济政策的唯一标准》，旗帜鲜明地拥护党的十一届三中全会确定的理论、方针、路线及政策，拥护改革开放。

1990年1月26日，关梦觉在长春病逝，享年77岁。

从1980—1990年年初是关梦觉一生中最辉煌的10年，也是其科学研究大丰收的10年。其间，他成为经济学一级教授，除发表大量研究成果外，还作为省政府的特别顾问，经常为省市领导决策提供咨询建议，为发展与振兴地方经济做出了重要贡献。

二 主要研究领域和学术成就

（一）抗战时期经济研究及其贡献

1. 揭露日寇侵略与掠夺的行径

在战区，土地根本不能耕种，农民流离失所；"农民被敌人有计划地大批屠杀，甚至龙钟老人和孩提幼童，亦不能幸免"。在沦陷区，"敌人在各地大量征收苛捐杂税，例如，在绥东，苛捐杂税的繁多，真是不可胜数，单牲畜一项，马每头按月上税8角，骡子每头上税5角。在山西的雁门，苛捐杂税三四十种"。"敌人对原料的搜刮也不遗余力"；"对于各地手工业的破坏，更是无所不用其极"；"对于人力的掠夺，如抽壮丁、强迫劳役等，那更是无法计算了"。在后方，劳力缺乏，"田原荒芜"，"生产手段的破坏与减少，也成了严重的问题"。

2. 指出抗战时期农村经济的新生命

关梦觉认为，"帝国主义封建势力的削弱，统治性与计划性的加强，不能不促进中国农村经济向自力更生的现代化途径发展"。一是"表现在资金归农运动上面"；二是"新农业生产方式和运销方式，已经开始萌芽"；三是"垦荒运动积极展开"；四是"农村手工业合作运动兴起"。"所有以上这些新生命活力……如能加以保护和培养，将在明天的中国农村经济上，放出来灿烂的鲜花"。

3. 剖析日寇榨取东北经济的新阶段

关梦觉剖析了所谓"日伪物资动员一元化"及"日伪资金的一元化"，实质就是"日满一元化"。日寇推行"以战养战"阴谋的主要内容有四点：一是乱发毫无价值的伪钞，用以夺取我外汇，破坏我金融；二是加强对我资源与产业的掠夺；三是旧货的倾销与关税的掠夺；四是苛捐杂税的掠夺。他提出为了抗战胜利，必须粉碎日寇"以战养战"之阴谋。

4. 对河南土布业及陕西纺织业进行调查研究

1941年，关梦觉对国民党统治的河南土布业进行了几个月的专题调研，以翔实的第一手资料证明，由于国民党政府有对土布的统制，"无论从数量方面或从品质方面来看，土布业都已经建到了死亡线上，依靠土布业为生的人民也走到了死亡线上，他们'违荒'，他们破产，他们忍饥挨饿，他们鬻子卖妻——试仔细听听：土布业崩溃的背面，真是血泪交流，哭声遍野！"

1943年，关梦觉在西安工作期间，又对陕西省纺织业的危机状况做了调研，明确指出："目前陕西省纺织工业，已至危急存亡之秋。其主要症结，一曰原料缺乏；二曰限价与管制未尽合理；三曰捐税繁重；四曰资金困难。"并针对上述症结，提出解决之对策。

（二）社会主义经济理论研究及其贡献

1. 关于社会主义的生产力与生产关系问题

（1）提出社会主义生产关系"二层次论"

马克思、恩格斯关于生产关系的定义是"四环节说"，斯大林认为生产关系包括三方面，即生产资料所有制形式、人们在生产中的地位及其相互关系和产品分配方式。关梦觉认为，对生产关系的认识不能到此止步，而应不断发展。"根据我国的经验，大体上可以把社会主义生产关系分为两个层次。第一个层次是基本的生产关系，它构成社会主义制度的主线，反映社会主义经济的本质，决定它的性质，是社会主义不可动摇的经济基础。第二个层次是社会主义的一些具体生产关系，即我们通常所说的经济体制，它主要包括社会主义经济的经营管理制度，支配着社会主义经济的运行。"并强调这两个层次是矛盾统一的关系，是不可分割的整体，但社会主义经济改革是改革具体生产关系，即改革经济体制，而不是改变基本经济制度。这为中国经济体制改革坚持社会主义方向提供了可靠的理论依据。

（2）提出"先进的社会主义生产关系与落后的社会生产力之间的矛盾"说

在党的八大召开之前，关梦觉在1956年第7期《新建设》杂志上发表了《关于高级农业生产合作社的生产力与生产关系问题》一文，明确提出"高级的社会主义生产关系是先进的"，而"其生产力却相对落后"的观点。这在当时被认为是"离经叛道"的。不久，党的八大召开了，这次大会的政治报告决议明确指出，在我国所有制社会主义改造基本完成以后，国内的主要矛盾实质就是"先进的社会主义制度同落后的社会主义生产力之间的矛盾"。在党的八大精神鼓舞下，关梦觉信心倍增，睿智激发，接连写出《历史唯物主义原理与我国高级农业生产合作社的现实》《论先进的社会主义生产关系与落后的社会生产力之间的矛盾》两篇重要论文，分别在《经济研究》1957年第1期和《新建设》1957年第2期上发表。两篇论文根据党的八大精神，着重对先进的社会主义生产关系与落后的社会生产力之间矛盾的性质、特点和作用等重大理论做了透彻的分析与阐述，既表现了其理论创新精神，又反映出其严谨求实的科学态度。

（3）对斯大林表述的"生产关系一定要适合生产力性质的规律"提出商榷和质疑

关梦觉认为，实现四个现代化的主题和出发点是发展生产力，而不是首先变革生产关系，所以"用生产关系一定要适合生产力性质的规律来解释四个现代化，可以说是文不对题"。他强调指出,斯大林对这个规律的表述是有片面性的,那就是"只强调变革生产关系这一面,而把生产力却放在被'适应'的消极地位,没有从正面阐述生产力对生产关系的决定作用",因此,他主张"在这个规律表述上,加上'生产力决定生产关系'一句"就更科学了。

2. 关于商品生产和价值规律问题

新中国成立以来,我国经济学界对社会主义制度下商品生产与价值规律的研讨几乎没有间断过,大的讨论有两次:一是1959年上海经济理论讨论会前后是一个高潮,二是1979年4月在无锡召开的价值规律讨论会的前后。这两次大的讨论,关梦觉都积极撰文参加,并且发表了堪称一派的独到见解。

(1) 社会主义制度下商品生产和商品交换存在原因"二元论"

在社会主义制度下,我国还要不要发展商品生产和商品交换?商品生产和商品交换存在的原因和依据是什么?在20世纪50年代末,我国经济学界展开一场大讨论。在讨论中,占据主流的观点是"一元论",即认为社会主义制度下商品生产与商品交换存在的原因是我国存在全民所有制与集体所有制两种所有制形式。关梦觉旗帜鲜明地提出商品生产与商品交换存在原因"二元论"。他不仅从生产关系方面分析了两种所有制并存是我国存在商品生产和商品交换的原因之一,而且还从生产力方面分析了生产发展水平这个因素的决定性作用。他说道:"如果只用两种所有制的并存来解释商品产和商品交换存在的原因,那就必然会得出这样的结论:即一旦由目前人民公社的集体所有制过渡到全面的社会主义的全民所有制,那么,商品生产和商品交换就跟着消亡了。这个结论不但被证明与事实不符,而且对于目前我们发展商品生产商品交换也会起泄气的作用。"

(2) 主张"广义商品"论

受斯大林理论的影响,我国经济学界有一派同志承认国有企业卖给职工的消费资料是商品,而不承认国有企业互相交换的生产资料也是商品。按照斯大林给商品所下的定义,认为所有权转移是商品交换的决定性条件。全民所有制的国有企业互相交换的生产资料是同一所有制内部交换，不存在所有权转移问题，所以不能认为其为商品。关梦觉认为，斯大林的定义是狭义的商品定义，即私有制下的商品定义，社会主义社会应采用马克思广义的商品定义。他明确指出："广义的商品定义，适用于私有制下面的商品，也适用于社会主义制度下面的各种商品，或者说，它是从各种生产方式的商品交换中抽出来的，因为它表明了商品的共性。至于所有权转移这一点，乃是历史上某些商品交换的一种特性，而非商品的共性。"

（3）提出著名的价值规律"二重作用"论

关梦觉认为，凡是存在商品经济的地方，价值规律就一定要发生作用，这是客观的，不以人们的主观意志为转移的。离开周围条件，单就这种作用本身来说，无所谓积极作用和消极作用。但是，就价值规律作用后果对于人们的关系来说，对于社会主义建设的关系来说，则可以区分为积极与消极两重作用。他强调说："这种区分，既不是纯客观的，也不是纯主观的，而是主观与客观相互结合的，它表现了主观同客观（规律）的关系。"他运用"水能载舟，亦能覆舟"生动形象地说明价值规律的二重作用。就水本身来说，载舟覆舟，一视同仁，客观地强制发生作用；但就对人的关系来说，"载舟"是积极作用，"覆舟"是消极作用。他强调这种区分具有特别重要意义，那就是为了更好地利用其积极作用，限制其消极作用，使它更好地为社会主义建设服务。

（4）关于价值规律的"自觉利用"论

1979年4月，在无锡召开的价值规律问题讨论会上，关梦觉做了题为"关于价值规律的几个基本理论问题"的发言，不仅重申了20年前的基本观点，而且特别提出对价值规律的"主动自觉利用问题"。针对一些同志认为价值规律既然是一种规律，总是自发或自动地起作用，何来"自觉"的观点关梦觉认为，由于我们能够在科学计划指导下自觉利用它，就有可能使它从"异己的力量"变为"非异己的力量"。至于所谓"自觉"，绝不是说规律本身有什么

"自觉性"，而是指人们可以自觉改变其产生消极作用的条件，从而限制其消极作用。这种观点，无疑对于"人们在规律面前永远是奴隶"的状况是一种主动积极的有所作为的理性认识。

(5) 主张按照价值规律的本性要求，进行经济体制改革

把价值规律本性归结为追求物质利益、追求利润，是一个物质利益规律，这是关梦觉的一个创见。他认为这一本性无论是在资本主义制度下或社会主义制度下都不能改变，只是其表现形式、作用方向和后果不同。因此，在社会主义社会里，价值规律的作用是与国家集体和劳动者个人的物质利益紧密相连的。正是基于此，关梦觉主张，中国在进行经济体制改革时，要按照价值规律本性的要求，把国家、企业和劳动者的物质利益关系处理好，尤其要使企业与劳动者的个人物质利益联系起来。只有这样，才能在物质利益基础上保证经济体制改革获得成功。

3. 社会主义扩大再生产问题

(1) 提出社会主义扩大再生产"三种类型"说

马克思认为，扩大再生产有两种类型，即外延扩大再生产与内涵扩大再生产。"如果生产场所扩大了，就是在外延上扩大；如果生产资料效率提高了，就是在内涵量上扩大"。

关梦觉在分析上述两种扩大再生产基础上，结合我国社会主义建设实际，创造性地提出三种类型的扩大再生产：一是外延的扩大再生产，包括投资建设新的企业和基础设施，增加投资对现有企业进行技术改造和设备更新。二是内涵的扩大再生产，包括用折旧基金对企业进行技术改造，改革企业经营管理方式，调动职工的积极性，挖掘企业的潜力。三是内涵与外延相结合的扩大再生产，这是从前两种类型中派生出来的一种扩大再生产类型，它是以现有企业为基础，一方面挖掘它们的潜力，另一方面又追加一部分新投资对它们进行技术改造和设备更新，通过这两方面来扩大生产规模。关梦觉强调上述三种类型扩大再生产应当配合起来，形成一个有机整体，不能只强调一种类型而否定其他一种或两种类型。这种扩大再生产"三种类型"说，不仅在理论上颇有新意，更对搞好社会主义

扩大再生产具有重要实际价值与意义。

(2) 提出"社会主义生产关系扩大再生产"说

社会主义再生产过程，不仅是物质资料的再生产，同时也是社会主义生产关系的再生产过程。关梦觉认为，"社会主义生产关系的再生产和扩大再生产包括两方面的内容：一是坚持社会主义道路，维护社会主义生产关系，沿着社会主义方向前进；二是通过改革使社会主义生产关系不断完善，容许并促进生产力蓬勃发展。"提出"社会主义生产关系扩大再生产"说，无疑对深化改革，完善与发展社会主义经济制度有着重大指导意义。

4. 关于经济体制改革问题

关梦觉亲历了我国改革开放第一个10年，这是经济体制改革起步与"摸着石头过河"的艰难探索阶段。已近古稀之年的他，仍十分认真学习新理论、新知识，奋力探索经济体制改革出现的种种新问题，提出不少真知灼见，至今仍闪烁智慧之光。

(1) 股份制性质："混合所有制"论

关梦觉是赞成实行股份制改革的，对于把股份制说社会主义"新型公有制"的观点却是坚决反对的。他认为，"全民、集体、私人和外资互相参股所形成的联合股份企业，是一种混合所有制，其具体性质要按占主导地位的股份的性质来确定。如果是全民的股份占主导地位，那就是以全民为主体的混合所有制，属于全民所有制经济范畴。如果集体的股份占主导地位，那就是以集体为主的混合所有制，属于集体经济范畴。如果私人股份占主导地位，那就是以私营经济成分为主的混合所有制，属于私有制经济的范畴。如果外资股份占主导地位，就是以外资为主的混合所有制，属于国家资本主义经济的范畴"。今天看来，20多年前提出上述见解，还是难能可贵的。

(2) 国企改革利润分割"三头"论

在国有企业扩大自主权改革中，有一种意见认为，企业应拥有完全的自主权，企业利润应全部归企业所有。关梦觉不赞成这种做法。他认为，国有企业的自主权是经营自主权，而不是所有权，企业所有权仍为国家，所以企业利润的分割必须坚持"国家得大头，企业得中头，个人得小头"原则。他还提出，国家大头占65%，企业中头占25%，个人小头占10%，并认为这个比例"并不是固定不变的"。他强调："国家的大头，归根到底也是为全国人民谋福利的。尽管如此，但大头也不宜太大，要兼顾企业和职工的眼前利益，以调动他们建设社会主义的积极性。"

（三）世界经济研究及其贡献

从1936年关梦觉担任北平《外交月报》编辑到1990年1月病逝的50多年时间，对世界经济问题的关注及研究始终没有中止。新中国成立前，他不仅翻译了大量外国经济与军事方面的书籍和文章，而且写了不少关于外国经济问题的评论。新中国成立后，他对世界经济的研究更是深入和集中，主要是研究战后美国经济危机（20世纪60年代）、美国跨国公司（20世纪70年代）及战后国家垄断资本主义新变化（20世纪80年代），成果及其贡献也令人瞩目。

1. 战后美国经济危机"周期缩短"问题

继1957—1958年经济危机后，从1960年2月起美国爆发了战后第四次经济危机。这次危机无论是在生产下降、生产能力过剩方面，还是在失业增加、企业破产方面，都比前次更严重、更深刻。关梦觉运用大量实际资料证明，战后美国发生的第四次经济危机"之前不但没有什么'繁荣'，而且根本就没有从上次危机中完全恢复过来"。"这表明美国战后的经济周期是越来越缩短了"，原因在于"战后美国固定资本更新过程的变化"。战后美国固定资本大规模增加，尤其是以扩军备战和经济军事化为中心的国家垄断资本主义的发展，已经破坏或打乱了固定资本更新周期，使生产能力的畸形增长与有支付能力的需求之间的矛盾更加尖锐化，从而使危机更加频繁，周期缩短。读了关梦觉20世纪60年代初发表的论文，再看当今美国的现实，不难看出当今美国似乎正在重演"昨天的故事"。

2. 国家垄断资本主义：垄断资本主义生产关系的社会化形式

关梦觉在与池元吉、赵凤彬合写的《国家垄断资本主义与资本主义生产关系的变化》一文中认为，国家垄断资本和私人垄断资本一样，是帝国主义的一个基本范畴，是垄断资本主义生产关系的社会化形式。它像马克思所讲的那样："是资本主义生产方式在资本主义生产方式本身范围内的扬弃"，不仅扬弃了资本家的个人私有制，也扬弃了资本家的集团私有制，确立了"总资本家"私有制，使得资本主义生产关系适应并促进了社会生产力的发展，出现战后资本主义世界经济的大"繁荣"。正如关梦觉所指出的那样，这种生产关系的变化并未改变其性质，并没有消除资本主义基本矛盾，因而经济危机照样还会发生。当今，以美国为代表的资本主义世界正陷入战后以来最严重的国际金融危机，就是最有力的证明。

3. "停滞膨胀"——当代资本主义新痼疾评说

生产停滞同时伴以严重通货膨胀，是20世纪70年代初资本主义世界经济发展中出现的一个新现象。关梦觉以敏锐的眼光及深邃的理论洞察力，捕捉到这一现象，先是写出《"停滞膨胀"与当前资本主义的经济危机》一文，发表在香港《经济导报》创刊35周年纪念特大号上；后又在1981年12月全国政协会上与香港《文汇报》记者刘诚谈话中讨论到资本主义经济的停滞膨胀问题。回到长春后，应《红旗》杂志之约，精心撰写出《帝国主义经济的新痼疾——"停滞膨胀"》一文，发表于《红旗》杂志1982年第4期，引起学界及世人广泛关注。

他在文中分析了第二次世界大战后20世纪70年代以来资本主义世界经济深陷"停滞膨胀"泥潭的种种表现，生产停滞与通货膨胀交织并发，互相融合，互相钳制，此起彼伏，恶性循环，已成为帝国主义经济难以医治的痼疾。

他从理论上剖析了"停滞膨胀"的实质以及产生原因，并指出"停滞膨胀"资本主义基本矛盾在经济上的一种新的特殊表现形式。为了缓和这个激化的基本矛盾采取凯恩斯主义的政策，扩大有效需求，则又加剧了通货膨胀；而为了抑制通货膨胀的货币主义政策又加重了生产停滞，这使资本主义经济深陷泥潭，不能自拔，无可奈何。

除了上述主要理论成果及学术贡献外，他还对陈云经济思想进行了系统深入的研究，主要成果体现在《陈云同志的经济思想》一书中。该书对陈云同志关于建设规模要和国力相适应的思想；关于保持财政信贷平衡，防止通货膨胀的思想；关于按比例是规律，"一要吃饭，二要建设"，发展多种经济形式等思想，从经济学角度给予科学论证，指出陈云同志上述思想结合中国实际问题能发展了马克思主义，不仅是毛泽东思想的一个重要组成部分，也构成建设中国特色社会主义理论体系的重要内容。

三 治学态度与人格风范

关梦觉在治学生涯中始终不渝地坚持三条：一是坚持四项基本原则。他在学习《邓小平文选》札记中说："坚持四项基本原则，是建设有中国特色的社会主义的总的指导思想，离开四项基本原则，社会主义建设必然走到邪路上去。"临终前，还专门撰文《坚持四项基本原则新论》。他不仅这么说的，更是这么做的。纵观新中国成立以来，他发表的所有著作、论文、各种访谈及各种学术报告，没有一点是违背四项基本原则的。有人认为，四项基本原则妨碍科学进步与理论创新、妨碍学术自由等，关梦觉一直不赞成这种观点。他认为，作为学者如果不坚持马列主义毛泽东思想，必然走到邪路上去，或掉到资产阶级自由化的泥坑里去。他经常用上述思想影响周边的教师，并用自己的切身体会去教育与指导研究生。二是坚持解放思想，实事求是，从实际出发，敢于创新，敢于提出自己的独立见解。他认为，没有这一条，就会思想僵化，理论保守，成果自然陈旧。他有两句口头禅，"科学研究不能人云亦云，搞'拼盘'，炒'冷饭'""写文章要出新出彩"。不仅鼓励青年人大胆创新，而且他身体力行。他每写一篇论文，或撰一部书稿，都力图提出新观点或搞出新内容，为此常请身边的教师或科研助手帮他提炼与斟酌新观点。三是治学严谨，文风端正，从不盲目跟"风"。不管什么"风"吹来他都坚持马列主义不动摇。尤其是，他为坚持真理，敢讲真话、实话。

关梦觉还是教书育人的典范。在吉林大学经济系主任岗位上，他从不认为是一个"官"，始终把自己当作一个学术带头人。他一心扑在教书育人事业上，十分关心中青年教师和学生的成长，甚至超过自己的子女。他家子女较多，有四个儿子、两个女儿。经常有中青年教师和学生到他家请教问题，他都热情接待，耐心解答和认真讨论每一个问题，即使礼拜天也不得休息。他除了培养研究生外，还不定期开设经济理论讲座，或做学术报告，向中青年教师和学生介绍理论研究前沿与自己的最新研究成果，或传授自己治学之道，引导他们关注我国社会主义建设中的现实问题，培养与提高他们的科学研究能力。此外，他还经常为校内外学术刊物和作者审阅稿件，既严格要求又热情扶植，不仅在科研方向上帮助把关，还在内容、观点和文字方面帮助仔细推敲。这些工作大都是"无酬"劳动，占去了他许多时间，但他总是认为这也是教书育人的一部分，乐此不疲，诲人不倦。他常说："老骥伏枥志在千里，不用扬鞭自奋蹄。"如今关老已扬鞭西去，可他那伫立在教学大楼里的金色铜像却闪闪发光，永远亮在学子们的心里。

四 关梦觉主要论著

关梦觉：《中国农村经济的新动向》，《反攻》1938年第6期。

关梦觉：《日寇榨取东北经济的新阶段》，《反攻》1939年第6期。

关梦觉：《关于高级农业生产合作社的生产力和生产关系问题》，《新建设》1956年第7期。

关梦觉：《历史唯物主义的原理与我国高级农业生产合作社的现实》，《经济研究》1957年第1期。

关梦觉：《论先进的社会主义生产关系和落后的社会生产力之间的矛盾》，《新建设》1957 年第 2 期。

关梦觉：《第二次世界大战后的资本主义经济危机问题》，辽宁人民出版社 1957 年版。

关梦觉：《中国原始资本积累问题初步探索》，上海人民出版社 1958 年版。

关梦觉：《关于当前的商品生产和价值规律的若干问题》，《经济研究》1959 年第 2 期。

关梦觉：《关于社会主义扩大再生产的几个问题》，吉林人民出版社 1980 年版。

关梦觉：《帝国主义的新瘤疾——"停滞膨胀"》，《红旗》1982 年第 4 期。

关梦觉主编：《政治经济学疑难问题探讨》，吉林人民出版社 1982 年版。

关梦觉：《陈云同志的经济思想》，知识出版社 1984 年版。

关梦觉：《论社会总需求和总供给的平衡问题》，《群言》1986 年第 8 期。

关梦觉主编：《社会主义政治经济学研究》，上海人民出版社 1988 年版。

关梦觉、张维达主编：《社会主义经济体制比较通论》，辽宁人民出版社 1989 年版。

关梦觉：《关梦觉选集》，吉林大学出版社 2003 年版。

主要参考文献

宛樵：《关梦觉》，《经济学动态》1982 年第 6 期。

宛樵、曲木：《关梦觉传略》，载晋阳学刊编辑部编《中国现代社会科学家传略》，山西人民出版社 1983 年版。

[本文载于《20 世纪中国知名科学家学术成就概览》（经济学卷），科学出版社 2013 年版]

关梦觉的经济理论建树

引子

1990年1月26日，是个令人难忘、令人哀痛的日子。这一天，我们最尊敬的关梦觉老师因病溘然而逝，与世长辞。

关老走了，走得那么突然，那么早，那么匆忙，连向我们这些与其朝夕相处的弟子们告别一声都没有，连一句嘱托的话都没有留下。

然而，他的音容笑貌却永远留在我们眼前，他的谆谆教诲深深铭刻在我们心里。尤其是，他为我们后人留下一份十分宝贵的遗产——在国内外学术界有重大影响的十几部著作和上百篇论文。这是他一生呕心沥血、殚精竭虑、勤奋笔耕的结晶，也是他半个多世纪以来在理论阶梯上不断攀登的足迹。

关老生前在我国经济学界享有很高的声誉和地位。他曾任国务院学位委员会经济学科评议组成员，是我国首批经济学科博士生导师，中国当代著名的经济学家。早在20世纪三四十年代，他就发表了大量研究中国经济问题和国际经济问题的论著，还翻译了苏联著名经济学家瓦尔加写的《两个制度》、英国著名经济学家约翰·伊顿写的《政治经济学教程》等著作，在社会上产生了广泛的影响。新中国成立以后，他从1954年起，担任吉林大学经济系教授、系主任和经济管理学院名誉院长，并曾担任《吉林大学社会科学学报》主编，长期致力于社会主义经济理论的教学与研究。在科学研究中，他坚持马克思主义普遍真理同中国实际相结合的方针，不断开拓创新，孜孜探求真理，形成了一套较为系统的学术思想，建树丰伟，成就斐然。

今逢他曾担任过主编的《吉林大学社会科学学报》出刊100期纪念，我们特地从他的遗著中选取若干经济理论观点，撰就《关梦觉的经济理论建树》一文，以告慰老师英灵，并谢老师培育之恩。由于我们的理论水平所囿及文章篇幅所限，本文不可能将关梦觉教授的全部经济理论建树都概括和反映出来，而只能就他十年来的主要经济理论建树加以论评和介绍。

建树之一：全民所有制是社会主义的"擎天柱""主心骨"

我国社会主义公有制的主体是采取国有制形式的全民所有制。它是社会主义的主要经济基础，也是社会主义区别于资本主义的根本标志。社会主义按劳分配，社会主义有计划的商品经济，都是以公有制特别是全民所有制为基础的。挖掉了全民所有制，等于挖掉了社会主义的根子，使社会主义可以通行无阻地演变为以私有制为基础的资本主义了。因此，关梦觉教授一贯强调，社会主义国家必须坚决维护和坚持社会主义公有制，尤其是社会主义的全民所有制。

他认为，维护和坚持全民所有制绝不意味着不要对它进行任何改革。改革社会主义全民所有制的内部关系和管理体制，使之不断适应和促进社会生产力发展，是更好地维护和坚持社会主义全民所有制。他赞成社会主义全民所有制经济搞"两权分离"，实行承包经营责任制，因为这些改革可以调动劳动者的积极性，提高企业经济效益，有效地增加国家财政收入，促进国民经济的增长和人民生活水平的提高。

他坚决反对打着"深层次改革"的旗号，"通过股份制形式，化公为私，实现私有化或非国有化"。经济学界有些人认为，搞"两权分离"和实行承包制的改革，是"浅层次改革"，主张将全民所有制股份化。他撰文指出："我赞成兴办股份企业，以吸收社会资金，发展生产，繁荣经济。但我不赞成把现有的大中型国有企业变成公私混合的股份企业，这等于从全民所有制退到混合所有制。弄不好，还会把国家财产杀价折成股份，再招私人入股，使之坐收渔人之利，这等于化公为私。"①

他明确提出，全民所有制是社会主义的"擎天柱""主心骨"。因为它拥有现代化的大生产，拥有现代化的科学技术装备，掌握着国民经济命脉，是社会主义社会其他经济成分得以沿着社会主义方向发展并为社会主义服务的决定性经济条件和力量。为此，首先，必须切实保证其主导地位不受侵犯、削弱、损伤和动摇。如果全民所有制的主体地位从根本上被动摇，社会主义就失去"擎天柱"和"主心骨"，就会灭亡。其次，必须保持全民所有制的独立地位不受瓦解。"它本身应有独立的地位，不能同私有制混合，否则就无所谓全民所有制了。而没有全民所有制这个擎天柱、主心骨，还有什么东西能制约和引导其他所有制呢？"②

建树之二：节制私营经济

所谓节制私营经济，绝不是否定和取消私营经济，而是对私营经济的发展进行调节与控制，防止其盲目地自发发展。

我国现阶段之所以要节制私营经济，完全是由私营经济在国民经济中的性质、地位和作用所决定的。我国现阶段私营经济的性质，"是一种私人资本主义性质的经济"③，因为它具有资本主义经济的一些共性。首先，从生产资料所有制上看，私营经济的生产资料，归雇主私人所有，雇工则不占有生产资料。其次，从企业内部关系上看，雇主是资本所有者，是企业的主人，雇工则是出卖劳动力的工资劳动者，存在明显的剥削关系。最后，从企业的生产目的上看，私营经济完全受价值规律调节，不择手段地追求最大限度的剩余价值。我国的私营经济同资本主义国家的私营经济相比，还有重大的差别。第一，我国的私营经济是同国民经济中占优势、占主

---

① 关梦觉：《私有化不是中国的出路》，《经济纵横》1989年第12期。
② 关梦觉：《私有化不是中国的出路》，《经济纵横》1989年第12期。
③ 关梦觉、张维达主编：《社会主义经济体制比较通论》，辽宁人民出版社1989年版，第300页。

体地位的公有制经济相联系的，其原料来源、能源供应、产品销售、价格确定，无一不受到社会主义公有制经济的影响和制约。国民经济命脉掌握在全民所有制经济手中，这就决定了私营经济只能处于从属于社会主义公有制经济的地位。第二，私营经济必须在国家法令和政策所允许的范围内活动，受到国家的调节与监督，受到社会主义意识形态和道德的影响。正是因为私营经济具有上述特定的性质与地位，所以，它在社会主义现阶段具有双重作用：一方面，它对于发展生产、增加社会财富、活跃市场、扩大就业、满足社会和全体人民日益增长的各种物质文化生活需要有重大的积极作用，是社会主义公有制经济的必要的有益的补充；另一方面，它还有剥削雇工、偷税漏税、扰乱市场、哄抬物价、坑害消费者、冲击和破坏国家计划，与公有制经济争原材料、争能源、争人才等消极作用，是社会主义公有制经济的腐蚀剂和破坏力量。"与此相适应，我们在政策上要有两手：一方面，要继续鼓励私营经济的发展，依法保护他们的合法权益和合法收入；另一方面，又要通过经济的、法律的和行政的手段，对私营经济的生产和经营活动进行切实有效的监督，管理和引导，对他们的经济犯罪活动给以严厉打击。"①

建树之三：有计划商品经济是计划经济与商品经济的矛盾统一体

以生产资料公有制为基础的有计划的商品经济，是一个重大的理论与实践问题，是我国经济体制改革的一个重要理论依据，也是社会主义政治经济学的一个新范畴。这个新范畴在《中共中央关于经济体制改革的决定》中以权威的形式正式提出后，立即在学术界引起了强烈的反响和较大的争论。

关梦觉教授主张用唯物辩证法来分析有计划商品经济这个新范畴。他认为，把计划经济和商品经济对立起来，是不对的，但看不到二者还有矛盾的一面，也是不对的。他明确提出："社会主义有

---

① 关梦觉、张维达主编：《社会主义经济体制比较通论》，辽宁人民出版社 1989 年版，第 304 页。

计划的商品经济是一个包含着两个侧面的矛盾统一体。"① 从一个侧面来看，它是有计划的商品经济，落脚在商品经济上；从另一个侧面来看，它又是存在着商品生产和商品交换的计划经济，简称为商品计划经济，落脚在计划经济上。但这并不是计划经济与商品经济的"二元论"，"从总体说来我国实行的是计划经济"，"计划经济不过是有计划的商品经济的简称"。② 计划经济与商品经济二者相统一的基础在于生产资料的社会主义公有制，在于国民经济有计划按比例发展规律和价值规律二者结合起来对社会主义经济发展共同起调节作用，在于这两个规律都具有调节社会劳动在国民经济各个部门按比例分配的职能与作用。计划经济与商品经济二者的统一性表现为，二者互为条件，互相依存。"计划经济离开商品经济，必然要把国民经济搞死；使商品经济离开计划经济，必然要把国民经济搞乱。"③ 反对把计划经济与商品经济对立起来，强调二者的统一，提出社会主义经济是有计划的商品经济，是社会主义政治经济学理论的一个重大前进和发展。

此外，也应当看到计划经济同商品经济也并不是没有矛盾的。矛盾主要表现为，商品经济受价值规律的支配，为了实现自身物质利益的最大化，它要求自由放任，"要求突破任何'笼子'，要求不择手段、不受限制地去追逐利润。即使是国营的和集体的商品经济单位，只要是同企业本身和职工的利益联系起来，也在不同程度上有这种倾向，商品经济确实能调动起人们的积极性，但也难免出现一些盲目的积极性。正是在这一点上，它同计划经济发生了矛盾"④。这里，论证是有理有据的，分析是精辟深刻的，观点是颇有见地的。针对理论界明显存在的只讲计划经济与商品经济二者统一面的倾向，关梦觉教授旗帜鲜明地提出二者的矛盾，并从理论上加以论证，阐明了解决二者之间矛盾的措施与意义，这不得不说

---

① 关梦觉主编：《社会主义政治经济学研究》，上海人民出版社1988年版，第35页。
② 关梦觉主编：《社会主义政治经济学研究》，上海人民出版社1988年版，第27页。
③ 关梦觉主编：《社会主义政治经济学研究》，上海人民出版社1988年版，第27页。
④ 关梦觉主编：《社会主义政治经济学研究》，上海人民出版社1988年版，第28页。

是对社会主义有计划商品经济理论研究的一个较大的突破和贡献。

建树之四：指令性计划不能取消

在关于我国计划管理体制的改革中，关于计划经济与市场调节之间关系的大讨论中，经济学界有一种颇有代表性的意见认为，我国原有的计划体制是以指令性计划为核心的高度集权的体制，对它进行根本改革，必须废弃指令性计划，实行国家间接计划为主，由市场导向的新体制。

关梦觉教授不同意上述主张，坚决反对取消指令性计划。他有一句名言："秤砣虽小能压千斤。"其意是说，随着计划体制的改革，指令性计划是要适当减少和缩小的。但是，缩减的只是指令性计划的品种和范围，而不是它本身的作用。相反，随着指令性计划在范围、品种方面的缩小，它本身的作用越来越重要，越来越大。不仅不应有丝毫的削弱，反而应越来越加强。这是因为，在我国现在的生产力水平下，把一切经济活动都纳入国家统一的指令性计划，结果必然导致计划与实际的严重脱节。而脱离实际的计划在实际经济活动中是不可能发挥其正常作用的。相反，在品种、范围方面缩小之后的指令性计划，更适合我国国情与生产力发展的实际水平了，它的作用才有可能真正得以发挥。再说，指令性计划在社会主义计划体制中的地位，不是取决于它的范围，而是取决于它的作用，取决于它所调节的经济活动在国民经济总体中的地位。《中共中央关于经济体制改革的决定》明确规定："对于关系国计民生的重要产品中需要由国家调拨分配的部分，对关系全局的重大经济活动，实行指令性计划。"可见，指令性计划调节的对象是关系国民经济全局的经济活动，其作用具有决定国民经济发展全局的性质，它是保证重大比例关系适当和国民经济按比例协调发展的基础。

另外，指令性计划还是社会主义计划经济区别于资本主义市场经济的一个重要标志。资本主义国家所标榜和实行的"计划"，都是有弹性的指导性计划，对资本家的经济活动没有任何强制和实质性的约束力，充其量是国家垄断资本主义调节社会经济活动的一种手段而已。而指令性计划虽然也是一种经济调节手段，但由于它的特殊性质与功能，却只能为社会主义国家在生产资料公有制的基础上使用。公有制使国民经济各部门、各地区和各企业消除了根本利害冲突，实现了根本利益一致，这就为国家运用指令性计划直接协调和统一全民利益提供了客观条件和基础。

近年来，我国宏观经济运行失控，国民经济重大比例关系失调，农业长期徘徊、停滞，加工工业过度扩张，能源工业、基础工业及基础设施的建设落后，通货膨胀严重，流通秩序混乱，企业行为短期化，所有这些都无不与国家的指令性计划被严重削弱，乃至在一定范围被不适当取消有很大的关系。实践越来越清楚地表明，关梦觉教授关于指令性计划不能取消的见解，是科学的、正确的，是一个先哲之见。

建树之五：三种类型的扩大再生产及生产资料生产优先增长

关梦觉教授对社会主义再生产理论有很深的研究，早在1963年吉林人民出版社就出版了他的专著《关于社会主义扩大再生产问题》。该书经过近二十年的实践检验，仍不减其理论光泽，于1980年又再版发行。20世纪年代初，在我国的再生产理论大讨论中，关梦觉教授又发表了《关于马克思再生产理论的两个问题与我国的社会主义现代化经济建设》等一系列重要论著，对扩大再生产的类型划分及生产资料生产优先增长等问题发表了独到精辟的见解。

首先，明确提出有无积累是区分外延扩大再生产和内涵扩大再生产的标准。

对这个问题，学术界流行两种观点：一是认为外延扩大再生产与内涵扩大再生产的划分标准是生产场所是否扩大。凡是生产场所扩大了，就是外延的扩大再生产；凡是在原有生产场所内的扩大再生产，就是内涵的扩大再生产。二是认为外延扩大再生产与内涵扩大再生产划分的标准是劳动生产率是否提高。凡是在劳动生产率不变的情况下，依靠增加生产资料和劳动力来扩大生产规模的，都是外延的扩大再生产；凡是在劳动生产率提高了的情况下，不增加生产过程物化劳动与活劳动占用，通过提高生产资料效率和改进生方法来扩大生产，就都是内涵的扩大再生产。关梦觉教授不同意上述两种观点。第一，把外延扩大再生产和内涵扩大再生产只看作一个空间概念，而不是一个资金概念，这是一种形式主义和简单化，因为外延扩大再生产与内涵扩大再生产是政治经济学中的两个范畴，是作为生产关系的理论表现而存在的，而不是作为生产力组织学与经济地理学的概念存在的。第二，认为外延扩大再生产没有技术进步，没有劳动生产率提高是没有根据的。事实上，我们在投资扩建企业或新建企业即进行外延扩大再生产时，总是要尽可能地用先进技术，提高劳动生产率的。因此，仅以劳动生产率是否提高来区分外延与内涵的扩大再生产也不够科学。

关梦觉教授明确指出，划分外延扩大再生产与内涵扩大再生产的客观标准是有无积累。有无积累虽然不是扩大再生产的唯一源泉，却是区分外延扩大再生产与内涵扩大再生产的根本标志。"简言之，有积累的扩大再生产就是外延的扩大再生产；没有积累的扩大再生产，就是内涵的扩大再生产。所谓内含，就挖掘企业的内部潜力，外延的扩大再生产固然有生产场所的扩大，内涵的扩大再生产有时也并不排除生产场所的扩大。"①

关梦觉教授按照扩大再生产的源泉来区分外延与内涵两种类型的扩大再生产，不仅有科学的理论根据，而且也有很大的实际意义。从理论上说，这种划分符合马克思关于扩大再生产发生原因的论述。马克思说："生产逐年扩大是由于两个原因：第一，由于投入生产的资本不断增长；第二，由于资本使用的效率不断提高。"② 马克思所讲的生产扩大的两个原因，就是指扩大再生产的两种源泉：一是靠增资，二是靠挖潜。前者为外延的扩大再生产，后者为内涵的扩大再生产。这种区别的实际意义在于：第一，在不增加投资的情况下，有助于进一步挖掘现有企业潜力，提高经济效益；并

---

① 关梦觉：《关于马克思再产理论的两个问题与我国的社会主义现代化经济建设》，《吉林大学社会科学学报》1983年第3期。
② 《马克思恩格斯全集》第二十六卷，人民出版社1973年版，第598页。

且有助于企业运用折旧基金去进行设备更新与技术改造,扩大和提高企业的生产能力。第二,在增加投资的情况下,有助于合理确定新投资的使用方向,改善投资结构,促进产业结构的合理化与资源配置的优化。

其次,明确提出扩大再生产的三种类型。

关梦觉教授认为,在社会主义现代化经济建设中,实际有三种类型的扩大再生产:一是外延型的扩大再生产。它包括投资建设新的企业和基础设施,增加投资对现有企业进行设备改造和技术更新。二是内涵型的扩大再生产。它包括用折旧基金对企业进行技术改造,改革企业经营管理方式,调动职工积极性,挖掘企业的潜力。三是内涵与外延相结合型的扩大再生产。这种类型是从前两种类型派生出来的,是前两种类型扩大再生产互相结合的产物。因为在现实经济生活中,外延扩大再生产与内涵扩大再生产二者难以截然分开,往往是互相交错与互相结合的。特别是对现有企业进行技术改造,既利用折旧基金,挖掘企业潜力,又增加一些新的投资,这是典型的外延与内涵相结合型的扩大再生产。

最后,坚持生产资料生产优先增长原理。

20世纪年代末至80年代初,我国学术界冒出一股否定列宁的生产资料生产优先增长原理的思潮,认为生产资料生产优先增长是建立在"不科学"的"一些假设"上面的,在理论上是"不成立"的,它根本不是一条规律。[①] 关梦觉教授据理反驳了这种观点,并根据我国社会主义现代化建设的实际,对生产资料生产优先增长原理的内容做了新的概括。第一,在社会主义制度下,从较长时期来看,以重工业为主体的生产资料生产的增长速度比以农业和轻工业为主体的消费资料生产的增长速度要快些,但这并不排除在一定时期内,消费资料生产中轻工业的增长速度赶上,甚至略微超过重工业的增长速度。不过,总的来讲,生产资料生产毕竟处于领先地位。第二,生产资料生产不是孤立地优先增长,而是必须与消费资

---

① 《经济研究》1979年第11期。

料生产互相配合，互相协调，按比例优先增长。它究竟优先到什么程度，是由消费资料的生产来决定的。第三，生产资料生产的优先增长，不只是数量的增长，也包括产品质量的提高和品种的增加。他认为生产资料生产优先增长"是马克思主义的一条普遍的基本原理。任何社会主义国家，特别是经济比较落后的大国，在社会主义建设中，都应当遵循这条原理，否则就不可能建设成为一个独立的、现代化的社会主义强国"①。他坚决反对社会生产结构"轻型化"的主张，反对"轻工业优先增长"和"消费资料生产优先增长"的说法和做法，这些真知灼见已在十年改革的实践中得到极好的印证。近年来，我国轻纺工业盲目畸形发展，消费品市场严重疲软；而同时生产资料工业受到严重削弱，致使原材料、能源极度短缺，生产资料严重供不应求，许多企业处于停产或半停产状态，造成整个国民经济结构严重失衡，速度与效益同时下降，不仅社会扩大再生产缺乏必要的物质条件，而且连社会简单再生产也难以为继。这是从理论上否定生产资料生产优先增长规律，从以往的片面发展生产资料生产的错误极端走上现今的片面发展消费资料工业这个错误极端，是违背两大部类相互协调、平衡发展原理所带来的一个必然后果。这就雄辩地证明了关梦觉教授当年坚持生产资料生产优先增长原理的正确性，也显示了其深厚的理论功底和非凡的学术造诣。

建树之六：社会主义生产关系分为两个层次

马克思和恩格斯将生产关系分为四个环节，即生产、交换、分配和消费等方面的生产关系。斯大林将生产关系划分为三方面，即生产资料所有制形式、人们在生产中的地位及其相互关系、产品分配方式。关梦觉教授认为，上述两种划分方法是统一的，前者为"横向"划分，后者为"纵向"划分；把二者对立起来，是不对的。

---

① 关梦觉：《关于社会主义扩大再生产的几个问题》，吉林人民出版社1980年版，第9页。

将社会主义生产关系划分为两个层次，是关梦觉教授的一个重大经济理论建树，也是他对社会主义经济理论发展的一个重大贡献。他认为，时代发展了，历史前进了，对社会主义生产关系范畴必须有一个新的认识。根据我国和其他社会主义国家的经验，可以把社会主义生产关系分为两个层次：第一个层次是社会主义的基本生产关系，它是社会主义生产关系的本质规定，构成社会主义经济制度的主线，决定社会主义经济的性质，是社会主义不可动摇的经济基础。第二个层次是社会主义的一些具体生产关系，或者说是社会主义生产关系的运用形式，即我们通常所说的经济体制。它包括社会主义经济的经营管理制度，支配着社会主义经济的运行，影响着社会主义经济的效益和发展速度，因而发挥着重要的功能。这两个层次有机结合起来，构成社会主义生产关系总体。过去一个很长时期，我国只讲第一个层次忽视了第二个层次，造成了体制僵化，束缚了企业的生机与活力，妨碍了社会主义经济制度优越性的充分发挥。社会主义生产关系的两个层次，各自包含特定的内容。社会主义的基本生产关系包括三条：一是生产资料社会主义公有制，二是以公有制为基础的有计划商品经济，三是消费品的按劳分配。以上三条构成社会主义的基本经济特征。"坚持这些，就是坚持社会主义的根本经济制度，就是坚持社会主义道路。"[①] 社会主义的具体生产关系包括国民经济管理体制、企业管理体制、计划体制、价格体制、金融体制、财政体制、工资体制、外贸体制、农村经济体制等，它涉及生产、交换、分配、消费等各个领域，关系社会主义经济的运行，决定着社会主义经济是否有生机与活力。上述两个层次是统一不可分割的，只有协调一致，才能有效地促进社会生产力的迅速发展。

  关梦觉教授关于社会主义生产关系分为两个层次的学说，为我国经济体制改革沿着社会主义方向前进，为社会主义制度的自我完

---

  ① 关梦觉主编：《社会主义政治经济学研究》，上海人民出版社 1988 年出版，第 32 页。

善和自我发展提供了可靠的理论依据。我国的经济体制改革历来存在两个方向：一是资本主义方向，即把我国经济体制改革成为资本主义市场经济体制；二是社会主义方向，即把我国经济体制改革成为计划经济与市场调节有机结合的体制。围绕上述两个方向，我国学术界实际上存在两种主张：一是主张对社会主义经济制度进行根本改革，具体来说就是在我国全面推行股份化、私有化、市场化。二是在坚持社会主义基本经济制度的前提下，改革社会主义生产关系的具体实现形式，即改革具体的经济管理体制，克服原有体制的种种弊端。关梦觉教授一贯反对前一种主张，而始终不渝地论证和宣传后一种主张。他说："我们今天进行经济体制改革，并不是要改掉这些基本的生产关系，恰恰相反，正是为了更好地实现并进一步完善这些基本的生产关系。"① 除了上述六个方面，关梦觉教授还在改革与建设的关系、生产力标准与四项基本原则的统一等问题上，也颇有新的建树。尤其是在"动乱"前不久，在全国纪念党的十一届三中全会十周年理论讨论会上，关老独树一帜，大声疾呼："强我国魂，振兴中华。"他说："今天我们搞改革，搞四化建设，振兴中华，同样需要马列主义这个精神支柱，同样需要马列主义这个国魂，其中包括四项基本原则，包括社会主义的爱国主义。"这字字珠玑，如金石落地，闪烁着何等耀眼的真理的光芒，表现出他的何等不凡的远见卓识！

（本文发表于《吉林大学社会科学学报》1990年第4期）

---

① 关梦觉主编：《社会主义政治经济学研究》，上海人民出版社1988年出版，第32页。

创学派的一部佳著——评介关梦觉主编《社会主义政治经济学研究》

关梦觉教授主编的《社会主义政治经济学研究》（以下简称《研究》），最近已由上海人民出版社出版。该书是由关梦觉教授牵头，吉林大学经济管理学院的一些教授、副教授们共同承担的国家"六五"时期的一个重点社会科学研究项目。

改革开放需要理论指导，同时又无时不在创造新理论。《研究》一书直接面向改革开放，探讨改革开放中出现的种种难题和新课题，在所有制理论、商品经济理论、再生产理论等方面都有所创新。《研究》一书还坚持在社会主义轨道上解放思想，开拓新视野，提出许多新观点。

科学的发展和繁荣，要靠百家争鸣，诸多学派平等、自由地竞争。马克思主义只有在不同学派的争鸣中才能大发展。《研究》一书不唯书，不唯上，不随风转，坚持实事求是，艰辛探索，奋力开拓，勇于在争鸣中追求真理。例如，书中指出，在当代，发展社会生产力基本上有两条道路：一条是资本主义道路，另一条是社会主义道路。社会主义国家发展生产力不能不择手段，不能采用资本主义欺诈、掠夺、弄虚作假、坑害消费者等手段。而现在，这个问题在社会上已相当普遍。笔者认为这是同理论界淡化，甚至取消社会主义与资本主义的界限的思潮有很大的关系。再如，书中不同意"第三产业"的概念，明确指出它是不科学的，是建立在资产阶级的庸俗的生产劳动理论基础之上的，混淆了物质生产与精神生产、生产劳动与非生产劳动的界限，公开提出用马克思主义的"服务业"概念取代"第三产业"概念。

《研究》一书试图在坚持马列主义政治经济学基本原理的基础上,努力结合中国国情发展马克思主义政治经济学理论。在这方面该书也显示出其独树一帜的学派风格与特色。

《研究》一书的另一个鲜明特点是"着重于现实问题的研究,不过多地着力于构筑体系"。社会主义政治经济学研究不能没有自己的理论体系,但作为一本著作的理论体系与作为一门科学体系,二者是既有联系又有区别的。社会主义政治经济学科学体系的构筑,取决于社会主义社会的发展成熟程度。我们赞同科学体系的探讨,但认为在社会主义社会发展很不成熟的初级阶段,构筑反映社会主义成熟形态的科学体系,是不够现实的。因此,与其着力构筑科学体系,莫如着重于对现实经济问题研究。《研究》一书正是本着上述指导思想,采用理论联系实际的方法,力图反映现阶段社会主义经济实际运行过程的逻辑体系,大体上按照生产过程、流通过程和生产总过程的顺序,建立篇章结构。在各篇章中,从建设中国特色社会主义经济实际出发,着重探讨我国社会主义现代化建设所面临的重大现实课题,突出反映我国经济体制改革冲破传统思想所取得的新的理论成果,评述经济学界的重大理论争论,分析实际经济生活中出现的重要思想倾向,阐明社会主义政治经济学的基本理论,提出自己的独到见解。该书立足于现实,讲究实际,对面临的难题和新课题进行研究和探索,尽管尚未达到完善的高度,还存在某些缺欠,却反映了社会主义政治经济学研究的转折和突破。

《研究》一书还提出一整套代表自己学派的学术观点。这些观点主要以下几点。

第一,社会主义生产关系分为两个层次:第一个层次是基本的生产关系,它构成社会主义经济制度的主线,反映社会主义经济的本质,决定它的性质,是社会主义不可动摇的经济基础;第二个层次是社会主义的一些具体关系,即我们通常所说的经济体制,它主要包括经营管理制度,支配着社会主义经济运行。两个层次结合起来,统一构成社会主义生产关系总体。

第二，社会主义全民所有制的国有形式要进行结构性改革，但要坚持其主导地位，通过"两权"分离形式深化企业改革，而不能全盘股份化。

第三，任何制度下的商品经济，不仅有彼此相同的共性，更为重要的是具有体现不同生产关系性质的特性。我们要着力掌握和探索社会主义商品经济的内在规律性，推进体制改革。

第四，社会主义商品生产的目的是实现企业盈利目标与满足社会需要的统一，是企业经济效益与社会经济效益的统一，而不是唯利是图，一切向钱看。

第五，价值规律具有二重性，既是商品经济的共有规律，同时又是不同类型商品经济的内在规律。价值规律的这种二重性是共性与个性的关系。

第六，计划调节与市场调节要有机结合，但市场调节不是万能的，而是受计划调节制约的。要使市场导向、企业运行符合宏观经济发展的目标。

第七，生产资料生产优先增长是马克思主义再生产理论的一条基本原理。基于技术进步、有机构成提高的生产资料生产优先增长，不是某一社会形态所特有的规律，而是一切技术进步条件下扩大再生产的普遍规律，但它在社会主义制度下有自己独特的作用条件、形式和特点。

第八，通货膨胀不是社会主义经济起飞的必由之路，而是有碍于经济稳定和社会安定的祸根。社会主义国家应大力治理并消除通货膨胀，实现国民经济持续稳定增长。

第九，短缺不是社会主义经济所必然固有的。只要搞好改革，使社会生产力大大发展，最终消除短缺是完全可以做到的。短缺并不是社会主义经济的本质特点。

第十，社会主义是不断运动发展的，对社会主义要不断地进行再认识。要突破一切僵化和附加，在实践中发展社会主义。

尽管上述观点在学术界都不同程度地存在分歧，有的还很不成熟，个别的甚至有缺陷，但不失为一家之言。

当然,《研究》一书也有一些不足之处。有个别章节类似教材,论证和分析一般化;有的观点比较陈旧,缺乏鲜明时代感;我国改革开放过程中出现的一些重大理论课题,还有的没有反映于书中。但这并不影响该书总体上的学术价值。

(本文署名"秋实",发表于《新长征》1988年第12期)

卫兴华经济思想述评

本文联系我国社会环境和学术思潮的发展，评述了卫兴华的经济思想以及他严谨的治学作风。文章着重分析评价了卫兴华以下几方面的经济思想，第一，对马克思劳动价值论的阐发；第二，对社会主义按劳分配理论的阐发；第三，对马克思主义地租理论的阐发；第四，对马克思主义生产力理论的阐发；第五，对社会主义初级阶段理论的探索；第六，对社会主义有计划商品经济理论的探索；第七，对社会主义经济体制改革理论的探索。

卫兴华从20世纪50年代初期开始，就在中国人民大学从事政治经济学的教学和研究工作。从50年代到60年代初，他主要潜心于马克思主义政治经济学的基本理论和社会主义经济理论的研究，发表了一批关于地租理论，劳动价值论和社会主义商品生产理论的论文，提出了自己的一些独立见解。在探索过程中，他始终坚持理论研究的科学性和严肃性，即使在"左"的理论和政策盛行的情况下，也不随"风"转，因而在"文化大革命"中，他受到了不公正的待遇。党的十一届三中全会以后，他打开了自己被禁锢多年的理论思路，积极投入批评"左"的经济理论的活动，写出了《怎样正确看待革命和生产》一书①和一批论文，在社会上产生了相当大的影响。随着我国经济体制改革的兴起和发展，他响应时代的呼唤，凭着一位学者的责任感，积极探索中国经济体制改革的理论和实践问题，写出了一批理论联系实际的论文，并与他的学生合著了

---

① 卫兴华：《怎样正确看待革命和生产》，中国青年出版社1978年版。

《社会主义经济运行机制》一书①。卫兴华教授在经济学这个园地里，辛勤耕耘了四十余年，他不畏艰难险阻，著书立说，发表了300多篇论文，出版了30本著作（属个人独立完成的有十几部，其他是与他人合作或主编），总计达850万言，可谓著述宏丰。1978年山西人民出版社出版的《卫兴华选集》（以下简称《选集》），辑录了他这些著述中的大部分，比较系统地体现了他的经济思想。因此，本文主要以《选集》为依据，旁及其他论著，评述卫兴华的学术思想和治学之道。

一　在争鸣中坚持马克思主义基本原理

卫兴华治学的一个基本特点，就是在学术研究和理论探讨中，始终不渝地自觉坚持马克思主义政治经济学的基本原理。这一点并非易事，他需要有坚定的信念和立场，需要有坚实的理论基础，还需要经受住激烈的学术争鸣和严峻理论斗争的考验。这种情况，在《选集》和他的其他论著中得到了充分的体现。

（一）对马克思主义劳动价值论的阐发

《选集》收入作者研究马克思的劳动价值论的文章共有6篇，主要阐述了以下一些基本观点。

1. 商品的价值是通过竞争机制由社会必要劳动时间决定的，供求关系会影响社会必要劳动时间从而影响商品社会价值确立的界限

例如，他讲道："由于供求比例的较大变动，也可以影响到社会价值的确立界限，从而影响商品价值量的变动。"② 这种见解符合马克思的论述，也同资产阶级的供求决定论区别开来，是对近年来在我国经济学界蔓延的"供求决定论"思潮的有力澄清。

---

① 卫兴华、洪银兴、魏杰：《社会主义经济运行机制》，人民出版社1986年版。
② 《卫兴华选集》，山西人民出版社1988年版，第99页。

2. "第二种含义"的社会必要劳动时间即马克思所说的"另一种意义上的社会必要劳动时间"不决定商品的价值

这个问题,经济学界历来存在严重分歧,两派意见针锋相对:一派认为,两种不同含义的社会必要劳动时间共同决定商品的价值;另一派则认为,商品的价值只由第一种含义的社会必要劳动时间决定,第二种含义的社会必要劳动时间仅决定价值的实现,不参与价值决定。卫兴华认为,"如果认为另一种意义上社会必要劳动时间也决定商品的价值,那实际上就等于说,供求关系也直接决定商品的价值,商品的价值量要随供求关系的变化而不断变动了"①。这是卫兴华对马克思的有关论述,认真详细地加以分析而做出的判断。我们认为,他对这个问题的阐释是切合马克思原意的,论证也是充分有力的。因为,"第二种含义"的社会必要劳动时间只是在流通领域通过供求关系变化直接影响和决定商品价值的实现。商品的价值是在生产领域中由"第一种含义"的社会必要劳动时间所决定的。如果"第二种含义"的社会必要劳动时间直接参与价值决定,那就会导致"流通决定论"和"供求决定论",其结果也就确如卫兴华所说:"劳动价值学说便将失去其任何科学的和现实的意义"②。

3. 关于马克思劳动生产力同价值关系的三个原理在社会主义条件下的作用问题

这三个原理为,第一,"商品的价值量与体现在商品中的劳动的量成正比,与这一劳动的生产力成反比"③。第二,"不管生产力发生了什么变化,同一劳动在同样的时间内提供的价值量总是相同的"④。第三,"生产力特别高的劳动起了自乘的劳动的作用,或者说,在同样的时间内,它所创造的价值比同种社会平均劳动要

---

① 《卫兴华选集》,山西人民出版社1988年版,第105页。
② 《卫兴华选集》,山西人民出版社1988年版,第106页。
③ 《马克思恩格斯全集》第二十三卷,人民出版社1972年版,第53页。
④ 《马克思恩格斯全集》第二十三卷,人民出版社1972年版,第60页。

认为，公有制只是提供了实行按劳分配的可能，还不能说明按劳分配的必然性。在社会主义阶段，生产力水平还没有达到很高的程度，这决定了不能实行按需分配，并不能直接决定实行按劳分配，由于在社会主义阶段还存着旧的社会分工，劳动还主要是谋生手段，还没有成为生活的第一需要，这才是实行按劳分配的"决定性条件"。① 这样来阐明社会主义按劳分配的原因，应该说是有道理的。因为公有制只是实行按劳分配的必要的经济前提，生产力水平只是实行按劳分配的物质基础，这两条都不能直接说明为什么必须实行按劳分配，唯有旧的社会分工和劳动还仅仅是谋生手段这两点是决定性的直接因素。这种看法虽然与传统教科书的讲法不尽一致，但它比较符合马克思所说的人们以怎样的形式参与生产，就以怎样的形式参与分配的原理。

2. 坚持用历史唯物主义观点解释劳动还没有成为生活的第一需要

在我国的政治经济学教学和教材中曾长期流行这样的观点，在社会主义阶段劳动之所以还没有成为人们生活的第一需要，是因为劳动者的思想觉悟水平还不很高，还受剥削阶级的好逸恶劳、轻视劳动的思想的影响。卫兴华不赞成这种解释。他在 1978 年发表文章中指出，"劳动成为生活的第一需要的根本条件，是生产力的高度发展"②，同时要以旧的社会分工的消灭、劳动者全面发展、劳动时间的大大缩短等条件的存在为前提。这样解释显然是坚持了马克思主义的历史唯物主义的观点。

3. 提出按劳分配不是按劳动形成的价值分配，而是按为社会提供的劳动量分配

卫兴华认为，如果按劳动形成的价值来分配，会使劳动者在主要条件完全相同的条件下，"只是由于所使用的生产资料的状况不同，相同的劳动时间内形成的价值大小也就不同，因而劳动报酬也

---

① 《卫兴华选集》，山西人民出版社 1988 年版，第 326—328 页。
② 《卫兴华选集》，山西人民出版社 1988 年版，第 383 页。

就互异。在生产资料公有制下,这种情况显然是不合理的"①。所以他明确提出,"无论从经典作家的论述来看,还是从实际生活来看,按劳分配只能是按照社会平均劳动分配"②,并指出,"这个社会平均劳动同决定商品价值的社会平均劳动是有区别的"③。因而不能把按劳分配混同于按价值分配。

4. 认为社会主义的分配原则就是按劳分配,不必附加"各尽所能"

卫兴华在1979年发表的论文中指出,最早把"各尽所能"同"按劳分配"连在一起的是斯大林,但他也没有说这是社会主义的分配公式或原则,而是作为个人与社会权利与义务的"社会主义公式"。各尽所能是生产和工作领域的事,不属于分配范畴。由于主客观条件的限制,社会主义还不能实现人人都"各尽所能"。按劳分配也不能以"各尽所能"为前提,因为按劳分配原则对一切社会主义劳动者都适用。多劳者多得,少劳者少得,不劳者不得,而不管个人是否"各尽所能"。再者,"各尽所能"的译文并不准确,它的原意是"(社会)取自每一个人按其才能"④。

5. 论述和分析了社会主义商品经济条件下按劳分配原则实现的特点

卫兴华发表于《人民日报》(1991年7月12日)的《有计划商品经济条件下的按劳分配问题》一文,阐述了按劳分配与商品经济的兼容后,按劳分配实现的形式、范围和程度等问题,并批评了借口发展商品经济而否定按劳分配的种种错误观点。

(三) 对马克思主义地租理论的阐发

卫兴华对马克思的地租理论有很深入的研究,著述颇多,仅以《选集》收入的4篇论文而论,就足以反映出他在研究马克思的地

---

① 《卫兴华选集》,山西人民出版社1988年版,第370页。
② 《卫兴华选集》,山西人民出版社1988年版,第370页。
③ 《卫兴华选集》,山西人民出版社1988年版,第370页。
④ 《卫兴华选集》,山西人民出版社1988年版,第351—354页。

租理论方面的造诣。

1. 准确地阐明了级差地租的成因

国内一些政治经济学教科书和权威性经济研究专著在阐释级差地租的成因时，一般都存在以下缺陷，即只强调土地的资本主义经营性质，而忽视土地数量的有限性。应当看到，土地的资本主义经营与土地特别是优等地的数量有限也是有一定的直接关系的，离开土地数量的有限性，就不能全面阐释级差地租的成因。卫兴华把这两者结合起来，对级差地租的成因进行分析，就比较符合马克思的基本思想。他认为，土地的有限性及由此而产生的土地的资本主义经营垄断，主要是对优等地而言的，"劣等土地的有限无限对级差地租这一范畴的存在与否是没有关系的，即使假定劣等地是无限的，只要优等地有限且被占用，必须同时耕种自然丰度不同的土地，级差地租就要产生"①。

2. 指出资本主义农业中的利润并不是绝对不参加利润的平均化过程

卫兴华针对学术界有的同志对资本不能自由转移到农业的问题理解得过于绝对化而提出，"认为土地私有制使资本自由转入农业成为根本不可能，从而农业中的利润是完全地、绝对地不参加利润的均衡化过程。这是不对的，其实土地私有制，只是使资本自由转入农业受到了阻碍，而不能从绝对意义上来理解，认为是根本不可能"②。所以他强调指出，"马克思认为，在农业中超过平均利润的剩余价值，有一部分也可能加入利润率的平均化过程"③。

3. 科学地分析和说明了当代资本主义国家绝对地租的来源

马克思在《资本论》中阐述资本主义绝对地租来源时，是以农业资本有机构成低于工业资本有机构成为条件的。但是，在当代资本主义国家中，农业资本的有机构成接近、赶上甚至超过工业的资

---

① 《卫兴华选集》，山西人民出版社1988年版，第607页。
② 《卫兴华选集》，山西人民出版社1988年版，第620—621页。
③ 《卫兴华选集》，山西人民出版社1988年版，第621页。

本有机构成的条件下,马克思关于绝对地租来源的理论还是否有效呢?卫兴华的回答是肯定的。首先,他指出,把农业落后于工业,说成是资本主义制度下永远不可克服的矛盾,并把这当作马克思主义的观点,是一种绝对化的不适当的说法。因为马克思明确讲过,农业落后于工业,只是资本主义发展一定阶段的历史现象。他预计将会出现一个农业劳动生产力赶上乃至超过工业的时期。马克思的预计,目前已被当代资本主义的发展所证实。例如,在美国,从1940—1967年,农业劳动生产率增长了3.5倍,而工业只增长1.5倍。其他如英、法、意等国家,战后农业劳动生产力的增长速度也都超过了工业。这样,马克思讲的以农业资本有机构成低于工业资本有机构成为条件的这种意义上的绝对地租就消失了。其次,他认为,只要土地私有权垄断依然存在,耕种别人的土地哪怕是最劣等的土地,仍需支付地租,这个地租仍可"继续称之为'绝对地租',只不过它已不是原有意义上的绝对地租罢了"[1],因为它产生的原因没有变。再次,他认为在当前发达资本主义国家中,这种非原有范畴意义上的或形式上的绝对地租,并不是来自垄断价格,而是对利润和工资的扣除,即马克思讲的"在租金的名义下,把他的租佃者的一部分利润甚至一部分工资刮走"[2]。最后,他反对把两种垄断价格混淆起来的做法。他认为"马克思在《资本论》中提到的农产品有时会出现高于价值的垄断价格,这与帝国主义垄断资本的垄断价格并不完全是一回事"。因为前者是由对特殊有利的土地的私有权垄断形成的,并不以垄断资本的存在为前提,并且当时马克思并没有预见到会出现一个垄断资本统治的阶段,而后者则是垄断资本或垄断组织人为地抬高农产品价格的结果。

(四) 对马克思主义生产力理论的阐发

卫兴华自20世纪50年代末开始对马克思主义的生产力理论进

---

[1] 《卫兴华选集》,山西人民出版社1988年版,第646页。
[2] 《卫兴华选集》,山西人民出版社1988年版,第448页。

行研究,迄今没有间断过。收入《选集》的6篇论文,清晰地反映出他对马克思主义生产力理论研究不断地深化过程。

1. 坚持生产力是人类社会发展决定力量的历史唯物主义基本原理

针对"四人帮"一伙把发展生产力的实践,污蔑为"修正主义的唯生产力论"的谬论,他旗帜鲜明地指出,"生产力是人类社会发展的决定力量,这是历史唯物主义的一个重要原理"①。他提出:"判断各个阶级和政党是进步的还是反动的,根本的标准,就是看它是促进生产力的发展,还是阻碍生产力的发展。"② 卫兴华在刚刚粉碎"四人帮"之后不久的1978年,就能够在理论上提出"生产力标准"问题,确实表现了他理论上的远见卓识。

2. 强调生产力的发展具有连续性

卫兴华认为,马克思把生产力称作劳动生产力,它是人类生存的永恒条件,必然连续不断地、由低到高地向前发展。并具体论述了生产力的发展具有连续性的原因,是由于生产力自身发展的内在规律,"要求我们不但要继承本国以往人们生产活动所达到的一切成果,而且要吸收外国已有的高于我们的生产力发展的一切成就"③。

3. 坚持生产力多要素论

卫兴华认为,生产力"二要素论"把生产力的内容局限于劳动者和生产工具,而"排除劳动对象是生产力的因素"是"不适当的"。④ 他明确指出,"劳动对象是生产力的重要因素"。首先,是因为人们"改变并占有自然的能力,要受到劳动对象自身的数量和质量的制约。例如,在没有煤矿的地方,即使有人和工具,也不会有完全的生产煤炭的能力,……在没有油田的国家,就不

---

① 《卫兴华选集》,山西人民出版社1988年版,第413页。
② 《卫兴华选集》,山西人民出版社1988年版,第415页。
③ 《卫兴华选集》,山西人民出版社1988年版,第423页。
④ 《卫兴华选集》,山西人民出版社1988年版,第432页。

能形成开采石油的生产力"①。其次，是因为"新的劳动对象会引起新的生产工具和新产品的出现。没有新的合成材料，许多新的工具和技术装备就不能制造"②。我们赞同这种观点，它有利于我国对劳动对象的积极开发与合理利用，有利于全方位地发展生产力。

4. 坚持用马克思的生产劳动理论来阐明社会主义的生产劳动

卫兴华不仅详细和较准确地论证了马克思的生产劳动理论，并较好地用这一理论对社会主义的生产劳动的内涵做了科学的规定。在这个问题上的各派纷争之中，卫兴华的见解和论证，是有说服力的。他认为马克思是从三种不同的角度考察和阐述生产劳动与非生产劳动的问题的。首先，从单纯劳动过程来考察，凡是生产物质产品（使用价值）的劳动，都是生产劳动。其次，从资本主义生产过程来考察，凡是生产剩余价值的劳动，便是资本主义生产劳动。最后，从资本主义生产关系的单纯表现形式来考察，凡是能给资本家（包括产业资本家、商业资本家、银行资本家等）提供利润的雇佣劳动，就是生产劳动。他从马克思的论述中受到方法论上的启示，提出研究社会主义条件下的生产劳动与非生产劳动的问题，首先是要抓住"划分界限或客观标准"这个关键问题，这个划分界限或客观标准不是别的什么，而是社会主义生产的客观目的。据此，他指出："社会主义生产劳动的规定，同社会主义生产目的规定应是一致的"③。"社会主义的生产劳动，就是充分满足劳动者的物质和文化生活需要而生产物质资料的劳动。是在社会主义生产关系下进行的物质生产劳动，包括体力劳动和脑力劳动，包括从生产单位内部或从外部为直接生产过程提供服务的劳动，如设计、科研等劳动。"④

---

① 《卫兴华选集》，山西人民出版社 1988 年版，第 432 页。
② 《卫兴华选集》，山西人民出版社 1988 年版，第 432 页。
③ 《卫兴华选集》，山西人民出版社 1988 年版，第 478 页。
④ 《卫兴华选集》，山西人民出版社 1988 年版，第 478 页。

二 面向改革与发展的重大现实课题，大胆进行经济理论的探索与创新

通读《选集》和其他的论著，给人以最强烈和最深刻的印象是，他的著述都紧扣时代的脉搏，选题来源于实践并服务于指导实践，每一项进展或进步都是他苦苦地思辨与探索的结果。因此，他的著作洋溢着强烈的时代精神。

(一) 对社会主义初级阶段理论的探索与创新

收入《选集》的直接探讨社会主义初级阶段理论问题的文章虽然仅有两篇，其分量却是相当重的，在学术界的影响也是很大的。

1. 认为列宁"没有把社会主义社会明确划分为初级形式的社会主义和发达的社会主义两个阶段"

列宁是否提出过社会主义社会的阶段划分问题，学术界是有较大分歧的。中外许多学者认为，列宁在十月革命后，对社会主义的发展过程做了具体的分析，把它划分为"初级形式的社会主义"和"发达的社会主义"两个阶段。但卫兴华认为，这是对列宁的有关论述的误解。的确，列宁在 1919 年讲过"我们在剥夺了地主资本家以后，只获得了建设初级形式的社会主义的可能性，但是这里还丝毫没有共产主义的东西"① 这样的话，只要我们联系上下文来看，就会发现这里的"初级形式的社会主义"不是指"社会主义社会的初级阶段"。关于列宁 1918 年讲的"发达的社会主义"理念，也不是指现在我们所说的社会主义社会发展的高级阶段，而"是指作为共产主义第一阶段的社会主义阶段。之所以要称为发达的，只是相对于苏维埃政权初期的还只是嫩芽的社会主义而言的"②。卫兴华的这种分析和论述是有理有据的。他敢于通过探索，

---

① 《列宁选集》第四卷，人民出版社 1972 年版，第 142 页。
② 《卫兴华选集》，山西人民出版社 1988 年版，第 2—3 页。

提出与众不同的新见解,这在理论研究中是值得称道的。

2. 认为我国社会主义社会发展应划分为"初级、中级和高级三个发展阶段"

我国理论界一般把社会主义社会区分为两个不同的发展阶段,即社会主义的初级阶段和高级阶段。也有人称其为不发达的社会主义和发达的社会主义。这就是较为流行的"社会主义两阶段论"。卫兴华认为,把社会主义仅仅划分为两个发展阶段是不够的。因此,他提出,在高级阶段和初级阶段之间必然会存在一个前后衔接的中级发展阶段。如果只划分为两个阶段,就会不利于初级阶段与高级阶段之间的过渡和衔接,在实践上可能导致跨越必要的具体的历史发展阶段的错误。我们认为,划分为这样三个发展阶段的设想,可能更科学,更符合社会主义发展过程的实际。

3. 提出决定社会主义初级阶段存在的两个客观因素说

决定社会主义初级阶段存在的客观因素是什么?是生产力单一因素决定论,还是生产力与生产关系二因素决定论?理论界是有分歧的。"单一因素决定论"者认为,社会主义初级阶段存在的客观必然性只在于社会生产力水平低。卫兴华认为,"仅仅从生产力水平低来说明社会主义初级阶段是不够的"[①]。因为这会使人们认为,在一切发达的资本主义国家取得社会主义革命胜利,从而建设社会主义时就可以直接进入高级阶段了。实际上,任何一个社会经济制度都不可能一产生即成熟,而必然要经历一个由不成熟到成熟,由低级到高级的发展阶段。只不过是在发达国家里建设社会主义,其初始阶段要短一些罢了。因此他认为,决定社会主义初级阶段存在的客观因素有两个:一是较低的社会生产力水平,二是不成熟的社会主义生产关系,两者统一决定社会主义初级阶段的客观存在。我们认为,卫兴华从生产力与生产关系两方面来阐述和说明社会主义初级阶段存在的客观必然性,是有独立见地的。值得提出的是,他还对"作为初级阶段结束标志的生产力水平",做了正确的诠释和

[①] 《卫兴华选集》,山西人民出版社1988年版,第7页。

科学的说明。"作为初级阶段结束标志的生产力水平既要包含作为其内在尺度的绝对发展水平，也要包含其相对的即与资本主义国家相比较的发展水平。"① 把生产力的绝对发展水平和相对发展水平统一起来作为社会主义初级阶段是否结束的标志，这在学术界具有独创性。

4. 提出分析社会主义初级阶段基本经济特征必须把握的两个根本原则

卫兴华认为，考察和分析社会主义初级阶段的基本经济特征，必须有一个科学的方法论。不能把社会主义初级阶段存在的一切现象如平均主义、以权谋私等，都看作初级阶段的特征。他强调，作为经济特征的东西，"必须既是在初级阶段有其存在的客观必然性，又是有利于社会主义发展的从而政策上是允许的。那些不利于社会主义发展的应该在初级阶段就消除但暂时还没有消除的现象，不应看成是初级阶段的经济特征"②。他提出了分析社会主义初级阶段的基本经济特征的两个原则。第一，分析社会主义经济的一般规定性或一般特征在初级阶段的特殊表现。作为社会主义经济的一般特征存在于社会主义的各发展阶段，而不具有社会主义的一般特征，就不称其为社会主义。但在社会主义的不同发展阶段上，这些一般特征又有其特殊表现，从而使各阶段相区别。第二，社会主义初级阶段的经济特征还应包括其他阶段不存在的阶段性特征。因此，必须把社会主义初级阶段的经济特征与初级阶段的社会主义经济特征严格区别开来。卫兴华提出的上述两个原则，对我们正确分析社会主义初级阶段的基本经济特征，无疑具有重要的理论价值和现实意义。

（二）对社会主义有计划商品经济理论的探索与创新

社会主义商品经济理论，是卫兴华从事科学研究的一个重要领

---

① 《卫兴华选集》，山西人民出版社1988年版，第8页。
② 《卫兴华选集》，山西人民出版社1988年版，第8—9页。

域。尤其是《中共中央关于经济体制改革的决定》明确提出我国经济"是在公有制基础上的有计划的商品经济"以来,他把更大的精力倾注于社会主义有计划商品经济理论的研究和探讨,取得了丰硕的研究成果。他的许多新思想、新观点,在我国理论界占有重要位置。

1. 一直不赞同社会主义非商品经济论、全民所有制非商品经济论和生产资料非商品经济论

1959年,卫兴华就撰文指出,否定全民所有制经济中的生产资料是商品,"是忽视了不同国有企业之间的独立权利和利益,只看重了它们统一的面,而看落了它们的矛盾面。如果否认生产资料是商品,那么必然导向否认价值规律在生产资料生产中的作用"[1]。改革以来,他发表一系列的论文,强调发展社会主义商品经济的重要意义,批评在这个问题上的教条主义和各种错误观点。

2. 指出社会主义经济同商品经济的关系是矛盾统一的关系

长期以来,一直盛行把社会主义经济同商品经济截然对立起来的传统观念。卫兴华突破传统理论观念的束缚,明确提出"社会主义经济同商品经济,两者不是互不相容的,而是可以结合和统一在一起的"[2]。能够统一的条件主要有三个:第一,商品经济自身并不具有特定的社会性质,因而它可以与不同性质的社会经济相结合。同资本主义性质的经济相结合,就是资本主义商品经济;同社会主义性质的经济相结合,就是社会主义商品经济。第二,社会主义条件下商品经济存在的根源是在社会主义经济内部,它不是从外部强加于社会主义经济的东西,因而它能够从社会主义经济内部实现同社会主义经济的统一。第三,作为商品经济基本规律的价值规律,同作为社会主义经济特有规律的国民经济有计划按比例发展规律,从其运动趋势或最终要求上看,有相同的一面,即它们都有按比例分配社会劳动的作用和功能。价值规律的调节虽然具有自发

---

[1] 《卫兴华选集》,山西人民出版社1988年版,第89页。
[2] 《卫兴华选集》,山西人民出版社1988年版,第53页。

性,"但自发性又可以被自觉性所利用,从而被统一在社会主义经济运行之中"①。两者相统一的最根本的必要性或原因在于,在社会主义经济中"存在着国家、集体和劳动者个人之间的总体利益的一致性和统一点又存在着它们之间以及各经济主体之间的利益的差别性和矛盾性。将计划经济同商品经济结合和统一起来,就是把社会主义经济利益关系的一致性和差别性统一起来"②。但是,他不同意把"社会主义经济是商品经济"这一命题看作社会主义经济定义。因为这"容易把'统一'变成等同,将商品经济跟社会主义经济画等号……就会忽视或否认两者之间存在的矛盾"③。他认为,社会主义经济同商品经济之间的矛盾是客观存在的。二者之间的矛盾主要表现为利益目标和利益实现的差别。社会主义经济是在实现整体利益一致的前提下,实现利益的差别;而商品经济则是在追求本单位局部利益和特殊利益的过程中实现社会利益的联系。此外,二者还在自觉性和自发性上发生矛盾,例如,商品经济单位随意涨价,"卖大户",倒卖紧俏商品,搞假冒商品,等等。

我们赞同卫兴华运用唯物辩证法来看待和分析社会主义经济同商品经济之间矛盾的观点。以往,把社会主义经济同商品经济截然对立起来,甚至认为它是产生资本主义的基础,是不对的。但是,我们现在也不能走上另一个极端,根本否认它们之间的矛盾,将二者完全等同起来。因此,既要承认二者有统一的一面,这是根本的方面,同时也要承认二者之间还有矛盾的方面,这是次要的但是不可忽视的方面。这样把握问题,才有利于社会主义商品经济的健康发展。

3. 指出商品经济不是社会主义经济的本质特征,而只是社会主义经济借以运行的一种经济形式

卫兴华认为,对"社会主义经济是商品经济"的命题,只能从

---

① 《卫兴华选集》,山西人民出版社1988年版,第56页。
② 《卫兴华选集》,山西人民出版社1988年版,第53页。
③ 《卫兴华选集》,山西人民出版社1988年版,第56页。

以下几方面的含义来理解：第一，它表明社会主义经济既不是自然经济，又不是马克思、恩格斯所设想的那种消除了商品经济的计划经济；第二，社会主义国民经济各部门的产品还要采取商品的形式；第三，社会主义经济的运行过程，同时是商品经济的运行过程。第四，社会主义的经济体制，应是有计划的商品经济体制。不能把商品经济理解为社会主义经济的"本质规定"。因为商品经济是一个一般范畴和概念，不能表明各种经济制度的"各自的本质规定和特征"。① 什么是社会主义经济的本质特征呢？卫兴华明确指出："如果从质的规定来把握社会主义经济的特征，可以说，社会主义经济是公有制经济，是为满足人民需要而生产和经营的经济，是人民当家作主、消灭剥削和压迫的经济，是实行按劳分配的经济。这种本质特征，既不能用商品经济来说明，更不能用商品经济来代替。商品经济作为好多种经济形式共同具有的、区别于非商品经济的特征，同社会主义经济的本质特征，不是处于同一层次的东西。"② 这段论述，不仅深刻、精辟，而且有充分的科学依据。近年来，卫兴华批评把商品关系说成社会主义生产关系本质的观点，并强调社会主义生产关系的本质应是在公有制基础上消灭剥削，互助合作，实现共同富裕。共同富裕是社会主义经济制度优越性的集中表现，也是社会主义发展和改革围绕着运转的轴心。

4. 他认为市场、市场调节、市场经济是既相联系又有区别的概念，不应将其等同起来

我国实行商品经济，不能没有市场。要完善市场机制和健全市场体系，充分发挥市场调节的作用。但商品经济和市场不等于市场经济。在我国主张实行市场经济的思潮中，"有三种互有差异的观点，一种观点是，商品经济就是市场经济；另一种观点是，市场经济是生产高度社会化的商品经济，我国要建立一种用宏观管理的市场来配置资源的经济，这种经济可称作社会主义的市场经济；第三

---

① 《卫兴华选集》，山西人民出版社1988年版，第60—61页。
② 《卫兴华选集》，山西人民出版社1988年版，第61页。

种观点是，中国应废除公有制和计划经济，实行私有制和市场经济"①。"如果说，上述前两种主张实行市场经济的观点，可以作为理论和学术问题进行探讨和争鸣的话，第三种观点则是完全按照西方市场经济的理论与实践，推行私有化的资本主义市场经济。"②卫兴华认为，市场经济在西方经济学和经济文献中，已是一个规范的有特定含义的概念，它的特点可以概括为以下五点：第一，以私有制为基础；第二，经济决策高度分散；第三，经济运行完全或主要受市场自发调节；第四，实行"契约自由原则"，他人或国家不得干预；第五，承认市场分配的不公平和两极分化。正是依据上述特点，世界银行的年度报告把资本主义国家称为"市场经济国家"，把社会主义国家称作"非市场经济国家"。③实际上，有主张搞市场经济的人也承认，以公有制为主体的经济是不能与市场经济相结合的。卫兴华还指出，中国不能完全实行市场经济，这本身就意味着还有或可以搞一部分市场经济。个体经济、私营经济和外资经济，都是以私有制为基础并受市场自身调节的，可以列入市场经济。

5. 从指令性计划和指导性计划两类调节机制上探讨计划经济同市场调节的结合方式

卫兴华认为，研究计划经济与市场调节相结合的方式，要把研究的范围限定在社会主义公有制经济内部。以前流行的"计划经济为主，市场调节为辅"，"这种结合方式并不是内部的有机结合，而是外部的所谓板块结合"④。他分别从指令性计划和指导性计划上来考察计划经济与市场调节相结合的方式。

---

① 国家教委高等教育司：《当前政治经济学教学的若干理论问题》，高等教育出版社 1991 年版，前言第 32 页。

② 国家教委高等教育司：《当前政治经济学教学的若干理论问题》，高等教育出版社 1991 年版，前言第 34 页。

③ 卫兴华：《中国不能完全实行市场经济》，《光明日报》1989 年 10 月 28 日。

④ 全国高校"纪念中华人民共和国成立 40 周年暨社会主义经济理论与实践研讨会"学术组编：《回顾·探索·选择》，四川人民出版社 1991 年版，第 253 页。

首先，从指令性计划同市场的关系来看，不仅计划要考虑市场需求，重视市场机制，而且计划的正确与否，也要受到市场的检验和校正。但从主要方面来看，直接调节生产的是计划，而不是市场。"计划调节市场，并由此影响企业，只是整个计划调节内容中的一个从属的部分。"① 其次，从指导性计划与市场调节的关系来看，计划调节与市场调节是两个层次的调节，计划调节是高层次的调节，市场调节是基础层次的调节。具体来说，就是在指导性计划中，直接调节企业经营活动的，主要是市场机制，即价格机制和利率机制等，但市场机制自身不能为企业提供经营目标和方向，而要由计划机制来导向。"因而市场调节又必须同计划调节有机结合起来。这种结合方式，不可能是并列的、板块式的，而只能是纵向的、二层次的。""这里，计划调节与市场调节的机制一开始就结合起来二者是在整个经济运行过程中始终相结合。"② 卫兴华从指令性计划范围和指导性计划范围来探讨计划经济与市场调节有机结合的方式，思路明晰，观点正确、务实，求新。尤其是他提出的"二层次调节论"，并将它同"二次调节论"加以区别，博得了同人的肯定和赞赏。

（三）对社会主义经济体制改革若干理论的探索与创新

对社会主义经济体制改革的许多重大理论问题，卫兴华都十分关注，潜心研究，奋力求索。现择其要者评介如下。

1. 把经济体制与经济制度加以区别，强调改革不是要改变社会主义经济制度，而是要改革同生产力发展要求不相适应的旧的经济体制

中国的改革究竟改什么，这在改革之初学术界对这个问题的认识不是很清楚的，自然也成为卫兴华努力探索的一个重要课题。

---

① 全国高校"纪念中华人民共和国成立40周年暨社会主义经济理论与实践研讨会"学术组编：《回顾·探索·选择》，四川人民出版社1991年版，第255—256页。
② 全国高校"纪念中华人民共和国成立40周年暨社会主义经济理论与实践研讨会"学术组编：《回顾·探索·选择》，四川人民出版社1991年版，第260页。

他以其深邃的理论眼光,准确地观察到了经济体制与经济制度的区别。他指出:"经济体制和经济制度是不同的范畴,不应将其混同。社会主义经济制度是社会主义生产关系缓和。它作为一种新的社会经济制度,从根本上说是适合生产力发展的,不存在根本变革的要求,需要的是不断完善和发展。改革,并不是要改变社会主义经济制度。无论经济体制改革的幅度有多大,都是以坚持和发展社会主义经济关系的根本原则为既定前提的,如社会主义公有制、为满足人民需要而生产按劳分配、计划经济等。如果放弃和改掉了这些方面,就是背离了社会主义道路,改革就走向邪路。"① 他还指出:"至于经济体制,是指经济管理和经济运行的模式和形式。同一社会主义经济制度,可以有不同的经济体制模式。"② 因此他认为,改革不仅要改掉旧经济管理体制的弊端,而更为重要的是根据中国的国情和经验,探寻最有利于生产力发展,同时也有利于社会主义经济运行和社会主义经济关系不断完善与发展的经济体制模式。

2. 指出经济体制改革的核心问题是正确处理物质利益关系,建立有效的实现机制,改变端着"铁饭碗"吃"大锅饭"的问题

卫兴华认为,"铁饭碗"在新中国成立后一个时期,曾调动了劳动者的积极性,但"事物的发展使正面的东西慢慢走向反面。'铁饭碗'由鼓励工作,调动劳动积极性变成了养活懒汉、投机者"③。打破"铁饭碗"吃"大锅饭"的局面,实质上就是要正确处理国家、集体、劳动者个人的物质利益关系。"正确的原则是:既要重视企业、个人的利益,更要重视国家的利益。搞经济体制改革,就是要在保证国家的整体利益的前提下,承认并更好地实现企业和劳动者个人利益,将几个方面的利益有机地统一起来。"④ 对于我国经济体制改革的核心问题,经济学界是有不同见解的。诸如

---

① 《卫兴华选集》,山西人民出版社 1988 年版,第 185—186 页。
② 《卫兴华选集》,山西人民出版社 1988 年版,第 186 页。
③ 《卫兴华选集》,山西人民出版社 1988 年版,第 206 页。
④ 《卫兴华选集》,山西人民出版社 1988 年版,第 207 页。

"资源配置论""产权关系论""所有制论",即认为所有制不全面改革,体制改革就会流于形式,等等。卫兴华这里提出的"物质利益关系及其实现机制论",堪称一种新见地。我们觉得,他抓住了问题的实质。因为马克思讲过,一切经济关系都要表现为利益关系。经济体制改革也必然引起物质利益关系的变化和调整。

3. 对列宁关于"小生产是经常地、每日每时地、自发地和大批地产生着资本主义和资产阶级的"论断做出新的阐释

粉碎"四人帮"以后,许多文章指出,列宁的这个论断讲的是社会主义改造完成以前的小商品生产,不应套用在我国合作化后的集体经济上。卫兴华认为这是对的,但仅仅讲到此,还很不够。他详细地研究了列宁讲这段话的历史背景,认真考察这段话的本来含义,而后做出新的阐释:"所谓小生产每日每时地、大批地产生着资本主义和资产阶级的论断,并不是作为一个普遍原理和一般规定提出来的,而是在苏联当时的具体历史条件下针对特定经济现象讲的。第一,这里说的小生产,主要是指农民小生产者。第二,这里说的资本主义和资产阶级,就是指不把余粮交给国家而拿去高价出卖、搞投机倒把活动的这种事和人而讲的"[①]。他还指出,我们的失误在于"把列宁关于小生产的论断,作了绝对化和教条化的理解"[②]。把列宁关于小生产的论断中所讲的资本主义和资产阶级误解为范畴意义上的富农和资本家阶级了,因而经常把小生产和资本主义联系在一起,把实现合作化已二十多年的集体劳动者,仍然当作小生产者。同时由于上述误解和教条化,导致实践上对个体经济"左"的错误,即把个体经济当作产生资本主义和资产阶级的土壤和温床,进行限制和消灭。结果,给我国国民经济的发展带来巨大的损失。卫兴华对列宁关于小生产的论断的新阐释,对正确认识个体经济在我国现阶段的存在与发展,提供了科学的依据。可以说,是从理论研究上为社会主义社会商品经济的繁荣与发展作出了贡献。

[①] 《卫兴华选集》,山西人民出版社1988年版,第231页。
[②] 《卫兴华选集》,山西人民出版社1988年版,第232页。

4. 指出改革开放不能不问姓"社"姓"资"，但又要正确对待姓"社"姓"资"

第一，不能乱定姓"社"姓"资"，既不要把不姓"资"的东西和本来是姓"社"的东西，当成姓"资"，也不能把不姓"社"的东西和本是姓"资"的东西，硬说是姓"社"。第二，不能对什么事情都一定要问姓"社"还是姓"资"，因为，并不是一切事物不姓"社"便姓"资"，非此即彼。第三，问姓"社"姓"资"，不是排斥和否定一切姓"资"的东西的存在。在我国现阶段，私营经济和外资企业都是姓"资"，但允许其合法存在与发展。第四，不要用不正确的"社""资"观去胡乱批评正确的思想理论。这几点见解深入浅出，有助于人们在思想认识上分辨是与非。

5. 提出将市场取向的改革与非市场取向的改革结合起来

市场取向是强调发挥市场机制和市场调节的作用，不是走向市场经济。但又不应把全部经济体制改革的内容只归结为一个市场取向的改革。如企业内部怎样发挥职工主人翁精神，怎样实行和完善厂长负责制，如何改革和完善企业劳动和工资制度，如何处理好国家、企业和职工之间的经济利益关系等，就不是或不只是一个市场取向的改革问题。①

6. 强调个人收入分配体制的改革

卫兴华认为，改革以来分配体制的改革滞后，没有给予应有的重视。个人分配体制越来越混乱，不能调动职工的积极性。如果没有这方面的有效改革，很难获得总体改革的应有效果。要转换分配机制，使国家、企业、职工个人都成为分配主体，并具体论述了三个分配主体各自的责权与功能。此外，卫兴华还对要形成企业个人收入增长的约束机制，以及如何解决两种分配不公的问题也做了很有实用价值的阐述。②

---

① 《有关改革理论与实践的思考》，《光明日报》1990年3月31日。
② 卫兴华：《个人收入分配体制的改革和分配机制的转换》，《学习与研究》1988年第10期。

三 坚持实事求是的科学态度和严谨的治学作风

《选集》是一部在坚持马克思主义的轨道上不断探索创新的功力之作，充分体现了他实事求是的科学态度和严谨治学的作风。

1. 理论密切联系实际

这是卫兴华治学的一个引人注目的鲜明特点。我国正处在社会主义初级阶段，这是我国最基本的国情，也是理论研究的基本出发点和立足点。卫兴华不仅紧密联系这个实际，探讨社会主义初级阶段的理论，而且把其整个经济理论的研究都建立在我国处在社会主义初级阶段这个基点上。可以说，他分析社会主义经济的一系列重大理论问题时，无一不是从我国正处在社会主义初级阶段这个实际出发的。也正因如此，他的理论学说具有坚实可靠的客观现实基础。卫兴华贯彻理论联系实际的原则，主要体现为以下几种方式：第一，针对社会主义现代化建设和改革开放中提出的新情况、新问题，进行理论研究，做出新的理论概括，并提出相应的可行性对策。例如，发展社会主义商品经济，运用价值规律实现计划调节与市场调节的有机结合，在社会主义商品经济条件下如何实现按劳分配，加速社会主义资金周转等重大现实的问题，卫兴华都从理论上做了认真的研究和说明，他的一些见解对国家有关部门的决策具有重要的参考价值。第二，针对学术界的不同观点，开展学术争鸣。这也是一种理论联系实际。《选集》和其他论著中有相当一部分论文，就是与不同学术观点进行争鸣的结晶。他的许多重要的学术观点和真知灼见，也都是在学术争鸣中获得的。第三，针对社会上流行的错误观点，开展理论分析和评判。首先，对"四人帮"炮制的所谓"社会主义生产关系两因素论"进行批判。他指出，"把社会主义生产关系分解为共产主义和资本主义两种因素，那就是，一方面，把社会主义的生产关系，诬之为资本主义的东西；另一方面，又把本来是社会主义性质的东西，硬拔高为共产主义的东西。把资本主义，社会主义和共产主义搅得一塌糊涂，从而完全歪曲和搞乱了我国目前的社会主义的生产关系的性质"①。其次，对所谓"社会主义异化论"进行批判。有一个时期，曾出现大肆宣扬社会主义"异化论"，把社会主义社会所存在的一切缺点、弊端和错误，统统用异化概念来概括。对此，他是不赞同的。他说，"毋庸讳言，社会主义制度下还存在着各个方面的缺点和弊病，存在着种种损害社会主义肌体的因素和异己力量，需要通过各种措施加以克服和消除。但没有必要提出一个社会主义异化论来，作为说明、分析和解决社会主义制度下所存在的一切问题的理论基础。这样做，并不是科学地运用马克思主义，而是从历史唯物主义和科学社会主义倒退回去，倒退到马克思主义以前去了"②。最后，对"低头向钱看，抬头向前看"的错误理论观点进行系统批评。卫兴华认为，在社会主义社会的商品货币关系中，人们讲钱、用钱、挣钱，是合法的，也是合理的。然而，"企业要赚钱、个人要挣钱是一回事，宣传和号召'向钱看'，把'向钱看'作为实际工作中的指导方针则是另一回事；在现实生活中存在着某些人追逐金钱、唯利是图的事实是一回事，能否在理论上肯定它甚至把'向钱看'上升为行为准则和道德规范则是另一回事"③。这里，没有简单地扣帽子，也没有粗暴地指责，而是充分说理，使人们心服口服。

2. 准确地把握马克思主义基本原理

卫兴华对马克思主义经典著作有精深而纯熟的研究，能够以其深厚的理论功底从马克思主义思想体系上，准确地掌握马克思主义政治经济学的基本原理。例如，马克思和恩格斯关于社会阶段划分的原理，关于商品价值决定的原理，关于效用与价值关系的原理，关于货币流通量的原理，关于货币变为资本最低数量界限的原理，关于社会生产目的的原理，关于按劳分配的原理，关于生产劳动与非生产劳动的原理，关于劳动力商品化的原理，关于过渡时期的原

---

① 《卫兴华选集》，山西人民出版社1988年版，第564—565页。
② 《卫兴华选集》，山西人民出版社1988年版，第555页。
③ 《卫兴华选集》，山西人民出版社1988年版，第595—596页。

理，关于资本（金）周转的原理，关于资本主义地租与土地价格的原理，等等，卫兴华都有深入的钻研。在同代的经济学家中，他是以此见长的。也正是由于他能够准确地把握马克思主义经济学的基本原理，所以他在运用基本原理分析和探讨社会经济问题时，才能钻得深，说得透，站得高，看得远。

3. 从不人云亦云，而是执着地求索真理

人云亦云，"炒冷饭"，这是理论研究和学术探讨之大忌。然而，这种现象在如今经济学界并不罕见。但从卫兴华的著述中，是看不到这种不良学风的。卫兴华从事科学研究，不唯书，不唯上，不唯风，只唯实，敢于探索真理的精神，对我们理论工作者来说是值得大加提倡的。

4. 概念规范，文字严谨

学术研究最怕生造概念，语义晦涩，文字拖沓，生僻难懂。然而，这种现象近年来在我国经济学界不时有所蔓延。卫兴华不仅坚决反对这种不正的文风，而且身体力行，恪守和发扬严谨治学、文字准确的优良学风和文风。他撰写的著作和论文，从不使用含混不清的范畴，文字清新，语义明确，叙述和分析从不拖泥带水，一是一，二是二，唯科学是从，唯真理是求。

5. 勇于修正自己的认识和观点

人们对客观事物的认识总是要有一个过程的。但是，认为自己的认识是对的而不管任何风云变幻敢于坚持，发现自己认识有误而又勇于修正自己的观点，这对于一个学者，特别是对有相当知名度的学者来说，并不是容易做到的事。这不仅需要有直面真理的勇气，而且需要有较高的科学素养和高尚品格。《选集》收入了卫兴华在1960年发表于《光明日报》上同平心同志商榷的《也谈生产力和生产关系》一文，在这篇文章中，他不赞同从生产力本身找寻生产力发展的内部根据，强调生产关系同生产力的矛盾是决定生产力发展的基本原因。27年以后，在他编辑《选集》时，专门申明已改变了这种看法，认为生产力发展的根据首先在生产力内部。并指出:"平心先生多年前提出的这种观点是有理论意义的。"① 这种襟怀坦诚,服从真理,公开修正自己的观点,并肯定争论对方的正确,的确难能可贵。卫兴华治学严谨,品格高尚,亦可由此窥见一斑。

(本文与张维达合写,由潘石执笔,发表于
《中国社会科学》1992 年第 5 期)

---

① 《卫兴华选集》,山西人民出版社 1988 年版,第 453 页。

《体制货币与通货膨胀》评介

进入20世纪80年代以来,我国曾两度发生严重的通货膨胀,引起了经济学界的极度关注。面对严峻的通货膨胀现实,通货膨胀理论研究的科学论著也相继问世。逄锦聚、霍学文撰著的《体制货币与通货膨胀》,就是诸多研究通货膨胀问题著作中的一部创新之作。

《体制货币与通货膨胀》一书,以其鲜明标题,为通货膨胀理论研究开拓了一个新思路,即把通货膨胀与经济体制联系起来,探讨经济体制因素对通货膨胀的作用。逄锦聚、霍学文认为,研究经济现象,不能离开经济体制。要揭示通货膨胀形成的根本原因,不能仅仅停留在货币、价格、供求等表面形态上,而必须研究经济体制是通过什么因素,最终导致通货膨胀的。从这种思路出发,作者明确指出,二元体制是我国通货膨胀赖以发生、发展的重要经济条件。在改革进程中形成的计划体制和市场体制并存的二元体制,不仅使我国的通货膨胀具有一般性,而且也使之具有了体现我国国情的特点。

书中在一些重要理论观点上的创新,主要表现在以下几方面。

第一,通货膨胀是不合理的经济体制运行的必然结果。逄锦聚、霍学文明确指出,适合生产力发展和商品经济发展的经济体制可以抑制乃至消除通货膨胀,只有阻碍生产力发展和商品经济发展的不合理的经济体制才会导致通货膨胀的发生。

第二,二元体制下货币需求总膨胀是超量货币发行的重要推动因素之一。二元体制下我国货币需求是由居民货币需求、企业货币需求和政府货币需求构成的。这三个方面货币需求的膨胀，构成了全社会货币需求的总膨胀。全社会货币需求的总膨胀为超量货币的发行提出了强烈要求，形成了强大压力，成为超量货币发行的重要推动因素之一。

第三，银行的不合理行为，构成了我国货币超量发行的内在机制。由于二元体制的摩擦和金融改革的滞后，银行行为发生严重扭曲，由此引发信贷膨胀。二元体制下产生并发展起来的膨胀的货币需求，通过银行的不合理行为机制得到实现，并使我国多年来膨胀的货币供给也通过这个机制最终完成。

第四，超量货币因为效率陷阱最终使通货膨胀得以发生。逄锦聚、霍学文提出了"效率陷阱"概念。他们把企业产出与投入的比率称作企业效率。当产出与投入的比率小于1时，企业就处于"效率陷阱"状态；当投入的边际产出率小于1但大于0时，可谓之"相对陷阱"状态；而小于0时，则为"绝对陷阱"状态。这是对企业效率状态的形象的新概括。

第五，经济运行无序为超量货币向价格上涨跳跃，引发通货膨胀提供了契机。近年来，我国流通领域秩序混乱，收入分配不公和宏观经济调节失控，使大量没有物资保证的纸币涌入流通，引起货币贬值，物价上涨。

第六，通货膨胀随着社会再生产的发展而自动扩展。逄锦聚、霍学文认为，通货膨胀一旦发生就有一个自然扩展的过程。因为它不受人为的政策制约，而是伴随社会再生产的发展自动扩展的过程。本来是初始通货膨胀的结果，但从再生产的角度来说，它却成为通货膨胀扩展的因素。通货膨胀发生后，人们出于对价格上涨的恐惧心理和保值的动机，纷纷提款抢购，扩大消费支出，也加剧了信贷失衡，而且直接推动市场物价上升。

在研究方法上，作者在书中始终坚持从唯物辩证法的基本要求出发，对通货膨胀采取了实证分析的方法。与众不同的是，作者在运用实证分析的方法时总是把它建立在规范分析基础上，使实证分析与规范分析有机结合，互相补充，相得益彰。可以说，这是通货膨胀理论研究方法的新探索与新尝试。另外，摆脱一般的静态因果分析，力图把通货膨胀作为一个动态过程来分析，也是逢锦聚和霍学文的一个创新。

（本文发表于《经济纵横》1992年第7期）

粮食，中国最大的问题

——序胡岳岷著《21世纪：中国能否养活自己?》

中国是一个人口大国，22%的世界公民拥挤在只有世界平均水平1/3的耕地上找饭吃。吃饭问题，毫无疑义地成了最大的问题。由于耕地不仅不是一个可以无限扩大的增量，而随着经济发展，人口增长以及自然力的作用将是一个不断递减的量；更由于人口是一个持续扩大的增量，所以，粮食在21世纪中叶左右，不仅会成为中国最大的问题，而且还将成为中国最棘手的难题。正是在这个意义上，笔者认为，胡岳岷这部著作以粮食为主题，是抓住了一个大问题，这个书名的确定，也是恰如其分的。

粮食是中国的最大问题。这就决定了胡岳岷这部著作的理论价值和现实意义的分量。主题分量重，阐释起来难度就大。所以，这部著作所叙述的问题在时间跨度上，从新中国成立直至1996年。胡岳岷对这期间围绕中国粮食问题，尤其是粮食流通体制的演进嬗变过程，不仅做了相当准确的描述，而且进行了相当深入且饶有兴味的分析。这种分析，不仅仅局限于事件和数据的运用，更主要的是运用现代经济学分析方法，结合当时特定历史条件所做的经济学分析。这种分析，对我们了解中国粮食问题的制度变迁和权力演变是很有帮助的，对我们今后的改革是有一定的借鉴性提示作用的。因为他提出许多具有启发性的见解和新的理论观点，并且这些见解完全出自对事物进行实证分析之后而不是其之前，因而他所提出的理论观点之于改革的价值是具有相当可信度的。

胡岳岷对新中国那场大饥荒制度因素的剖析，是客观的、公正的、符合历史的，给我们的警示也是深刻的，这就让我们时刻牢记"历史的经验值得注意"的教诲，不让历史的悲剧重演。胡岳岷对"中国古代农业文明的根是什么"的挖掘，无疑将增强我们对中国能够养活中国的信心。这正如鲁迅先生所言："历史上写着中国的灵魂，指示着将来的命运。"尤其值得称道的是，胡岳岷对此给出了大量确凿的事实和逻辑一贯的理论阐释，让人相信21世纪，中国能够养活自己。中国不会把10多亿人吃饭的希望建立在乌托邦的幻想基础之上，中国人没有口渴才想到掘井的历史。诚然，新的时代需要新的思考，但是，它不能割断现在与过去的联系，而是要将过去、现在和将来联结起来，从对过去的发现中提炼出对未来发展的预见。历史不是"如果"链，而是一条因果相拥的长河。未来不能建立在一系列的"假设"基础上，未来需要立足现在的关怀和历史的关照。长河奔流去，历史割不断。

"任何现代经济学理论，除非其能够对它力图解释的现象作出一系列预言，并且这种预言至少是潜在地可用经验资料确证的，否则它便没有立足之地，使不可能是第一流的和合理的。"这是胡岳岷非常欣赏的英国经济史学家马克·布劳格的话。在笔者看来，他这本书也是一本预言未来的书，但是，他的预言是颇为谨慎的，并且这种对未来规划式的预言，是建立在对过去的描述和现在解释，以及依凭大量"参照系"基础上做出的。然而，他的预见是否符合历史发展的轨迹，不仅由广大读者，特别是专家的评判，而且更准确的是应当由未来来回答。

尽管我们相信本书的逻辑一致性和合理性，但是，由于其主题的重大和涵盖范围的广泛，非一人一书一时认识所能够回答。因而我们不能企望这种难能可贵的探索尽善尽美，而只能希求有更多的有识之士从民族利益出发，不畏艰辛地上下求索。

（本文发表于《税务与经济（长春税务学院学报）》1998年第2期）

社会主义市场经济理论研究的一部力作

——评杨欢进教授《社会主义市场经济理论专题研究》

杨欢进教授的新著《社会主义市场经济理论专题研究》是他十几年来进行教学与研究探索的一个总结,是社会主义市场经济理论研究中的一部力作。

从全世界的角度来看,20世纪是社会主义从理论探索走向实践并经历了巨大的曲折和反复的世纪;从中国的角度来说,这是中华民族从饱受帝国主义凌辱走向独立自强,从贫穷落后走向经济复兴的世纪。在这两方面的历史进程中,市场经济及其理论发展都是关键性的问题。可以说,市场经济对于刚刚从20世纪走过来的社会主义经济学来说,是最值得经济学家们去深入研究与严肃探讨的重大课题。

社会主义市场经济理论,是我国社会主义经济发展和经济体制改革的理论总结,同时又对我国市场经济发展的实践具有指导作用。说该著作是社会主义市场经济理论研究的一部力作,是因为该书系统地、多角度地、实事求是地对我国市场经济理论的有关问题,做了深入的分析和探索,并在以下几方面进行了具有开拓性意义的研究,得出了一些创新性的观点。

第一,提出"市场经济发育程度与经济发展水平的正相关律"的新论点。杨欢进教授通过对中外经济发展历史和现实的考察,认为从自然经济转向市场经济,是一个国家或地区走向近现代化的关键。市场经济发展的早晚、快慢和程度的差别,是造成或决定当今世界不同国家之间经济发展水平差别的主要的、普遍的、决定性的原因。一个国家或地区的市场经济发展程度,与这个国家或地区的经济发展程度、人民的富裕程度,存在着明显的正相关关系。可以说,这是一条普遍存在的客观经济规律,即市场经济发展程度和经济发展水平的"正相关律"。

第二,引申出"市场经济是社会主义经济发展不可逾越的阶段"的新论断。杨欢进教授从党中央提出的"商品经济的充分发展,是社会经济发展的不可逾越的阶段,是实现我国经济现代化的必要条件"出发,引申出"市场经济是社会经济发展不可逾越的阶段"的新论断。认为人类对自身发展规律的认识,随着历史的延续而不断丰富和发展,这种丰富和发展往往要付出极大的代价,并需要长久而艰苦的努力来进行理论上的探索。"市场经济是社会经济发展不可逾越的阶段"这一论断,正是长期探索的结果,是对人类社会发展规律认识上的一个质的飞跃,是一个历史性的重要论断,是在上百年的社会主义运动中得出的重要结论之一,是在十几亿人口的范围内反复实践,以高昂的代价换来的。杨欢进教授对这样一个重大命题,不满足于从切肤之痛中得出的经验之谈,而予以严肃的历史的思考和理论上的探讨,使之从经验之谈上升到理性思维的高度。这对于我们深化对社会发展规律的认识,对深刻理解市场经济的必然性,都是必要的。

第三,提出"市场经济是社会化大生产的灵魂"。杨欢进教授认为在社会化大生产这个有机整体中,市场经济起着基础和灵魂的作用。首先,市场经济关系是社会化大生产中各个经济单位得以联结为一体的纽带。在市场体系的不断发育中,形成日益发达的流通渠道和流通网络,通过复杂的市场体系这一纽带,构成了社会化大生产这一有机体的复杂的神经网络和内在联系。其次,市场经济是社会化大生产不断发展的动力源泉。在社会化大生产基本形成后,结为一体的庞大有机体的高效运转,需要强大的动力源泉持续不断的推动。正是市场经济通过市场等价交换的经济关系把不同的企业、行业联结在一起,而且通过公平竞争,为社会化大生产的高效运作和高速发展提供了不竭的动力源泉。最后,市场经济是社会化大生产中生产资源的最佳配置者。任何生产的进行，都必然通过要素的配置方式把生产要素组织起来投入生产。社会化大生产作为一个社会有机体，生产资源配置的任务更为艰巨和复杂。

第四，提出"按生产要素分配是人类社会共有的经济规律"的新认识。杨欢进教授认为按生产要素分配的准确含义，从本质规定性上说，是按生产要素的所有权分配；从量的规定性上说，可以是按生产要素的数量和质量分配，也可以是按生产要素的贡献分配。生产要素也称生产条件，是进行生产活动不可缺少的因素。生产要素是重要的，又是稀缺的，决定了按生产要素分配的客观必然性。生产条件或生产要素分属于不同的所有者，并不是按生产要素分配产品规律赖以存在的根本条件。不论是生产条件是分属于不同所有者，还是属于同一所有者，按生产要素分配产品规律都同样存在。生产要素的重要性和稀缺性，作为按生产要素分配产品规律存在的客观基础，是人类社会共存的，因而杨欢进教授认为按生产要素分配产品的规律，是迄今为止一切社会形态所共有的经济规律。

另外，杨欢进教授对现代企业制度及其特点、市场经济中的"假冒伪劣"、农民与农业以及粮食等问题都进行了较为深入的研究和探讨。

中国社会主义市场经济建设刚刚起步，社会主义市场经济理论的许多问题也有待于进一步的深入研究和探讨。杨欢进教授的《社会主义市场经济理论专题研究》一书，在这方面做了很好的、成功的尝试。相信随着经济实践的发展和学者的不断努力，相关的理论观点会进一步得到丰富和完善。

(本文发表于《税务与经济（长春税务学院学报）》2004年第3期)

可贵的理论探索

——薛暮桥新著《中国社会主义经济问题研究》评介

薛暮桥的新著《中国社会主义经济问题研究》一问世，就受到广大经济理论工作者和实际经济工作者的热切关注。

这本新著共10章，近20万字，内容丰富，很有说服力。它是一部从理论上系统总结我国30年社会主义建设经验教训的优秀之作，不仅对目前全国正在讨论国民经济的调整、改革、整顿、提高有所贡献，而且对实际经济工作也有一定的指导作用。

那么，这本新著总结了什么重要经验，探索了哪些重大的经济理论问题呢？

第一，总结了我国社会主义建设的经验，探索了社会主义建设的方针问题。进行社会主义建设，执行什么样的方针，是一个关系整个社会主义建设事业成败的根本问题。第一个五年计划期间，我国学习苏联，执行了优先发展重工业的方针，进行了156项重点工程建设（其中主要是重工业），为社会主义工业化打下了初步基础。但是，由于重工业发展过快，不仅在一定程度上影响了农民生活和农业生产的发展，而且使城市人口增加，粮食、棉布和副食品的供应发生困难。这说明，农、轻、重的比例关系已经不那么协调，农业生产已经满足不了工业发展和城市人民生活的需要。并且，重工业本身的发展也越来越困难。1956年，毛泽东同志在《论十大关系》报告中，以苏联为鉴戒，告诫我们不要片面发展重工业，明确指出，社会主义建设，要以重工业为重点，但在发展重工业的同时，必须特别重视农业和轻工业的发展，绝不能像苏联那样对农民挖得很苦,搞"竭泽而渔"。这个讲话为我国社会主义建设规定了正确的方针。可是这个方针在后来的实践中并没有自觉坚持和执行。历史的经验告诉我们,农业是国民经济的基础。我国的国民经济计划,必须坚决执行以农业为基础,工业为主导,按农轻重的次序来安排的方针。

第二,总结了我国生产资料所有制社会主义改造方面的经验教训,探索了所有制变革的规律性。对资本主义工商业,我国采取国家资本主义形式进行改造,对民族资产阶级实行赎买,这是成功的经验。我们对资本主义工商业采取限制、利用、改造的政策,是符合生产力发展水平的。但问题是,步子稍快了一点,把当时在社会上还有一定积极作用的许多小工业特别是小商业过多地合并了,结果造成许多商品花色品种、商业网点减少,给人民生活带来不便。对个体农业的社会主义改造,开始几年是比较慎重,步骤比较稳当。但是1956年前进太快,使农业生产的增长速度下降。紧接着,1958年大搞公社化,有些地区急于过渡到以公社为统一的生产和分配单位,个别县还办起了"县联社",要求全县统一分配。由于"一平二调",刮"共产风"挫伤了广大基层干部和农民的积极性,加上自然灾害等原因,使农业生产从1959年起连续三年大幅度下降。直到1962年公布了"六十条",确立了"三级所有,队为基础"的制度后,农村生产关系才比较稳定。"文化大革命"中,许多地方又急于向以大队为基本核算单位过渡,使农村生产关系又不稳定了。薛暮桥认为,为了使农业生产迅速发展,保证农业现代化顺利实现,"在目前和今后一个时期,必须下决心使以生产队为基本核算单位的三级所有制稳定下来"。对于个体手工业和个体小商贩的社会主义改造,也同样存在步子快了一点的问题。他认为,手工业是社会主义大工业的助手,它将长期存在。过早地取消手工业和小商贩,对社会主义建设是不利的。应当允许少数个体手工业者和小商贩游街串巷,直接为消费者服务。

第三,探索了价值规律在社会主义条件下的作用问题。在社会主义经济中,国家计划是主要的调节者,但由于社会主义经济也是商品经济，因而价值规律还必然起作用。薛暮桥认为，斯大林所说的价值规律对生产起"影响"作用，也就是一定形式的"调节"作用。有的同志认为，价值规律既然是客观规律，那它就一定要"自发地"起作用。薛暮桥认为，这有一定道理。当价值规律被国家利用对某些经济活动进行调节的时候，它也是自己在起作用，并不是奉命来起这样或那样的作用。但是不能因此就认为价值规律的作用在任何时候都不受限制。它是能够受到另一些客观规律作用的限制。在社会主义条件下，价值规律的作用要受到社会主义基本经济规律和国民经济有计划，按比例发展规律的作用的限制。薛暮桥还举例说，过去和现在我们对某些重要生活资料采取定量供应的办法，使它不致因为供不应求而价格上涨，这是限制价值规律作用的一个重要例证。

第四，探索了我国经济管理体制改革的必要性、原则、方向和道路问题。我国现行的经济管理体制是 20 世纪 50 年代从苏联学来的。这种管理体制的特点是片面强调统一，用行政办法管理经济。中央制定指令性计划，层层下达，各地、各企业不管是否适合自己的具体情况，都必须遵照执行。企业的人财物、产供销的大权都掌握在中央各部手里。这种管理体制的缺点是，权力过于集中，对人财物、产供销统得太死，束缚地方和企业的积极性；同时割断了天地之间、各企业之间的经济联系，违反现代化大生产专业化协作的原则，不利于以最小的消耗换取最大的经济效果。因此，必须逐步改革。薛暮桥认为，进行经济管理体制的改革，必须坚持社会主义的方向和道路。在这个大前提下，考虑以下两条原则：一是坚持计划经济，采取正确的计划方法，充分调动地方和企业的积极性。二是逐步地向着专业化协作的方向发展，以适应高度社会化大生产的要求。为此，必须逐步建立跨行业、跨地区的经济组织，来代替按行政系统管理的办法；还可以打破两种所有制的界限，建立国有经济和集体经济之间的专业化协作和产销联合组织。薛暮桥论述了新中国成立以来我国经济管理改革的经验教训，认为单纯进行"条条""块块"的争论是不能从根本上解决问题的。他明确指出：

"改革的根本道路,是扩大企业和各种经济组织(专业公司、联合公司)的权力,来代替行政机关的管理,彻底改变我国现行的经济管理体制。"

第五,探索了中国式的现代化道路问题。薛暮桥认为,中国式的现代化,就是要从中国的实际出发,走中国式的现代化道路。我国底子薄,人口多,人民生活水平低,因此,在制定国民经济计划或是在实施过程中,都要从这个实际出发。充分调动起人民群众的积极性,才有可能逐步提高劳动生产率,扩大基本建设规模,四化方可顺利进行。

这本著作还探索了按劳分配制度、商品货币关系、计划管理、阶级斗争和人民内部矛盾等问题。

总之,读了这本新著,可以使我们比较清楚地看到,我国的社会主义建设是如何走过来的,哪些是成功的经验,哪些是失败的教训,现在还存在什么问题,今后应如何解决、如何前进,等等,能够帮助我们加深对社会主义经济规律的认识。所以,这本新著,无论是对经济理论工作者还是对实际经济工作者,都是一本难得的好教材,很值得一读。

(本文发表于《新长征》1980 年第 12 期)

一本探讨政治经济学疑难问题的佳作

——介绍关梦觉主编的《政治经济学疑难问题探讨》

关梦觉主编的《政治经济学疑难问题探讨》一书（以下简称《探讨》），由吉林人民出版社1982年5月出版，现又再版。全书共十七章，约二十八万字。它是关梦觉带领吉林省一些经济理论工作者集体进行科研攻关所取得的一个重要成果。它的出版，引起了我国经济学界的关注和重视，受到了广大读者的欢迎。

《探讨》一书，是目前我们看到的比较系统、比较深入地研究政治经济学疑难问题的第一本理论专著。这部专著运用马列主义、毛泽东思想的基本原理，对当前政治经济学的教学与研究中存在的一些重大疑难问题进行了深入的研究和探讨。特别是在一些具有重大现实意义的理论问题上有新的概括、新的见解，其中不少观点和看法堪称一家之言。这部著作的出版，不仅对政治经济学的教学工作大有裨益，而且有利于把政治经济学的理论研究进一步引向深入。可以说，对繁荣和发展社会主义经济理论，无疑将起到一定的积极作用。

这部著作的第一个鲜明特点，就是知难而上，专练难题来攻。进行科学研究，同其他工作一样，具有不畏难的精神是十分可贵的。攻理论难题，是需要理论功底和理论勇气的。没有雄厚的理论功底，难题是不容易被攻破的；而没有大无畏的理论勇气，则势必知难而退。在现实生活中，不论是写文章还是著书立说，碰到一些比较尖端又容易担风险的难题，或一笔带过，或干脆远远绕道而行，这都是不乏其人的。而这本书的作者们却明知蜀道难偏向蜀道行。他们为了写好这部书,花费了很多的时间与精力,搜集了政治经济学中的上百道难题。但他们并没有把这些难题和盘托出,而是反复研究,精心筛选,难中选难,最后确定了十七个在基本理论上最有现实意义的重大疑难问题,来进行深入的考察和研讨。这些疑难问题主要有政治经济学的研究对象、资本主义生产自动化条件下剩余价值的源泉、无产阶级绝对贫困化、战后资本主义经济危机和周期变化、垄断资本主义阶段的生产力与生产关系、发达资本主义国家的停滞膨胀及帝国主义的寄生性和腐朽性等问题;还有社会主义社会的阶段划分、经济管理体制改革与社会主义所有制、社会主义再生产理论与实践、计划经济与市场调节、社会主义条件下的竞争和社会主义人口规律等问题。在对以上一些疑难问题进行考察分析过程中,作者对学术界种种看法与观点进行了实事求是的评论,有针对性地提出自己的观点和看法,并从理论与实践的结合上进行充分的论证。通读全书,使人深深感到一些政治经济学中的疑难问题,确实在理论上有所攻破,有些尚没有攻破的也在原有基础上大大前进了一步,做到了难中有进。因此,该书取名为《政治经济学疑难问题探讨》,名副其实,毫无华饰之感。

  这部著作的第二个显著特点,是面对现实,敢于分析新情况,探索新问题。例如,第二次世界大战以来,资本主义世界发生了重大的变化,主要资本主义国家都出现了生产力迅速发展的情况。这就给政治经济理论提出新的问题:垄断资本主义生产关系是不是只能阻碍而不能促进生产力的发展?如垄断资本主义生产关系只能阻碍生产力发展,为什么战后主要资本主义国家都出现了生产力迅速发展的状况?书中详尽地考察了这一重大新课题,认为由于垄断资产阶级为适应社会化生产的客观要求,对垄断资本主义生产关系进行了调整,因此,虽然垄断资本主义生产关系已经腐朽,"但也还有适应生产力发展的一面"。[①] 再如,社会主义在实践和发展中,也提出许多重大的新问题,出现一些从未遇到过的新情况。回避这

[①] 关梦觉:《政治经济学疑难问题探讨》,吉林人民出版社1982年版,第129页。

些新问题，不主动地研究解决它们，显然是对社会主义建设不利的。但正视这些新情况，敢于去探讨新问题，往往又担"风险"，容易犯错误。这本书的作者们不惧"风险"，不唯上，不唯书，不当风向标，随风转，大胆地去分析新情况，研究新问题，并敢于旗帜鲜明地阐述自己的新观点。由于他们自始至终地坚持敢于在理论上创新的原则，因而才使得这部著作颇具新意，读了使人感到别开生面，耳目一新。

这部著作的第三个显著特点是，在探讨每一个疑难问题时，作者都在充分比较各家之说的基础上，展开自己独特的分析和论证，并力图对每个疑难问题从理论与实践的结合上给予有说服力的回答。书中所选的十七个问题，个个都有争论，意见纷纭，观点和看法也甚多。该书作者十分慎重地对待各家之言，不贸然肯定或否定，也不随意盲从与附和，而是运用马克思主义政治经济学的基本原理，逐一对它们进行详尽的分析，辨真伪，识正误，最后再根据自己精心研究所取得的成果，有理有据地阐明自己的观点和看法。例如，对政治经济学的研究对象问题，经济学界有好多种意见和观点。作者对每一种意见和观点都进行评论，特别对自己不同意的意见和观点进行更具体的考察分析，找出不同意见和观点之间的共同点，然后把马克思的"四分法"与斯大林的"三分法"统一起来，较令人信服地说明了政治经济学的研究对象。

这部著作的第四个显著特点是，在探讨每一个难题时，都力图坚持马克思主义政治经济学的基本原理，同时又注重在新的历史条件下对马克思主义政治经济学基本原理的具体运用和创造性发挥。特别是在探讨政治经济学社会主义部分的一些难题时，不能从马克思、恩格斯著作中找到现成的答案，更不能机械地照搬和套用马克思、恩格斯的某些论断，而要实事求是，一切从中国的具体情况出发，把马克思主义政治经济学的基本原理同中国社会主义经济发展的实际密切结合起来，统一起来。由于该书自始至终注意贯彻理论联系实际的原则，注意结合中国现阶段社会主义建设的实际问题来发挥马克思主义政治经济学的基本原理，因而使这部著作的理论色彩很浓而实践性又比较强，可谓是理论与实际结合较好的一部著作。

这部著作的体系安排也是别具匠心的。全书对十七个问题的编排，既考虑到问题的历史次序，也照顾到了它们之间的逻辑联系。全书大体上是按照政治经济学的一般理论、现代资本主义经济与社会主义经济三个部分来安排结构的。虽然每个问题都独立成章，但它们之间联系比较自然，有机地构成了一个较完整的体系。使人一看便知，它不是一个一般的政治经济学难题解答集，而是一部完整的科学性较强的学术专著。

毋庸讳言，这本书也存在一些缺点和毛病。比较明显的是，前后有相矛盾的地方。例如，有章节把所有制说成是生产关系的总和是值得商榷的，其他章节又说所有制是生产关系的总和。此外，书中还有个别观点和提法欠妥，有些理论问题的探讨和论证还很不充分，显得一般化。尽管如此，《探讨》一书仍无愧为探讨政治经济学疑难问题的一本功力之作，算得上"百花齐放"中的一朵香花，"百家争鸣"中令人瞩目的一家。

（本文发表于《新长征》1984 年第 3 期）

经济学理论创新集

——评《夏兴园选集》

2001年9月，由湖北人民出版社出版的《夏兴园选集》（以下简称《选集》），共收入夏兴园教授在不同时期发表的学术论文58篇，计50多万字，内容十分丰富，涉及领域也很广泛，既有政治经济学基本理论的研讨，又有关于地下经济问题、社会主义劳动与经济效益等专题性的研究；既有企业工资制度改革、收入分配问题的研讨，又有关于社会主义市场经济宏观调控的系统分析；既有关于中国经济结构战略调整的深层思考，也有关于转变中国经济增长方式及发展战略的对策研究；既有对中国经济改革与发展的战略构想，又有对外国经济（主要是日本）的详细考察与借鉴，充分显示作者研究领域之宽阔，知识之广博，成果之丰硕，认识之深刻，思想之深邃。通读全书使人深深感到夏兴园教授在经济学理论教学与科研岗位上坚持不懈奋斗的45年，是不断开拓创新的45年。可以说，《选集》是一部十分厚重的经济学理论创新集。

一 政治经济学基本理论创新

坚持与发展马克思主义政治经济学，是经济理论工作者的一项根本任务。从《选集》看，夏兴园教授从教45年一直致力于政治经济学基本理论的创新研究，不仅重视对政治经济学基本理论本身的创新研究，更重视马克思主义政治经济学基本理论在中国实际中的运用研究。这在全书都有所贯彻与体现，但更主要体现在该书的

第一篇和第二篇。

(一) 对马克思主义政治经济学基本理论进行与时俱进的发展与创新，必须坚持马克思主义政治经济学的科学方法

《选集》的第一篇论文《论马克思研究政治经济学的科学抽象法》，充分表达了夏兴园教授的根本意图与思想倾向。作者经过缜密分析与严格论证，得出结论："马克思在《资本论》中对资本主义经济制度的严整的科学分析，为我们树立了一个正确运用科学抽象法的光辉典范。认真学习马克思研究政治经济学的科学抽象法，对于我们研究政治经济学社会主义部分以及分析一切问题，都具有重大现实意义。"①

(二) 对"中国特色社会主义"的新界定

邓小平同志创造性地把马克思主义政治经济学基本原理应用到我国社会主义建设的实践，提出建设中国特色社会主义的伟大理论。对这样一个重大理论课题，国内学术界展开了深入讨论与研究，可谓仁者见仁，智者见智。夏兴园教授提出"两个层次，三个方面的规定"，可谓独树一帜，见地深刻。他认为，建设有中国特色的社会主义是指我们建设社会主义的指导思想，它"包含了两个层次三个方面的规定性。第一个层次是最基本的层次，就是要建设社会主义，这也是第一个方面的规定，最基本的规定。它规定了我们建设的必须是以马克思列宁主义的基本原理为指导的，具有高度民主、高度文明的社会主义。第二个层次就是我们建设的社会主义必须是具有中国特色的。这个层次包含有两个方面的规定：一是我们建设的社会主义必须从中国的实际出发，反对教条主义，反对照抄、照搬外国的经验和模式；二是要清醒地认识历史留给我们的全部遗产和现实的基础，也就是要清醒地认识我们建设社会主义的国情和国力"②。

---

① 《夏兴园选集》，湖北人民出版社 2001 年版，第 16 页。
② 《夏兴园选集》，湖北人民出版社 2001 年版，第 64 页。

(三) 对邓小平经济发展理论的新概括

邓小平的经济发展理论是建设中国特色社会主义理论的重要组成部分，是对马克思主义经济发展理论的卓越创新。但对其如何进行科学的理论概括，学术界却有不同意见。夏兴园教授敢于提出自己的独立见解，指出："小平同志的经济发展理论，就是依据马克思主义的普遍真理，实事求是地从中国国情出发，抓住有利的机遇，大力发展社会生产力，促进中国经济快速增长，努力实现社会主义现代化。"① 从"国情""机遇""速度""目标"这四方面对邓小平经济发展理论进行理论提升与概括，确实抓住了邓小平经济理论的核心与本质，给人以提纲挈领、耳目一新之感。

二　改革与发展研究的新成果

长期以来，夏兴园教授虽然承担繁重的教学任务，但他一直十分关注中国的改革与发展，倾主要精力从事中国改革与发展问题研究。可以说该选集所收录的 58 篇论文绝大部分是研究中国改革与发展问题的。从改革的理论依据、改革的方式、改革的主题，到改革的进展与目标，夏兴园教授都进行了深入的分析与考察。同时，他从不孤立地研究改革与发展，而是把改革与中国的经济发展紧密结合起来进行系统考察。从农村剩余劳动力转移到城市产业结构战略调整，从区域经济差距协调到全国资源配置方式的理性选择，从传统产业的改造到新兴知识经济的崛起，他无不进行了开拓性的研究与探索，仅从《选集》看，就已经取得了令人十分喜悦的新成果。第一，明确提出渐进的市场化是中国经济体制改革的主题，并指出"渐进式"的深厚原因在于中国国情与客观经济规律的运动过程。第二，从理论上提出判断工业经济形态完结和知识经济形态来临的"三级次标准"，并判定中国目前"处于工业经济形态的中期"。第三，认为知识无疑是中国经济增长的主要问题，优先发展

---

① 《夏兴园选集》，湖北人民出版社 2001 年版，第 29 页。

知识经济是解决中国经济增长问题的主要战略,也是当今中国选择经济增长点的重心。第四,提出我国经济增长方式从粗放型向集约型转变是刻不容缓的,但切不可一刀切,不能一哄而起,更不能规定指标强制推行。第五,提出社会资源的Ⅰ、Ⅱ次配置机理,认为我国当前要控制资源Ⅰ次配置总量,引导资源Ⅱ次配置流量,以全面优化社会资源的配置。第六,全面剖析了中国经济增长质量的主要问题,指出知识短缺是中国经济增长质量低下的深层原因,提出建立知识与制度并存、知识先行的双重动力机制。第七,客观地评析了我国农业剩余劳动力转移的正负效应,提出我国应大力推进农业剩余劳动力向"异地,甚至跨国界转移。"[①] 第八,在理论界较早地提出对我国地区间经济发展的不平衡进行协调,主张加快西部开发步伐,并重视东部和沿海地区的再发展问题;等等。上述成果均在社会上引起了较大反响,受到有关方面的重视与好评。

三 宏观调控的新对策

夏兴园教授不仅重视基础理论的研究,更关注应用理论及对策性研究;不仅关注地方经济的研究,更关注国家宏观经济走势的分析与研究。通读《选集》,给人一个鲜明的印象是,作者能紧紧抓住时代的脉搏,紧跟中国经济发展走势,挖掘存在问题,分析查找原因,有针对性地提出调控措施与治理对策。

(一) 对承包、租赁经营的局限性做了客观分析,并提出相应的对策

20世纪80年代末,中国经济改革出现了"承包热",理论界不少权威学者盛赞"承包制",认为它是一个"划时代的里程碑",甚至有人喊出"承包制万岁"的口号。笔者当年就是"承包制神话"的反对者之一。读了夏兴园教授的《选集》后,深深为他在

---

① 《夏兴园选集》,湖北人民出版社2001年版,第414页。

1987年发表的《承包、租赁经营有效性、局限性及其对策》一文所折服。该文理论上客观地评析了承包制的局限性，指出其"标底"确定难以合理，经营行为短期化，无力承担经营不善风险及导致承包者与职工矛盾加大等弊端，提出"调整承包或租赁企业内部分配机制""贯彻民主管理企业"等对策来加以规范与克服，以防止承包制或租赁制的严重负面效应发生。

（二）构建长江大市场的新建议

长江是我国的一条极重要的河流，长江三角洲是我国的重要经济带。如何构建长江流域大市场，对促进长江两岸经济发展，甚至对全国经济的有效带动，都有重大作用。夏兴园教授站在宏观角度，从全国统一大市场的建设出发，以全新的视角及理念，提出建设长江大市场的对策建议，不仅极富挑战性、创新性，而且具有重大的适用性及可操作性。

（三）适时提出调节个人收入分配，调节金融市场，调节对外贸易，调节利用外资，调节预算外投资等一系列建议

这部分内容集中体现在《选集》第四篇。夏兴园教授详尽地论述了社会主义宏观经济运行机制的特点，分析了国家在宏观经济调控中的重要作用，尤其值得称赞的是关于宏观经济调控力度把握的分析，颇富新意。他提出"调控手段正负刺激的选择与配合""宏观调控中的经济时间与经济空间""宏观调控中可控度的把握""宏观调控各种杠杆系统要协调配合"等问题，均系创新之见。他关于防止国民收入分配向个人倾斜的建议，关于建立金融市场宏观调控检查监督制度的建议，关于完善对外贸易管理体系的建议，关于加强对外商投资的宏观调节的建议，关于加强预算外投资宏观管理的建议，等等，不仅有的放矢，切中要害，而且对政府的有关管理部门具有重要的指导意义与参考价值。

四 开拓新领域

不断开拓新的研究领域，是夏兴园教授从事科学研究的一个重要特点。这主要反映在《选集》第六篇对"地下经济"问题的研究上。第二次世界大战以后，西方国家的"地下经济"（也有人称为"黑色经济"）活动日益猖獗，以此相适应的"地下经济"研究也有长足进展。改革开放前，我国虽然也存在"地下经济"，但由于实行严格的计划经济制度，又不断地运用无产阶级专政的力量严厉打击，再加之实行闭关锁国政策，外国的地下经济活动难以渗入国内，所以"地下经济"并不怎么发展。改革开放后，国门大开，加之实行较自由的市场经济，各种地下经济活动日益蔓延并迅速发展起来。面对日益猖獗的地下经济，有责任的理论工作者绝不能漠不关心，熟视无睹。夏兴园教授就是一位具有高度社会责任感、对新社会经济现象十分敏感的经济学家。所以，他在国内较早地涉足地下经济研究领域，发表了一系列开创性的研究成果。《选集》是一部内容十分丰富、创新见解颇多的力作，本文只是一篇简短的概说与评论。略略的3000—5000字，难以对一本厚重的、几乎耗费夏教授毕生心血的著作做出恰如其分的评价。学海无涯，理论研究更无止境。愿与夏兴园教授以此共勉，并期待有新的力作问世。

（本文发表于《中南财经政法大学学报》2002年第3期）

有利于国民经济调整的一本好书

——评介关梦觉教授《关于社会主义扩大再生产的几个问题》一书

关梦觉教授的专著《关于社会主义扩大再生产的几个问题》，最近由吉林人民出版社再版。再版时，关梦觉教授加了一篇"再版序言"，但对原书，"只是在个别地方做了一点小的技术性变动，基本保持了原样"。

这本书写于1962年，1963年由吉林人民出版社出版。当时，我国正处于国民经济调整时期。怎样才能把严重失调的两大部类的比例关系整好？怎样正确处理农、轻、重之间的关系？如何正确地确定积累与消费的比例？国民经济怎样才能稳定地、平衡地向前发展？对这一系列重大的实际问题，关梦觉教授运用马列主义关于再生产的一些基本原理，在理论上进行了深入的探索，提出一些可贵的理论观点和见解，对于推动当时我国的国民经济调整工作起了积极的作用。时过18年，这本书仍不失其理论的光泽。它的再版，对于当前调整好我国国民经济的比例关系，加速社会主义现代化建设，具有一定的参考价值。下面仅就书中的几个主要问题概要地加以评介。

一 关于社会生产两大部类的关系问题

在这本书中，作者运用辩证唯物主义的方法科学地分析了社会生产两大部类的矛盾统一关系。社会生产两大部类是一个有机的整体。在这个有机整体中,关梦觉教授认为,"从长期来看,从整体来看,在社会主义扩大再生产中,生产资料的生产是矛盾的主导方面,第一部类上不去,第二部类和整个国民经济也就不能前进。就我国来说,要想根本改变国民经济落后的状况,使我国变成一个具有现代工业、现代农业和现代科学文化的伟大社会主义强国,就必须由第一部类提供大量的先进技术装备来改造整个国民经济。我们正是从这种意义上来肯定生产资料生产优先增长的"①。他还认为,生产资料生产的优先增长,是指"一种长期的发展趋势",不是指"一时的措施",不能把它理解得太死、太片面化和绝对化。他强调指出:"片面强调生产资料生产的优先增长而忽视了消费资料生产在社会主义制度下的新的意义和作用,那在理论上是不正确的,在实践上也是有害的。"② 作者用相当的篇幅突出地论述了消费资料生产在社会主义扩大再生产条件下的积极主动作用,明确提出,由于社会性质发生了根本的变化,生产同消费的关系变化了,从而第一部类同第二部类的关系也发生了相应的变化,就是说,"在生产一般居主导地位的前提下,消费的地位也变得特别重要了;在第一部类一般地居于主导地位的前提下,第二部类的地位和作用也大大提高了"③。由于社会主义生产的目的是日益充分地满足人民不断增长的物质文化生活需要,消除了生产同消费之间的对抗性矛盾,生产是为了消费,因而消费资料生产也就更加重要了,它处于举足轻重的地位,是一个积极活跃的角色,不但有极其重要的积极主动作用,并且还有极其广阔的发展前途。第二部类的扩大再生产不仅制约第一部类的扩大再生产,是第一部类扩大再生产的前提条件,

---

① 关梦觉:《关于社会主义扩大再生产的几个问题》,吉林人民出版社 1963 年版,第 60 页。

② 关梦觉:《关于社会主义扩大再生产的几个问题》,吉林人民出版社 1963 年版,第 55 页。

③ 关梦觉:《关于社会主义扩大再生产的几个问题》,吉林人民出版社 1963 年版,第 54 页。

而且它保证并推动第一部类的加速发展。① 并且强调指出:"忽视第二部类的作用,必然造成两大部类之间的比例失调,归根结底要扯住第一部类的后腿。"②

关梦觉教授认为,在社会生产两大部类的矛盾统一体中,矛盾的主导方面并不是固定不变的,而是可以转化的。在一定的时期内和一定的条件下,第二部类也会成为矛盾的主导方面。他说:"当生产资料的生产由于过去一个长时期内的优先发展而已经建立了相当强大的基础的,消费资料的生产却因种种原因而相对地落后了,以致不能满足整个社会再生产对于消费资料的日益增长的需要,不能满足全体人民对于消费资料的日益增长的需要,在这种情况下,如果不解决第二部类落后的矛盾,则整个国民经济就无法前进。于是第二部类就成为起决定作用的矛盾的主导方面了,两大部类之间的不平衡状态的克服,就由大力发展第二部类的生产来决定了。"③ "这就需要集中主要力量去发展第二部类的生产,把第二部类摆在首要地位上,以便使之与第一部类互相适应,克服两大部类之间的不平衡状态。"④ 为此,第一部类就需要做两方面的调整:第一,调整第一部类的发展速度,以便腾出更多的生产资料和劳动力用于发展第二部类生产;第二,调整第一部类的产品构成,更多地为第二部类制造生产资料,以促进其迅速发展。

我们认为,关梦觉教授在 20 世纪 60 年代初就提出以上一些深刻的理论见解,是十分难能可贵的。特别是关于第二部类的积极主动作用的观点以及两大部类发生比例失调,第二部类严重落后的情况下,要"把第二部类摆在首要地位""集中主要力量去发展第二

---

① 关梦觉:《关于社会主义扩大再生产的几个问题》,吉林人民出版社 1963 年版,第 54—55 页。

② 关梦觉:《关于社会主义扩大再生产的几个问题》,吉林人民出版社 1963 年版,第 18 页。

③ 关梦觉:《关于社会主义扩大再生产的几个问题》,吉林人民出版社 1963 年版,第 60 页。

④ 关梦觉:《关于社会主义扩大再生产的几个问题》,吉林人民出版社 1963 年版,第 61 页。

部类的生产"的思想,是卓有见地的。从20世纪60年代初后,如果我国能够真正像关梦觉教授所说的那样充分重视第二部类的积极主动作用,大力发展消费资料生产,并以此来"保证并推动第一部类的加速发展",恐怕不致重蹈片面发展生产资料生产的覆辙,乃至引起两大部类比例关系的再度严重失调。目前我国的两大部类比例失调,虽然与60年代初那一次有所不同,但其主要表现仍然是第一部类孤立片面发展,第二部类严重落后。所以,我们认为,关梦觉教授提出的"把第二部类放在首要地位上""集中主要力量去发展第二部类的生产",对于改变我国目前两大部类比例失调的状况,是有一定的现实意义的。

二 关于农、轻、重的比例关系和速度问题

农、轻、重之间的比例关系,是国家经济中最根本的比例关系。它们之间保持什么样的比例,按什么样速度发展,直接关系整个国民经济能否有计划按比例发展。这一直是我国国民经济发展中一个重大的理论和实践问题。

关梦觉教授认为,在现实经济生活中,以农业和轻工业为一方,以重工业为一方,这两方面大致表明两大部类之间的比例关系。[①] 它们之间的比例和速度如何呢?关梦觉教授提出:"农业既然是第二部类生产的基本组成部分,所以农业是保证整个国民经济有计划按比例地、高速度地发展的决定性因素。在很大程度上,国民经济的发展速度是由农业来决定的。"[②] 他接着从农业提供多少商品粮、工业原料、劳动力、市场、积累资金、出口物资等方面,说明了农业的发展速度归根结底决定工业的发展速度,也决定整个国民经济的发展速度;从比例方面来说,他认为农业一直是国民经

[①] 关梦觉:《关于社会主义扩大再生产的几个问题》,吉林人民出版社1963年版,第87页。

[②] 关梦觉:《关于社会主义扩大再生产的几个问题》,吉林人民出版社1963年版,第88页。

济中比较薄弱的环节，而整个国民经济的比例关系，在很大程度上是由这一比较薄弱的环节决定的。"农业既是国民经济发展速度的基础，又是国民经济发展比例的基础。"① 因此，要使国民经济有计划按比例地、高速度地发展，必须把农业放在首位，尽最大的可能促进农业生产的迅速增长。关梦觉教授认为，轻工业是联结工业和农业、城市和乡村的重要经济纽带，它具有满足人民的生活需要，在经济上巩固工农联盟，促进重工业发展的"三大重要作用"。轻工业的发展比例和速度不仅受农业的制约，而且影响重工业的发展比例和速度。至于重工业，它是国民经济的主导，关梦觉将其主导作用概括为以下两方面的内容："一方面，它是整个国民经济进行技术改造的物质基础，是社会主义扩大再生产的物质基础，是建立一个独立的、完整的、现代化的国民经济体系的物质基础，是国防现代化的物质基础；另一方面，从发展速度上说，重工业又处于领先地位，它是整个国民经济的火车头。"② 但它的发展任何时候都不能脱离农业和轻工业的制约，同时它必须为农业和轻工业服务。所以，关梦觉教授认为，在计划安排上必须采取农、轻、重的序列。这个序列"反映了农、轻、重三者的内在的本质的关系，反映了农业是国民经济的基础、工业是国民经济的主导"③。集中主要力量首先发展农业，并积极地发展轻工业，正是为优先发展重工业创造必要的前提。这可以说是通过"健康的道路来保证重工业的优先增长"④，"农业和轻工业尽先安排好了，重工业的发展才有可靠的保证；先巩固了农业和轻工业的阵地，再向重工业进军，就没

---

① 关梦觉：《关于社会主义扩大再生产的几个问题》，吉林人民出版社1963年版，第89页。

② 关梦觉：《关于社会主义扩大再生产的几个问题》，吉林人民出版社1963年版，第193页。

③ 关梦觉：《关于社会主义扩大再生产的几个问题》，吉林人民出版社1963年版，第94页。

④ 关梦觉：《关于社会主义扩大再生产的几个问题》，吉林人民出版社1963年版，第69页。

有后顾之忧了。这是一种稳扎稳打、步步为营的办法"。① 即使将来农业生产"过关"了，消费资料的供应已经相当充足的时候，也必须按农、轻、重的次序来安排社会生产。因此，农、轻、重的序列并不是一个权宜之计，而是一种长远的安排。可是，我国长期以来口头上讲农、轻、重，而在实际上总是重、轻、农，这也是造成我国农、轻、重三者比例关系失调的一个重要原因。今后应该走上通过大力发展农业和轻工业"来保证重工业的优先增长"的"健康的道路"。

三 关于积累与消费的关系问题

在这本书中，关梦觉教授还比较深入地考察了积累与消费的矛盾统一关系。就二者的统一方面来说，他认为有三个共同的基础：一是"'最大限度地满足人民的物质生活和文化生活的需要'，乃是积累和消费的第一个共同的基础"；二是"通过积累和消费的增长，在推动生产力蓬勃发展的同时，不断地促进社会主义生产关系的巩固和发展——这是积累和消费的第二个共同的基础"；三是"农业不仅是消费的基础，而且也是积累的基础。无论是消费和积累，都是以农业为基础的。这就是消费和积累的第三个共同的基础"。② 积累和消费在上述三个共同的基础上的统一，表明了国家建设的利益同人民生活改善的利益、人民的长远利益和当前利益、集体利益同个人利益基本上是一致的。当然积累与消费之间也有矛盾，但是根本利益一致基础上的矛盾。

关于在积累与消费的矛盾中，究竟哪一方是矛盾的主导方面，作者认为"这要依时间、地点、条件为转移，不可一概而论"，

---

① 关梦觉：《关于社会主义扩大再生产的几个问题》，吉林人民出版社1963年版，第95页。

② 关梦觉：《关于社会主义扩大再生产的几个问题》，吉林人民出版社1963年版，第107、108、113页。

"矛盾的主导方面，也就是应当加速增长的方面"。① 那种认为无论在任何条件下积累基金的增长速度都快于消费基金的增长速度的观点，是不正确的。

关梦觉教授还强调指出，生产资料生产的优先增长，绝不意味着积累基金在国民收入中所占的比重必须跟着不断地增长。书中说："生产资料生产的优先增长意味着积累量的不断增长，但却不意味着积累率的不断增长。""如果认为随着生产资料生产的优先增长，积累率也必须不断地增长，那必然会不断地缩小消费基金在国民收入中所占的比重，乃至减少其绝对量，从而降低了人民的生活水平，引起积累和消费之间的比例失调。"② 我国的实践已经证明了这一点。我国的积累率在"一五"时期是24.2%，当时是比较恰当的，可是到"二五"时期就上升到30.8%（其中1959年和1960年高达40%左右），1970—1978年积累率平均为33%（其中1978年达36%以上）。积累率逐年大幅度提高，在国民收入没有大幅度地、不断增长的条件下，怎能不降低人民生活水平，引起积累和消费之间的比例关系严重失调呢？

那么，如果正确地确定积累率呢？关梦觉教授认为，确定积累率的高低，应当从实际出发，考虑到生产增长的快慢、劳动生产率的高低、国民收入的多少，以及国民收入中剩余产品所占的比重大小，等等，并考虑到国内外的政治经济条件。他根据我国第一个五年计划期间的经验，确定了一个"一般的积累率"，提出"以20%—25%作为一般的积累率，将比第一个五年计划期间更优有余裕，并且可以较快地增加消费基金、提高人民的生活水平"，③ 使我国的积累率在一般积累率的范围内上下摆动，并基本保持相对稳

---

① 关梦觉：《关于社会主义扩大再生产的几个问题》，吉林人民出版社1963年版，第114、115页。

② 关梦觉：《关于社会主义扩大再生产的几个问题》，吉林人民出版社1963年版，第122页。

③ 关梦觉：《关于社会主义扩大再生产的几个问题》，吉林人民出版社1963年版，第129页。

定，有利于保证国民经济以比较稳定的高速度向前发展。

关梦觉教授还确定了一些切合我国实际情况的处理积累与消费比例关系比较具体的原则：第一，"在通常的情况下，国民收入的分配是按照消费——积累的序列来安排的"，这样做是"先站稳消费的'脚跟'，然后再向积累进军，先压住人民生活的'阵脚'，然后再求积累的胜利"①。第二，"在保证按人口平均计算的消费基金逐年有所增长、人民生活水平逐年有所提高的前提下，随着国民收入的增长，一般来说，应当使积累基金的增长速度比消费基金的增长速度更快一些，以加快社会主义建设，保证人民生活水平会有更大的提高"②。第三，"在确定积累基金和消费基金的比例时，要考虑到国民收入的实物构成：要使积累基金中用于购买生产资料的部分，大体上与生产资料的数量相适应；要使消费基金大体上与可供消费的（即除去用于积累的那一部分）生活资料的数量相适应"③。我们认为，这三条具体原则是切实可行的。

四 关于国民经济平衡发展的问题

社会主义国民经济究竟是在绝对不平衡中向前发展，还是在相对平衡中向前发展的问题，在理论上并没有完全解决。

长期以来，我国流行一种绝对不平衡的哲学概念，并且把这种概念套用在社会主义国民经济发展上，认为社会主义国民经济是在绝对不平衡中向前发展的。

关梦觉教授早在 18 年以前，在这本书中就不同意上述观点。他明确地指出："社会主义经济本质上是计划经济，而计划经济则

---

① 关梦觉：《关于社会主义扩大再生产的几个问题》，吉林人民出版社 1963 年版，第 117 页。
② 关梦觉：《关于社会主义扩大再生产的几个问题》，吉林人民出版社 1963 年版，第 118 页。
③ 关梦觉：《关于社会主义扩大再生产的几个问题》，吉林人民出版社 1963 年版，第 119 页。

意味着是在相对的平衡中向前发展的,事实上,社会主义国民经济并不是在平衡中向前发展的,而是在不断地克服不平衡中向前发展的。"① 国民经济在发展过程中,经常出现的不平衡只是局部的、暂时的不平衡。"决不容许它成为国民经济发展过程中的一个独立阶段","社会主义国民经济的发展并非周而复始地要经过'平衡—不平衡—新的平衡'这样三个不同的阶段,而'平衡—不平衡—新的平衡'也不代表一个社会主义经济运动的较长的周期",因而"不能把不平衡当作一个什么独立的阶段供奉起来"②。他反对那种认为社会主义国民经济是在一种平衡与不平衡的周期波动中向前发展的观点,明确指出,社会主义国民经济"是在基本上保持相对平衡的状态中向前发展的"③。

在关于积极平衡和消极平衡问题上,关梦觉教授也是很有卓见的。他在书中批评当时片面强调速度、忽视比例的偏向,批评了那种"认为国民经济发展中的薄弱环节,无论在什么情况下,都必须拼命赶上先进环节,而先进环节则必须继续开足马力前进,决不能等待和提携后进"的所谓"积极平衡"。他认为,克服薄弱环节,需要有一个过程、有一定的条件,需要做一系列的艰苦工作,并且需要先进环节来支持和提携,只有这样,才能消除薄弱环节,达到新的平衡。为了消除薄弱环节,在一定条件下,先进环节暂时降低速度,缩小规模,不仅在原则上是容许的,而且有时也是必要的。否则,先进环节愈跑愈远,落后环节愈来愈落后,会使国民经济发展中的不平衡现象"愈演愈烈"。为了整体前进,有时需要局部后退。"在一定条件下,国民经济的先进环节暂时收敛一下,正是为了全面前进。从局部看,是后退了;从整体

---

① 关梦觉:《关于社会主义扩大再生产的几个问题》,吉林人民出版社1963年版,第96、97页。
② 关梦觉:《关于社会主义扩大再生产的几个问题》,吉林人民出版社1963年版,第99页。
③ 关梦觉:《关于社会主义扩大再生产的几个问题》,吉林人民出版社1963年版,第98页。

看，却是前进了。"① 关梦觉教授的这些见解，对于我们当前搞好国民经济的比例关系的调整，促进国民经济的平衡发展，是多么有现实的意义啊！

总之，关梦觉教授著的《关于社会主义扩大再生产的几个问题》一书，是探索社会主义扩大再生产发展规律的一本好书，对于搞好当前的国民经济调整工作，加速四个现代化建设，是有很大的科学价值的，很值得经济理论工作者和经济工作者们一读。

(本文发表于《经济理论与实践》1981年第4期)

---

① 关梦觉：《关于社会主义扩大再生产的几个问题》，吉林人民出版社1963年版，第102页。

抗战时期的中国经济学家关梦觉

——理论研究与革命事业紧密结合

关梦觉是我国著名经济学家，在政治经济学、《资本论》研究、经济学说史、经济地理、中国经济问题、世界经济、国际贸易等领域都有突出成就，成为中国经济学开拓者之一。

关梦觉，1913年，出生于吉林省怀德县（今公主岭市）一个普通农民家庭，1929年，考取东北大学经济系。"九一八事变"发生后，学校被迫停课，关梦觉只好回乡教书。1932年5月，东北大学迁往北平，他回校继续读书。1933年，大学刚毕业的关梦觉进入《外交月报》编辑部任编辑，开始关注国际经济问题，撰写抗日文章。1937年，东北籍的进步人士和学生在北平成立了"东北救亡总会"，关梦觉担任宣传部副部长，主持"东北救亡总会"机关刊物《反攻》的编辑工作。该杂志1938年创刊，1945年8月停刊，为团结东北人民，配合全面抗战发挥了重要作用。

利用《反攻》的舆论阵地，关梦觉发表大量文章，深刻揭露日寇侵略与掠夺行径。他深刻剖析"日伪物资动员一元化"及"日伪资金的一元化"实质就是"日满一元化"。他认为，日寇推行"以战养战"阴谋，主要是乱发伪钞，夺我外汇，坏我金融，掠夺我物资，倾销旧货，税收掠夺。他指出，在战区，土地根本不能耕种，农民流离失所，"农民被敌人有计划地大批屠杀，甚至龙钟老人和孩提幼童，亦不能幸免"在沦陷区，"敌人在各地大量征收苛捐杂税"，"敌人对原料的搜刮也不遗余力"，"对于各地手工业的破坏，更是无所不用其极"，"对于人力的掠夺，如抽壮丁、强迫劳役等,那更是无法计算了";在后方,劳力缺乏,"田园荒芜","生产手段的破坏与减少,也成了严重的问题"。

1937年,关梦觉加入西北军冯玉祥的部队,为冯玉祥做参谋,战斗在抗日战争第一线。1937年年底,冯玉祥的部队在黄河河套附近战败,部队被打散,关梦觉辗转前往武汉。1938年,郭沫若在武汉组建政治部第三厅,召集了一批进步人士。关梦觉加入其中,积极撰写宣传抗日的文章。1939年,关梦觉辗转来到重庆,担任"东北救亡总会"宣传部副部长,并任国际问题翻译杂志《时与潮》编辑。关梦觉翻译了大量外国学者分析日德两国经济矛盾的文章,深刻揭露日德法西斯侵略战争对其国内的不良影响,有力地鼓舞了中国人民抗击日寇侵略和打败日本帝国主义的决心与信心。1941年皖南事变后,重庆掀起反共高潮,《时与潮》杂志受到国民党反动派的嫉恨,关梦觉被列入重庆国民党特务准备逮捕的黑名单,最终在叶剑英的关照下得以安全转移。

1941年,关梦觉到了河南洛阳,在中国工业合作协会晋豫区办事处任经济研究所所长。同年10月,他被河南大学聘为经济系副教授。29岁的关梦觉已经开始运用马克思《资本论》的理论和方法分析与研究国内外经济问题,同时他深入农村开调查研究,了解战时国计民生,撰写的多篇文章对研究抗战时期中国农村经济状况具有重要价值。

1943年,国民党迫害进步师生,关梦觉离开洛阳前往西安,任国民参政会经济建设策进会西北区办事处总干事,对国民党统治区严重的经济问题特别是物价、通货膨胀等问题进行深入研究。半年后,他前往陕西商业专科学校任教,被聘为教授,主讲政治经济学、国际贸易、经济地理三门课程,把抗日救国思想贯穿于教学。

1945年,关梦觉在西安加入中国民主同盟,担任西北总支部常委、宣传部副部长,同时担任西北总支部机关报《秦风·工商日报》(联合版)主笔。他每隔一天写一篇关于经济问题和国际问题的社论,分析、揭露国民党统治区经济上的腐败和政治上的独裁。该刊物在西北地区影响越来越大,但由于反对国民党打内战,主张民主与和平，1946年被国民党当局查封。关梦觉被迫离开西安，辗转进入东北解放区。

抗战胜利后，关梦觉致力于中国社会主义建设道路和经济规律的研究，先后出版专著十余部，发表论文百余篇，在国内外产生了重大学术影响。

苟利国家生死以，岂因祸福避趋之。关梦觉是一位经济学家，更是位爱国主义战士。在没有硝烟的战场，他把经济理论研究与革命事业紧密结合，以文字为武器，揭露日寇侵略行为本质，打击敌人，提振了全民族抗日信心。

（本文发表于《人民日报》2015年7月27日）

现代"经济人"的理性审视

——读陈孝兵《现代"经济人"批判》有感

一 对现代"经济人"需要理性审视

所谓现代"经济人"即现代市场经济活动的主体,他是超越了斯密"经济人"的"经济人"。"对'经济人'的理解和阐释,只有在以社会的制度化结构框架为背景的前提下,才是可接受的。"它"既不是对人性的一种断言,也不是对人性的一种伦理期望,而是一个以制度化结构为基础的关于人的行为方式的界定"。这种界定是"旨在估价强制的结构(即规则),最终目的是重新设计和改革,以确保在利用明显的互利关系上增强制度的效率"。对现代"经济人"批判不是目的,目的在于建立一种"使坏人所造成的社会危害最小化的制度","能给所有的人以'法治下的自由的社会秩序'"①。中国的整个体制改革(包括经济体制改革和政治体制改革)应该朝这个方向努力。这是现代市场经济发展的必然要求。

第一,对国有企业领导者和高层管理人员要建立制度化约束体系。这是对现代"经济人"理性审视后作出的一个创新性见解。国有企业领导者和企业的高层管理人员不是理想中的"完人",不是完全能够自觉正确处理各种公私矛盾的"公利主义者",他们"也是具有个人利益行为的'经济人'"。他们是出于一定目的和动机参加经济活动的,这种目的和动机就是对经济利益的追求。当他

---

① 陈孝兵:《现代"经济人"批判》,山西经济出版社2005年版,第26页。

所追求和实现个人经济利益的条件形成时，就必然发生追求个人私利行为，"这是不以人们主观意志和良好愿望为转移的客观规律"①。运用马克思主义基本原理，借鉴西方经济学的"公共选择理论"，从规律的高度来分析现代"经济人"，显然是一种创造性的理论探索。

第二，构建社会主义市场经济的道德基础是支撑中国经济可持续发展的重要力量。发展社会主义市场经济，必须充分发挥市场经济对人性的正面效应，首先要形成市场主体，其次是培育利益主体，没有成熟的利益主体，也不会有成熟的市场主体。然而，作为市场主体活动的个体道德修养，又是市场经济主体在经济活动中行为选择的道德性基础。市场经济主体的伦理道德缺失，是当今中国市场经济发展中的一大突出问题，偷税漏税、制假贩假、贪污盗窃、行贿受贿、假公济私、坑蒙拐骗、见利忘义、见利枉法等行为，败坏了社会主义市场经济的形象，损伤了社会主义市场经济的发展。伦理道德是支持经济发展的重要人文力量，任何一个民族的经济发展都离不开一定的伦理道德基础和主体道德精神的支撑。离开一定道德基础和道德精神，经济的可持续发展和社会的进步与繁荣是不可想象的。②

第三，企业信用的道德基础重在建设。从现代"经济人"视角审视企业信用，这是理性批判深化的重要表现。信用是现代市场经济的生命线，企业作为"经济人"，其信用是维护市场经济的基石。企业信用缺失或沦丧不仅造成市场交易秩序混乱，更会导致大量自私行为和动机的出现，"经济人"理性的道德受到挑战，引致大量利益冲突与交易争端出现，增加企业成本，造成企业经济效益下降。长期以来，中国企业饱受信用沦丧之苦，更受其害。据东方国际保理中心对我国数千家企业拖欠和亏损案例进行研究分析发现，80%的企业是因为信用沦丧而造成亏损的。最近的一项商业调查显

---

① 陈孝兵：《现代"经济人"批判》，山西经济出版社2005年版，第38页。
② 陈孝兵：《现代"经济人"批判》，山西经济出版社2005年版，第64页。

示,因商业伙伴不守信用而遭受亏损的企业竟高达89%以上。2000年美国管理协会的专家尖锐指出,中国企业信用管理上的空白,将是今后在新的市场经济环境下发展的最大障碍之一。① 合同违约,互相赖账,价格欺诈,缺德败信,已构成当今中国制约市场经济健康发展的顽疾。因此,以诚信为核心再造企业信用道德基础,已成为建设社会主义信誉经济的一项根本任务。

第四,市场经济要求培育企业家市场,促进作为"经济人"的企业家阶层的产生与发展。从现代"经济人"视角分析中国企业家市场及其阶层的发展,这在我国市场经济理论研究中是一种开创性的尝试。作为"经济人"的企业家必须有自身的经济利益,"承认企业家的经济利益,实际上就是对企业家这种特殊稀缺资源价值的承认"。承认企业家的利益,必须对旧的分配体制进行改革,使其收入与其在企业经济管理中承担的风险与责任相对称,"也就是说,企业家承担的风险越大,承担的责任越重,所做的贡献越多,其收入越高"②。目前,中国企业家市场很不发达,优秀企业家更是缺乏。21世纪经济的发展主要依靠人才,世界经济的竞争归根到底是人才和企业家的竞争。所以,中国要加大人力资本的投入与培训,多渠道、多层次、全方位选拔与培训企业家,造就一支优秀的企业家队伍。

第五,"经济人"(人)是发展三要素之一。这是对现代"经济人"地位与作用的理性评估与提升。发展的概念是宽泛的,它绝不仅是指经济发展,更不仅是GDP的增加,而要包括社会的进步与发展。发展是硬道理,不能片面理解为只是经济发展,发展还包括"人的全面发展","人的全面发展与经济、社会的全面可持续发展是相互促进、同步实现的"③。尤其是在计算机、航天技术、生物工程等高科技日益发展的今天,人的全面发展日益成为推动经

---

① 陈孝兵:《现代"经济人"批判》,山西经济出版社2005年版,第143页。
② 陈孝兵:《现代"经济人"批判》,山西经济出版社2005年版,第185页。
③ 陈孝兵:《现代"经济人"批判》,山西经济出版社2005年版,第199页。

济社会发展的重要因素和力量。

第六，政府官员也是"经济人"，必须建立健全法律规则加以强力约束。这是充分借鉴西方公共选择理论对现代经济人加以理性分析所得出的结论。经济学家根据交易经济学的方法和范例来考察政治和政治过程，可以看出政治活动的参与者（投票人、政治家与官僚）也是"经济人"，他们的行为目标也是自身利益。他们的收入来源可分为两类：一是由职位本身得到的合法收益，即薪水与津贴，包括办公条件中的非货币收入；二是由受贿寻租等方式获得非法收入。所以，必须"制定法律规则来约束政治人的利己行为，使之限于合理范围而不至与他人和社会的利益相冲突"[①]。然而陈孝兵在这方面的论证与分析还是不够的，有待于加强。

二 对"私有化"的批判也需要理性

自我国改革开放以来，经济学界一直伴有"私有化"的主张。当然，公开主张私有化者并不多，也非主流，但"潜行私有化"论者却大有人在。笔者以为，主张新经济学应回归到斯密，回归到斯密关于"经济人"利己的基本假设，以此为基点构建中国社会主义市场经济体制，必定走私有化之路。因为古典经济学也好，基于古典经济学演变而来的新古典经济学和新制度经济学也好，它们的核心思想或基本理论命题是私有制最符合"经济人"人性，最适合社会生产力发展要求，用科斯、张五常等人的话说，私有产权安排交易费用最小，因而最有效率，公有产权与市场经济要求根本不相容，交易成本太大，产权主体虚置，因而它必然低效率。中国经济体制改革若按上述理论逻辑进行，出路只能是私有化。"目前，无论是在宏观经济学、微观经济学、福利经济学，还是公共经济学以至于伦理经济学、法律经济学中，'回到亚当·斯密''回到李嘉图'的呼声已经成为一部分经济学家在面临基础和范式危机时寻找

---

① 陈孝兵：《现代"经济人"批判》，山西经济出版社2005年版，第241页。

智慧、力量、勇气的基本路径和思想萌动。在他们看来，……市场机制最能保证个人的权利、自由和机会的均等，市场机制最有利于体制安排上的成本降低，因此市场机制在促进经济资源优化配置的同时，也促进了'经济人'权利的充分实现。这能成为'回到斯密'的潜台词吗？"① 显然，这是对"潜行私有化"主张的理论分析与批判。"用可持续发展的标准来衡量，'经济人'的内涵是多么狭隘。我很赞成这样的观点："今天我们已经可以看得很清楚，种种出于'利己'打算的所谓理性选择不仅给人类的进一步发展套上了沉重的枷锁，而且已经给人类的生存带来了严重的威胁。把人性永恒地锁定在自私自利的宿命论中，且不说在理论上能否成立，至少在经验上也不能不让人怀疑。……因此，把市场经济的人性看作是人类社会的人性，这本身就是一种形而上学的观点，而不是进化的观点，历史的观点。"② 正是基于对"潜行私有化"运用历史唯物主义的观点进行分析，从而才使得批判上升到科学理性的高度。

三 经济学繁荣需要理性批判繁荣

改革开放以来，中国经济学呈现空前繁荣的景象。研究机构之多，研究环境之宽松，著作面世之快好，学术派别之林立，学术交流之广泛，学术讨论之民主，可以说都是前所未有之好，令人兴奋不已。学界不能说没有理性批判，但理性批判还是比较缺乏，甚至很薄弱。前一个时期虽然出现"郎顾之争"的热闹场面，但相互指责诘难之声大大超过理性批判之言，使人未见到良好的理性批判氛围出现。而非理性批判之遗风仍然存在，其主要表现为，在学术讨论及争鸣中还有"上纲上线"的遗迹，比如，"保守派""反对改革""旧体制卫道士"及"假改革，真倒退"等。在樊纲先生的

---

① 陈孝兵：《现代"经济人"批判》，山西经济出版社2005年版，第254页。
② 陈孝兵：《现代"经济人"批判》，山西经济出版社2005年版，第255页。

"苏联范式批判"论文发表后引起一些反批判本属正常的,但在这场批判与反批判中却夹带着一些非理性批判的杂音。不仅非理性批判阻碍与破坏理性批判,而且新出现一种时尚的自我包装、互相吹捧、"文权交易"或"文钱交易"等庸俗之风抵御、扼杀着理性批判。在官场腐败之各种"潜规则"日益侵袭学界的今天,敢于直面现实,敢于对现代"经济人"进行理论性批判,不仅需要高深的理论智慧,更需要坚强的理论信念与勇气。在系统研究古典经济人、新古典经济人、新经济人等理论基础上,对现代经济人进行系统研究与批判,这不仅拓展了"经济人"研究的理论价值,更增加了"经济人"研究的现实意义与应用价值。

中国经济学要繁荣,迫切需要理性批判之繁荣。理性批判是促进中国经济学繁荣的重要手段与根本路径。现在学术界有一些人只推崇膜拜西方经济学,害怕批判西方经济学,这是没有道理的。马克思主义都不怕批评,西方经济学为什么怕批评?当今学术界就是缺乏《现代"经济人"批判》所具有的理性批判精神与品格,无论是马克思经济学还是西方经济学,如果都能正确面对理性批判,都会大得裨益,那就是真理得以发扬光大,谬误得以否定与纠正。这对繁荣经济学岂不是有百利而无一害?

(本文发表于《长春市委党校学报》2007年第4期)

做经济理论的创新者

潘石，男，汉族，黑龙江省五常市人，1964年考入吉林大学经济系政治经济学专业，1969年8月毕业留校。曾任政治经济学教研室主任、社会主义经济理论教研室主任，主要从事社会主义经济理论的教学与研究工作，现在是吉林大学经济管理学院经济研究所所长、教授、博士生导师，兼任全国私营经济研究会理事、吉林省政治经济学学会副理事长、长春市社会科学界联合会副主席。

一

我真正从事经济理论研究，探索经济理论的创新与发展，是踏着党的十一届三中全会关于"实事求是，解放思想"的鼓点开始的。1978—1980年，我国正经历一场空前的思想解放运动，经济理论面临大挑战、大变革、大发展时期。其间，我有幸参加了吉林省"文化大革命"后第一部政治经济学教科书（社会主义部分）的编写工作。该编书组汇聚了全省大专院校一批知名的经济学家。集中两年时间，大家解放思想，一个问题一个问题地学习、研讨，对传统社会主义经济理论的变革与创新，有了深刻的认识与要求。这使我大受裨益，很快进入理论研究前沿，并开始形成自己独立的学术观点。

我的第一篇学术论文就是在教学与编书实践中对传统社会主义经济理论进行反思基础上写成的。以往的社会主义政治经济学教科书研究质的方面多，是范畴的堆砌、规律的"排队"，很少研究数量关系及其变动规律。马克思主义哲学告诉我们，任何事物都有质和量两方面，社会主义经济的各范畴也是如此。研究社会主义经济范畴及其运动规律，不能仅仅研究它的质的规定性，同时也要研究它的量的变动规律。基于这种认识，我写出《社会主义政治经济学应加强量的研究》一文，发表在《经济学动态》1980年第7期上。文章发表后，在经济学界引起强烈反响，许多同志来函表示赞同。这激励我进一步深入研究与思索。我感到，要发展社会主义政治经济学理论，必须学习与坚持马克思对经济规律的分析和揭示方法，即从质和量的统一中去分析和揭示经济规律。严重忽视社会主义经济范畴之间的数量关系及其变化规律的研究，是社会主义政治经济学理论发展不完善、体系不成型的一个重要原因。为弥补这方面的缺憾，我撰著了《试论经济规律的质和量》（《思想战线》1984年第4期）一文，在分析了经济规律"质"的特征的基础上，较系统地阐明经济规律的数量关系。我认为，对经济规律从质的分析上升到量的分析，可以使我们对经济规律认识进一步深化、具体化。目前学术界对这方面问题的研究，已有长足的进步，而我由于缺乏必要的数学知识而难以深入下去。

由于我从事的是政治经济学基础理论的教学，因而十分重视政治经济学的基础理论研究与创新。在教学过程中遇到理论难点或疑点，只有通过深入的科学研究才能突破；科学研究形成的新观点、新成果，充实到教学内容，会有助于教学革新，全面提高教学质量和水平。关于"相对人口过剩"，这是资本主义政治经济学的一个基本范畴。以往一直被看作资本主义制度的特有产物，这样理解有些绝对化，对社会主义存在的失业现象也难以做出科学的解释，是教学无法回答的一个难点问题，我运用科学的态度和方法对这个问题进行思考和分析，写出《辩证地看待"相对人口过剩"范畴》（《教学与研究》1990年第6期）一文，明确提出，相对人口过剩的产生不只是制度原因，还有社会生产力发展方面的原因，有资金或资本不足的原因。这样就可以解释社会主义制度下的失业不是由社会主义制度造成的，而是由社会生产力发展水平过低，资金或资本匮乏所致。经济学界对马克思在《资本论》中讲到的社会必要劳动时间及其职能作用的理解,一直存在三种分歧意见:一是"两种含义,共同决定论",即认为社会必要劳动时间有两种含义,它们共同参与商品价值决定;二是"两种含义,单一决定论",即社会必要劳动时间有两种含义,但决定商品价值的仅是第一种社会必要劳动时间,第二种社会必要劳动时间不参与商品价值的决定,它只决定商品价值的实现;三是"一种含义,单一决定论",认为社会必要劳动时间只有一种含义,从来不存在第二种含义,自然第一种社会必要劳动时间决定商品价值。我经过深入研究认为,上述三种观点均有偏颇之处,明确指出马克思在《资本论》讲的社会必要劳动时间,不是同一社会必要劳动时间有两种含义,也不是只有一种社会必要劳动时间,而是内容与性质根本不同的两种社会必要劳动时间,二者既相联系又相区别,各自发挥不同的职能作用。第一种社会必要劳动时间决定商品价值,第二种社会必要劳动时间决定商品价值的实现。无论是否定哪一种社会必要劳动时间的存在,都不利于全面认识和掌握价值规律,不利于市场经济的运作与发展。对于社会主义政治经济学中一些基本理论问题,我也给予充分关注。我在《社会主义及其初级阶段若干理论问题思考》(《经济纵横》1988 年第 5 期)一文中,对科学社会主义进行了分析和界定,批判了在中国长期盛行的带有浓重空想色彩的"社会主义",剖析了中国社会主义初级阶段的必然性及主要经济特征。我在理论上对社会主义的认识也是逐渐趋于科学,逐步深化的。从追求纯而又纯的社会主义到多种经济成分混合发展的现实社会主义,我深感基础理论创新的艰难,因为它要求从思想理论上战胜自我,敢于否定头脑中的旧思想、旧理论。但我愿为此殚精竭虑,奋力开拓,大胆进取,哪怕是一点点前进,有一点点突破,也会尽力去争取。

二

所有制问题,是我进行经济理论创新的一个重要领域。生产资料所有制问题,既是马克思主义政治经济学的一个基本理论问题,又是我国社会主义现代化建设中的现实问题,理论难点多,现实矛盾大。作为一个理论工作者要知难而上,敢于"啃硬骨头"。

进行所有制理论创新,绝非易事。它首先要求进行自我清理、自我否定。长期以来,我所学、所教的所有制理论,基本是"苏式"所有制理论,即斯大林的所有制理论。它是由斯大林对马克思主义所有制理论进行"教条主义"的诠释,攥进了"斯大林主义"而形成的。马克思从不孤立谈所有制关系,而是结合生产力,在社会生产全过程去说明与揭示生产关系。斯大林不仅把所有制从生产关系中独立出来,孤立地加以说明与研究,而且无限夸大所有制的决定作用,实际上搞"所有制拜物教"。斯大林的所有制理论对中国的影响是很广、很深的。主要表现为,第一,认为私有制绝对的坏,公有制绝对的好,人为过早地消灭私有制;第二,离开生产力的制约,孤立进行所有制变革,追求所有制的"一大二公";第三,认为公有制优越性会自动发挥,忽视公有制的实现形式及经济体制的改革;第四,认为公有制=国有制,把国有制作为社会主义全民所有制最高最好形式;第五,认为公有制只有全民、集体两种形式,否定社会主义公有制形式多元化、多样化。我认为,进行所有制理论创新,必须清除我们头脑中的苏式斯大林的所有制理论观念,真正恢复与确立马克思主义所有制理论。这个过程是伴随我国经济改革过程进行的,没有我国经济体制的深刻变革过程,我无论如何是完不成这个自我清理、自我否定的过程的。

进行所有制理论创新,绝不是否定和取消马克思主义所有制理论,而关键在于如何从理论体系上科学准确地阐明马克思主义所有制理论,并灵活地加以运用。以往,国内外许多著作均把生产资料所有制单纯阐释为一种物(物质生产条件)对人的归属关系。我认为这是不全面的、不科学的。生产资料所有制作为一个政治经济学范畴,起码包括双重关系:一是物对人的归属关系,或是人对物质生产条件的所有、占有关系;二是人与他人的关系,或是所有者与非所有者的关系。前者表现为人对自然的占有,后者则表现为这种占有的社会关系，二者共存于所有制这个统一体中。生产资料所有制是一个内含复杂人与人经济关系的范畴，而绝非仅是一个简单物对人的归属关系，这就是我对生产资料所有制范畴的新阐释。再有，在所有制问题研究中，有一种流行观点认为，马克思和恩格斯所预见的社会主义社会是单一所有制结构的社会，不存在多种所有制问题。我认为这不符合马克思和恩格斯的思想。从思想体系和发展上看，马克思和恩格斯是曾预见社会主义社会是单一所有制结构的社会，但那是建立在社会主义革命在多数发达国家同时胜利的理论基础上的。后来，由于马克思尤其是恩格斯看到资本主义发展不平衡，社会主义革命不可能在全世界同时到来，因而建立起来的社会主义社会必然存在多种所有制形式。我经过缜密地考察，认定马克思和恩格斯所设想的社会主义社会"起码在三种所有制形式：一是社会主义全民所有制（包括国有制），二是合作社的集体所有制，三是农民和手工业者的个体所有制"。我国的社会主义社会尚未达到马克思、恩格斯设想的社会主义社会水平，只是社会主义的初级阶段，因此，存在多种所有制成分就更是必然的了。我认为，这种全新的论证给我国社会主义初级阶段所有制结构多元化提供了更深层次的理论支撑。

生产资料所有制改革是我国经济体制改革成败的关键。所有制改革包括"外部结构"改革和"内涵结构"改革两方面。"外部结构"改革是实现所有制结构多元化、合理化问题；"内涵结构"改革关键是如何实现所有权与经营权分离问题。我国所有制的"外部结构"改革取得了实质性突破，已由公有制的"一统天下"变成了多种所有制经济共同存在与发展，并且公有制比重，尤其是国有制比重大幅度下降，非公有制尤其是非国有制经济大幅度上升。所有制结构改革绝不是革掉公有制，搞私有化，也不能彻底取消国有制，搞非国有化。公有制的主体地位及国有经济的主导作用，均要在各种经济成分的平等竞争中来体现与发挥，单靠人为主观地确定是不可靠的。在我国现阶段，放手发展个体私营经济，大力发展三资企业，不会从根本上动摇和否定公有制的主体地位。相对而言，国有制经济的"内涵改革"却是重中之重，难上加难。从放权让利，扩大企业自主权，到利改税，推行承包制，均没有取得实质性突破。原因在于这些改革没有触及企业的产权制度，只是表层改进。进行企业产权制度创新，构建现代企业制度，使国有企业改革走向深入，进入内层，自然要遇到较多棘手的难题。第一，政企如何真正分开？许多建立现代企业制度的股份制企业，仍没有割断与政府行政部门之间的"脐带"；第二，企业法人财产如何确立？企业没有实实在在的法人财产权利，就谈不上自主经营决策，无法实现真正的自负盈亏；第三，社会保障基金如何筹措？没有足够的社会保障基金，社会保障制度就建立不起来，而没有社会保障制度，国有企业便难以实施破产法，搞市场经济，优胜劣汰，提高效率便成为一句空话；第四，企业长期形成的沉重债务和大量冗员如何处置？企业债务不重组优化，必将有一天被拖垮，而大量冗员不分流消化，又必将使陷入困境的企业"雪上加霜"。我认为，根本出路是大刀阔斧地进行国有制改革，实施"抓大放小"战略，即重点抓好关系国民经济命脉的大企业，倾力进行转机建制，对那些大量中小型企业全部放开经营，或实行股份化，或搞民营化。股份化或民营化都不等于私有化。这就是我在所有制改革方面的主要思想与基本主张。

三

现阶段的中国私营经济问题，是我投入最多，产出最大的一个研究领域。我从 20 世纪 80 年代初就关注私营经济问题，但真正集中精力进行系统研究，还是在 1987 年党的十三大之后。从 1988 年起，我先后承担了"社会主义初级阶段私营经济"（1989 年）和"中国农村私营经济研究"（1993 年）两项国家教委博士点基金课题，出版了两部专著《当代中国私营经济研究》（1991 年）和《中国农村私营经济研究》（1995 年）。1994 年申报并承担了国家社科基金项目"私营经济系列研究报告"，现已出一系列阶段成果。在此期间，还发表研究私营经济的论文40多篇，大部分成果被报纸杂志评介和转载，在国内私营经济研究领域居领先地位，产生较大的影响。起初，我对私营经济的认识也并非很清楚，只是觉得社会主义初级阶段它是个必要的有益的补充，随着改革的深化与实践的发展，越发从理论上认识到，它的地位和作用已经加大和上升，成为我国新的经济增长点，变成我国发展市场经济的一支重要力量。

我对私营经济的基本观点和主张有以下几方面。

第一，对私营经济的本质内涵，不能简单地从经营方式上确定，而要从所有制关系上确定。它不同于民营经济，也不同于个体经济，还不同于"小业主"经济。它是以雇佣劳动为基础的具有资本主义性质的一种经济形式。

第二，社会主义初级阶段，生产力落后，商品经济不发达，私营经济的存在与发展具有客观必然性。从更深层次上认识和理解，"社会主义初级阶段"这个命题本身就内在地蕴含着容许个体私营经济的存在和发展。

第三，我国现阶段的私营经济同资本主义国家私营经济有许多区别，其显著特点为，受社会主义公有制经济支配与制约，在国民经济中不起支配与决定作用；业主队伍原来大部分为普通劳动者，资本的原始积累不是靠血腥暴力掠夺，而主要是靠和平手段通过劳动投入及非劳动投入实现的。

第四，私营经济发展对我国经济发展具有双重作用。它对增加社会财富，扩大城乡就业，扩大出口创汇，增加国家税收，等等，都有重大的积极作用。它已成为发展市场经济的一支生力军，不单纯起"拾遗补阙"作用，对促进公有制经济改革，提高效率，改变城乡二元经济结构，也有重大积极作用。同时，它也存在偷税漏税、搞伪劣假冒、破坏生态环境等负面消极作用。必须看到，积极作用是主要的，消极作用是次要的，因此，要在大力鼓励私营经济发展的同时，限制其消极作用。

第五，私营企业属于市场经济范畴，要求"市场自发调节"。其运行机制是面向市场，灵活经营，自负盈亏的机制；是追求利润最大化，自我激励，自我约束的机制。它的运行在不同层面上受社会主义社会经济规律体系支配和制约，并要同公有制经济的运行相协调。

第六，在社会主义条件下，私营企业的生产经营目的，有与资本主义企业生产经营目的相一致的一面，但也不能完全等同，公有制经济影响并制约着其生产经营目的的实现，使之具有为社会主义服务的一面。

第七，私营企业的收入分配虽然具有资本主义剥削的特征，即按资分配，但不同于资本主义企业的收入分配，即在剥削收入之外还存在经营收入、劳动收入等。私营企业的收入分配不公是影响社会收入分配不公的一个因素，但不是造成社会收入分配不公的根本原因。把目前我国的社会收入分配不公归咎于私营企业的发展，是不公正的，也是不正确的。

第八，私营企业的再生产具有市场导向性、价值增值性、自发性和盲目性，普遍存在"重消费、轻积累"的倾向，受政治气候影响，波动性较大。

第九，自1992年春邓小平南方谈话发表以来，我国私营经济发展出现了超常规增长，并且呈现一些新特点，如档次提高，实力增强；业主队伍年轻化；由家庭管理向现代企业管理转变；产业结构趋向合理，开始向高新技术产业发展；开始走向集团化、国际化。

第十，私营企业要健康、快速发展，必须建立健全规章制度，如财务制度、劳动制度、工会制度等，国家必须加强对私营企业的法律法规建设，把对私营经济的管理纳入法治的轨道。

第十一，私营企业主是目前我国最富有的一个阶层，百万富翁达几百万，千万富翁、亿万富翁也不乏其人，但目前尚未形成一个独立的阶级，更不是"新生的资产阶级"。私营企业中的雇工与雇主虽然在利益上有不一致，但在政治上是平等的，都属于人民范畴。他们之间的矛盾是一种特殊的人民内部矛盾，这个矛盾的解决不能采取阶级斗争的办法，而只能用教育的方式。

第十二，发展私营经济不是一项权宜之计，而是我国既定的长期方针，因为"社会主义消灭私有制"是一个较长期的过程。私有制的消灭，需要具备一定的客观物质条件。超越客观物质条件的要求，人为主观强制地消灭，是不行的，必然受到规律的惩罚。这已为我国的历史所证明。

第十三，我国私营经济发展的历史走向是多元化的，或是股份制经济，或是合作经济，或是资本主义经济，或是国家资本主义经济，但其最终还是要走向社会主义公有制经济，这虽然是一个漫长的过程，却是历史的必然趋势。

我对当代中国私营经济的研究是循着从总体到个别，从一般到特殊，逐渐拓展领域，随着改革实践的发展不断深化与升华的。在整个探索过程中，我始终坚持以下几个原则：一是坚持以马克思主义为指导；二是坚持理论联系实际，灵活运用；三是坚持把私营经济放到整个中国经济社会的大背景下来研究；四是坚持不回避矛盾，敢于争鸣，敢于探索与创新。这"四个坚持"是我进行私营经济理论研究与创新的根本，今后仍将全力贯彻。

四

追踪理论"热点"，发表创新见解，坚持理论研究为现实服务，为政府部门提供决策依据及对策建议，是我从事科学研究的显著特色。

20世纪80年代初，我这个经济学界的"初生之犊"，颇有些"不怕虎"。在生产资料生产优先增长问题大讨论中，旗帜鲜明地提出，我国长期形成的重工业过重、轻工业过轻的畸形生产结构"并不是我们按生产资料生产优先增长规律办事的结果，而正是由于我们长期把这个规律绝对化、片面化的结果"。上述观点，在当时被称为"一派"，至今我仍坚持不渝。

1982年，经济学界有些同志猛烈批评我国搞"重工业自我循环"。我认为失之偏颇，发表《评"重工业自我循环"说》（《思想战线》1982年第6期）一文阐明自己的独立见解：第一，重工业产品必须有一部分进行"自我循环"；第二，我国重工业的问题在于"自我循环部分过度膨胀"；第三，要加强对重工业产品"自我服务"部分的数量研究，探寻其适度量；第四，明确提出要加强研究"重工业的'自我循环'与为农业、轻工业服务"的关系问题；第五，我国重工业发展中的严重问题"在于其为农业、轻工业服务的部分日益相对减少，产品质量、品种、规格等不符合农业、轻工业发展的需要"。这些观点无论在当时还是现在，都不失为一种开拓性的见解。

进入20世纪90年代，我国社会收入分配不公问题日显突出，成为理论研究的一个"热点"。学术界对收入分配不公的含义、产生原因及衡量标准等问题，存在严重分歧。我积极参与讨论和争鸣，明确提出，公平概念的内涵要比平等大得多，它不仅包括平等，还要包括某些在平等基础上产生的事实不平等。公平不等于平均主义。分配上的平均主义是一种严重的分配不公。机会均等是实现个人收入分配公平的前提条件，但它本身并不是衡量分配公平与否的具体尺度。在我国社会主义初级阶段，衡量个人收入分配公平的标准或尺度是多元的。衡量社会主义公有制经济中个人收入分配公平的标准或尺度是按劳分配；衡量私营经济和国家资本主义经济（三资企业）中个人收入分配公平的标准或尺度是按资本分配和按劳动力价值分配；衡量个体经济中个人收入分配公平的标准或尺度是个人资产（金）投入和劳动投入。全社会收入分配公平的统一衡量标准应是收入必须同投入相适应。在公有制经济及与其相联系的领域，分配不公主要表现为平均主义；在社会各地区、各阶层、各部门之间的分配不公主要表现为收入差别过分悬殊。为此国家要制定合理的收入分配政策，正确调节各地区、各阶层、各部门的收入分配，解决收入过分悬殊及平均主义问题。

改革开放以来，通货膨胀一直困扰着我国的改革与发展，这与中国一直存在着公开的、潜在的"通货膨胀可以促进经济增长"的理论有关。因此，我认为，治理通货膨胀必须从理论根基上破除

"通货膨胀有益论",充分认识通货膨胀的负效应。我经过较系统的研究,明确提出通货膨胀的"九大负效应"。

第一,通货膨胀使市场价格信号失真,对社会资源配置起误导作用,造成社会资源的损失与浪费。

第二,通货膨胀使所有的既定计划、合同难以实现,扰乱社会经济正常运行秩序。

第三,通货膨胀会破坏正常的债权债务关系,使净债务人占便宜,净债权人受损失,容易引起债务危机。

第四,通货膨胀加剧国民收入在各地区之间的不合理分配,使贫富地区收入差距拉大,扩大与加深地区之间的利益矛盾与冲突。

第五,通货膨胀使整个国家的个人收入分配扭曲化,产生明显的分配不公,使工薪阶层(尤其是离退人员)实际收入下降。

第六,通货膨胀会加剧经济"过热",助长"泡沫经济",带来的后果是"高速"、低效和无效。

第七,通货膨胀会助长各种非法寻租和投机活动,滋生社会腐败,为少数人暴发暴富提供条件。

第八,通货膨胀会恶化外商投资环境,不利于对外开放的进一步发展与扩大。

第九,持久的恶性通货膨胀会导致国家的金融体系崩溃,甚至使政府垮台。针对我国经济学界存在一种忽视中国国情,盲目套用西方通货膨胀理论的倾向,我经过认真研究,提出由于中国国情、社会制度、经济结构及消费观念等与西方国家有很大不同,西方通货膨胀理论在我国的应用具有很大的局限性,不能简单照搬,机械套用,而应当紧密结合中国实际,对西方通货膨胀理论进行合理借鉴、改造与创新。

五

在我的上述学术观点形成过程中,已故著名经济学家关梦觉教授对我的影响是相当大的。我给他当了 10 多年科研助手,常常直接聆听他的教诲。关老治学严谨，一生坚持弘扬马克思列宁主义。他有一句名言："马列主义是中国的国魂"，至今这话仍是我进行科学研究与理论创新的指南。

我的学术观是伴随改革开放的进程逐步形成与发展的。改革开放为我提供了众多的研究对象，丰富了我的思想，也给了我巨大的研究动力和力量，使我从一个"无名小辈"锻炼成一个著名的中年经济学者。

中国的改革开放，前景广阔。我面前的科研之路，漫长而曲折。科学无止境，探索无穷期。眼下取得的成果，是微薄的，只能是我前进的起点。我愿做一个永无休止的开拓者、创新者，为繁荣祖国的经济科学贡献自己毕生的精力。

（本文取自《我的学术思想》，吉林大学出版社 1996 年版）

着力点，引导学生掌握马克思主义

——从事社会主义经济理论教学的几点体会

近年来，笔者一直从事本科生高年级和研究生的社会主义经济理论教学工作。这是一门科学性、理论性和实践性很强的课程，又是一门时代性、变动性和探索性很强的课程。这门课程对教员要求很高，它要求教员不但有坚实的马克思主义经济理论基础，而且对社会主义经济发展的实际有较系统、较深入的研究。所以，难度很大。但对经济类专业的本科生和研究生来说，学好这门课是至关重要的，它不仅可以直接提高他们的马克思主义理论水平，而且还能大大提高他们的分析和解决我国现实经济问题的能力。为了教好这门课，笔者除了系统地阅读了马克思主义经典作家的一系列著作，充实自己的理论基础之外，还进行了大量的调查与研究工作，写出了一批具有较高质量的经济学论文，丰富和拓展自己的教学内容。笔者在整个教学活动中，力求把着力点放在引导学生掌握马克思主义科学理论上，帮助学生确立马克思主义的科学世界观。下面，谈谈几点粗浅体会。

一　帮助学生正确对待马克思主义

我们的大学生绝大多数是相信马克思主义是科学的。但是，近年来由于受到自由化思潮的影响，特别是在当代西方经济学各种流派和各种思潮的猛烈冲击下，有些学生自觉不自觉地接受了"学派论"的观点。他们认为，当今世界上有三大理论体系和流派：一是马克思主义经济学,二是新古典经济学,三是凯恩斯主义经济学。这三大学派处在同等地位。它们各有其片面性,也各有其科学价值,并且它们之间可以"相互补充"。这是一种贬低马克思主义科学地位和价值的错误观点,笔者没有采取简单的批评和粗暴反对的态度,而是通过组织好教学活动,来帮助他们提高思想认识。

首先,笔者经过认真的研究和准备,紧密结合东欧剧变、苏联解体,有针对性地向他们讲授了在当今时代坚持马克思主义的重要性和迫切性。通过讲授使他们从思想理论上认识到,当今时代的社会主义大学生,肩负国家的命运和民族的希望,坚持马克思主义,不仅是防止和反对帝国主义对我国"和平演变",保障我国社会主义祖国不改变颜色的需要,而且也是保证我国经济体制改革不偏离社会主义方向,建设有中国特色社会主义的客观要求。

其次,笔者以"如何看待'学派论'"为题,组织大学生进行专题讨论。通过讨论,大家一致认识到,马克思主义不是学术百家中的一家,不是一个普通的学派,而是无产阶级科学的世界观和完整的理论体系,是无产阶级和广大人民群众进行社会主义革命和社会主义建设的伟大指南。

二 引导学生掌握马克思主义的阶级分析法和制度分析法

阶级分析法和制度分析法,是马克思主义经济学的重要方法。但是,在前一个时期,有的青年学生由于受西方文化理论思潮的冲击,尤其是在错误理解"不问姓'杜'姓'资'"情况下,有的人厌恶、反对阶级分析法和制度分析法,喜欢抽象地谈论"民主""公平""效率",否认"民主""公平"等具有阶级特性和制度属性。

针对这种情况,笔者组织他们对"公平与正义"问题进行专题讨论,引导他们用阶级分析方法和制度分析方法来认识和分析"公平与效率"。通过讨论学生们认识到,"公平"是有阶级性的,有无产阶级的公平,也有资产阶级的公平,两种公平在本质上是根本不同的。"民主"也有资本主义民主和社会主义民主之分,二者是有本质区别的。

三 引导学生运用马克思主义的立场和观点来分析和解决我国的实际问题

学习和掌握马克思主义不是为了摆花架子,而是为了应用,为了分析和解决我国社会主义现代化建设中出现的各种问题。为了提高学生这方面的能力,笔者以"试论我国现阶段私营经济的性质、地位及作用"为题,让学生每人写一篇经济学论文。笔者指定了有关经典著作,并布置了有关参考资料,引导他们运用马克思主义经济学的基本原理分析我国现阶段的私营经济。多数学生查阅了大量的报刊资料,有的学生还去私营企业做了调查,写出了一些颇有见解的文章。一位学生运用了"一分为二"的观点分析我国现阶段私营经济的作用,提出我国私营经济具有二重属性的观点;针对私营经济的二重属性和二重作用,他提出以鼓励为主,限制为辅的对策,这是很有独到见解的。再如,笔者在给研究生讲了社会主义分配理论与工资改革专题之后,就组织他们研究我国的现行收入分配制度。一位研究生自觉地运用马克思主义的立场和观点比较深入地研究了"我国现阶段工资外收入急剧膨胀的问题",笔者耐心地指导她写出《我国现阶段工资外收入膨胀的原因及对策》一文,并帮助她修改定稿,该文已被《社会科学探索》杂志发表。

以上探索仅是初步的,体会也很肤浅,敬请同行们批评指正。

(本文发表于报纸《吉林大学》1991 年 6 月 11 日)

附录一 作者独著、主编、合著及参著的著作目录（按年代排序）

1. 《学习剩余价值论札记》

商务印书馆1978年出版，全书共6章，本人撰写第二、第三、第四章，系全书的核心章节与主体部分，是在沈阳日用陶瓷厂、沈阳卷烟厂、老龙口酒厂调研三个多月积累实际资料基础上写成的。

2. 《马列主义毛泽东思想基础知识》

第三作者，撰写经济学部分第五、第六、第七、第八、第十一讲。该书系中宣部理论局组织编写、对全国青年职工进行马克思主义理论教育的教材，由吉林人民出版社1984年出版。

3. 《社会主义政治经济学读本》

第一作者，系"思想政治教育丛书之一"，由吉林人民出版社1984年出版。

4. 《社会主义政治经济学研究》

撰写第十五、第十七章，并协助主编统稿，实为第一协助统稿人，上海人民出版社1988年出版，在全国产生重大影响的专著，被誉为"创新学派的力作"。

5. 《经济体制比较通论》

参著，撰写第1章，辽宁人民出版社1989年出版。

6. 《当代中国私营经济研究》

主编，山西经济出版社1991年11月出版，该书系教育部博士点基金项目研究成果。该书获教育部第一次社会科学评奖优秀成果二等奖，堪称用马列主义理论指导的一部研究私营经济的佳作。

7.《社会主义市场经济体制基本知识概述》

副主编,吉林人民出版社1994年出版。

8.《社会主义经济理论探索》

独著,吉林大学出版社1992年6月出版,该书收入作者截至1991年公开发表的32篇论文。

9.《中国农村私营经济研究》

主编,吉林大学出版社1995年9月出版。该书系国家教委博士点基金项目研究成果。

10.《通货控制论》

独著,吉林大学出版社2001年3月出版。该书共31.2万字,获长春市人文社会科学优秀成果二等奖。《社会科学战线》2004年第1期发表著名经济学家程思富教授对该书的评介文章,《国际金融报》发表王治民的书评《学术研究凸现棱角》一文,表明该书产生了良好的社会影响。

11.《中国私营资本原始积累》

独著,清华大学出版社2005年2月出版。该书系作者独立主持国家社科基金项目"中国私营资本原始积累及其案例研究"成果之一,是系统研究当代中国私营资本原始积累的第一部专著,具有开创意义与价值,获吉林省社会科学优秀成果奖著作类二等奖。

12.《嬗变——中国富豪的第一桶金》

独著,中国私营资本原始积累典型案例研究,清华大学出版社2005年8月出版。

13.《私营资本原始积累与东北经济振兴》

合著,清华大学出版社2008年2月出版。

14.《中国私营经济经济理论前沿问题研究》

独著,吉林大学出版社2011年10月出版。

15.《加入WTO后国企改革:新思路·新理论·新对策》

第一作者,经济科学出版社2011年6月出版。

16.《中央企业深化改革研究》

第一作者,经济科学出版社2017年3月出版。

附录二　作者主编及参编的教材目录

1.《政治经济学教科书（社会主义部分）》

主要参编，吉林人民出版社1995年5月第1版，之后改写多次，被教育部推荐为高校试用教材。

2.《政治经济学教科书（社会主义部分）》

主编，吉林大学经济类专业及文科各系专用教材，吉林大学出版社1999年出版，之后多次再版。

3.《投资经济学》

第一主编，吉林大学出版社1997年4月出版。

4.《政治经济学（社会主义部分）》

参编，撰写其中一章，国家教委社科司组编，国家教委推荐教材，中国经济出版社1993年8月出版。